供应链管理理论与案例解析

毛敏 王坤 主编

西南交通大学出版社
·成 都·

图书在版编目（CIP）数据

供应链管理理论与案例解析/毛敏，王坤主编. —成都：西南交通大学出版社，2017.2（2018.1 重印）
ISBN 978-7-5643-5186-1

Ⅰ. ①供… Ⅱ. ①毛… ②王… Ⅲ. ①供应链管理 Ⅳ. ①F252

中国版本图书馆 CIP 数据核字（2017）第 000964 号

供应链管理理论与案例解析

毛敏　王坤　主编

责 任 编 辑	孟苏成
封 面 设 计	何东琳设计工作室
出 版 发 行	西南交通大学出版社 （四川省成都市二环路北一段 111 号 西南交通大学创新大厦 21 楼）
发行部电话	028-87600564　028-87600533
邮 政 编 码	610031
网　　　址	http://www.xnjdcbs.com
印　　　刷	成都勤德印务有限公司
成 品 尺 寸	185 mm×260 mm
印　　　张	12.5
字　　　数	312 千
版　　　次	2017 年 2 月第 1 版
印　　　次	2018 年 1 月第 2 次
书　　　号	ISBN 978-7-5643-5186-1
定　　　价	32.00 元

课件咨询电话：028-87600533
图书如有印装质量问题　本社负责退换
版权所有　盗版必究　举报电话：028-87600562

前言

本书系统介绍了供应链管理的理论和方法，具体阐述了供应链管理的基本思想、运作策略及发展前沿等内容；围绕供应链管理的理论体系，收集整理了大量的实例素材，并通过经典案例的深入解析，反映供应链管理的最新理论研究成果和实践创新。

本书在内容编写上参考借鉴了国内外的最新研究成果，并融合了编者多年的教学和科研实践，力求理论与实际相结合，注重新颖性及实用性。本书可作为物流管理与工程类专业及相关专业高年级本科生和研究生的教材，也适合作为企业管理人员、供应链管理咨询者和相关从业人员的参考书。

全书共 8 章，毛敏负责第 1 章、第 2 章、第 4 章、第 5 章和第 7 章的编写，王坤负责第 3 章、第 6 章和第 8 章的编写。毛敏负责全书结构的策划和最后统稿。本书编写过程中，借鉴了大量的参考资料，编者已尽可能详细地列出了参考文献，在此对相关文献资料的作者深表谢意。若有疏漏之处，编者在此深表歉意，并请及时联系我们，以便在后续版本中增加。

硕士研究生李煜和臧正，参与了本书的资料收集、整理和部分案例编写工作，还有硕士研究生母勤琴、温兆康、何雅丽、薄琳、冒雅婷、常凯迪、王昱苏和李启洋也参与了本书部分资料搜集和整理工作。此外，在本书的编写过程中，得到了西南交通大学交通运输与物流学院张锦教授和马啸来博士的支持和帮助，以及西南交通大学研究生院的资助，在此一并表示感谢。

由于编者水平与经验所限，书中难免有疏漏及不当之处，敬请专家、同行和广大读者批评指正。

编　者
2017 年 1 月

目 录

第1章 供应链管理概述 1
1.1 供应链的基本概念 1
1.2 供应链管理的基本原理 4
1.3 供应链管理体系 10
1.4 优秀供应链的 4A 特质 13
案例分析：利丰——供应链"指挥家" 14
思考题 18

第2章 供应链管理的发展与策略 19
2.1 供应链管理的发展 19
2.2 供应链管理基础理论 22
2.3 供应链管理策略 28
案例分析：ZRAR 与 H&M 的供应链管理策略 34
思考题 43

第3章 供应链关系管理 44
3.1 合作关系的发展 44
3.2 供应链中的伙伴关系 45
3.3 供应链合作伙伴关系的建立 50
3.4 供应链关系管理 54
案例分析：宝洁公司与沃尔玛的双赢策略 61
思考题 63

第4章 供应链视角下的采购与供应管理 64
4.1 采购与采购管理的发展 64
4.2 供应链采购与供应管理 69
4.3 战略采购策略 72
案例分析：西门子的供应商管理策略 76
思考题 85

第 5 章 供应链库存管理与控制·····86

5.1 库存的类型与作用·····86
5.2 库存管理与控制的基本原理和方法·····88
5.3 库存基本模型·····94
5.4 供应链库存管理·····102
案例分析：安富利（AVNET）的库存难题·····106
思考题·····112

第 6 章 供应链环境下的生产计划与控制·····113

6.1 供应链管理环境下的生产计划与控制·····113
6.2 不同生产环境下的运营管理·····118
6.3 现代生产/运营策略·····122
6.4 生产计划与控制系统设计·····135
案例分析：舒适刀片拉动式生产计划与控制·····141
思考题·····146

第 7 章 供应链物流管理·····147

7.1 物流与供应链·····147
7.2 供应链物流管理·····150
7.3 物流设计·····157
案例分析：宝供的供应链物流管理·····159
思考题·····167

第 8 章 供应链设计与绘制·····168

8.1 供应链战略匹配·····168
8.2 供应链设计·····175
8.3 供应链的绘制·····179
案例分析：ElecComp 公司供应链优化·····186
思考题·····191

参考文献·····192

第1章　供应链管理概述

本章主要介绍供应链的定义、供应链的结构，阐述供应链管理产生的背景，供应链管理的目标、特点及流程结构等内容。本章内容是供应链管理理论的基础知识。

1.1 供应链的基本概念

1.1.1 供应链的定义

20世纪末，供应链（Supply Chain，SC）成为热门的新概念。其实，在"供应链"概念出现前，它已是人类生产活动的一种客观存在。自从有了商品交换，各交换实体连接在一起构成生产、流通、消费等环节，就形成了一个完整的供应链。

不同国家的学者和研究机构从不同角度对供应链进行了描述，如表1-1所示。供应链的定义与内涵随着时代的发展也在不断演变。早期的观点认为供应链是制造企业中的一个内部过程，概念仅局限于企业的内部操作层上，注重企业的自身资源利用。后来从原材料到最终产品的整个过程来理解供应链，这个时期的定义注意了供应链的完整性，考虑相关企业业务、资源的集成和一体化。有学者则强调价值增值是供应链的基本特征，认为有效的供应链必定是一个增值链。此外，对供应链的认识也从线性的"单链"转向非线性的"网链"。目前，供应链的概念更注重的是围绕核心企业的网链关系，即核心企业与供应商、供应商的供应商及一切前向关系，与用户、用户的用户及一切后向关系。

表1-1　国内外学者或研究机构对供应链的定义

地区	学者或研究机构	定义	说明
美国	美国供应链专业委员会（CSCMP）[1]（2005）	供应链始于未加工的原材料，结束于顾客使用的最终产品，其将众多的企业连接在一起。在物质和信息从原材料采购到成品配送交换过程中，所有的供应商、服务商和客户都通过供应链得以连接[2]	强调供应链的完整性
	美国生产与库存管理协会（APICS）[3]（2004）	通过设计好的信息流、物流和资金流构建的，用于交付产品或服务的，从原材料到最终客户的全球网络[4]	强调供应链是网络
	供应链协会（SCC）[5]（1996）	供应链涵盖了从供应商的供应商到顾客的顾客，为生产和提供最终产品或服务所付出的一切努力[6]	强调供应链的完整性

续表

地区	学者或研究机构	定义	说明
美国	美国"投资者词汇"（Investor Words）	供应链是由参与制造、配送和销售特定产品的零售商、分销商、运输商、仓储公司及供应商组成的网络[7]	强调供应链是网络
	Graham C. Stevens（1989）	供应链是从供应商到最终消费者的一系列相关业务活动，对从供应商到最终消费者之间的原料、在制品库存和成品进行计划、实施和控制[8]	强调供应链的完整性
	Ganeshan and Harrison（1995）	供应链是以完成从采购原材料，到制成中间产品及成品，然后将成品交付消费者为功能的，由一系列设施和分布选择形成的网络[9]	强调供应链是网络
	J. M. Mentzer, W. DeWitt, et al.（1999）	供应链涉及3个以上的组织，通过从供应源到最终用户之间产品、服务、资金流和信息流关联在一起[10]	
英国	Martin Christopher（1998）	供应链是为最终顾客创造价值的各种流程与活动，贯穿连接上下游不同企业组织形成的网络[11]	强调供应链是增值网络
日本	JR货运研究中心（2007）	从商品被生产出来到向消费者供应这个过程中需要经过"采购—制造—配送—销售"这些业务流程，而且关系到供应商、生产商、物流商、批发商、零售商和一些其他企业。这样与整个商品供应相关的业务(企业)链叫做供应链[12]	强调供应链是业务链
	日通综合研究所（2005）	SC在日本被译为"供给链"。它是表示从原材料，零件的采购到生产，流通，最终消费者，整个商业流程的经营术语[13]	强调供应链是各个实体的链接
	藤野直明（2000）	供应链既是在原材料从采购到到达最终消费者过程中，将原材料和半成品的采购、生产、销售和物流的整体业务流程整合成一条巨大的"供给的链"，也可指代"连接客户—零售—批发—生产—零部件及原材料供应商的连锁结构"[14]	强调供应链是各个实体的链接
中国	利丰研究中心[15]（2003）	供应链是由客户（消费者）需求开始，贯穿于产品设计到原材料供应、生产、批发、零售等过程（中间或经过运输和仓储），把产品送到最终用户的各项业务活动	强调供应链是业务链
	《物流术语》[16]国家标准（GB/T 18354—2006）	生产及流通过程中，涉及将产品或服务提供给最终用户活动的上游与下游企业所形成的网链结构	强调供应链是网络
	马士华（2008）	供应链是围绕核心企业，通过工作流、信息流、物料流、资金流的协调与控制，从采购原材料开始，制成中间产品以及最终产品，最后由销售网络把产品送到消费者手中的供应商、制造商、分销商、零售商、直至最终用户连成一个整体的功能网链结构	强调供应链是网络

1.1.2 供应链的结构

一条完整的供应链包括供应商（原材料供应商或零配件供应商），制造商（加工厂或装配厂），分销商（代理商或批发商），零售商（大卖场、百货商店、超市、专卖店、便利店和杂货店）以及消费者，如图1.1所示。

图1.1 供应链结构示意图

图1.1形象地表示了供应链的基本结构，但供应链的实际运作是一个非常复杂的网链结构。在一个供应链系统中，往往有一个企业处于核心地位，该企业起着对供应链上的信息流、资金流和物流的调度和协调作用。这个核心企业可以是产品制造企业，也可以是大型分销商或零售企业，甚至是第三方物流企业。供应链的网链结构模型如图1.2所示。

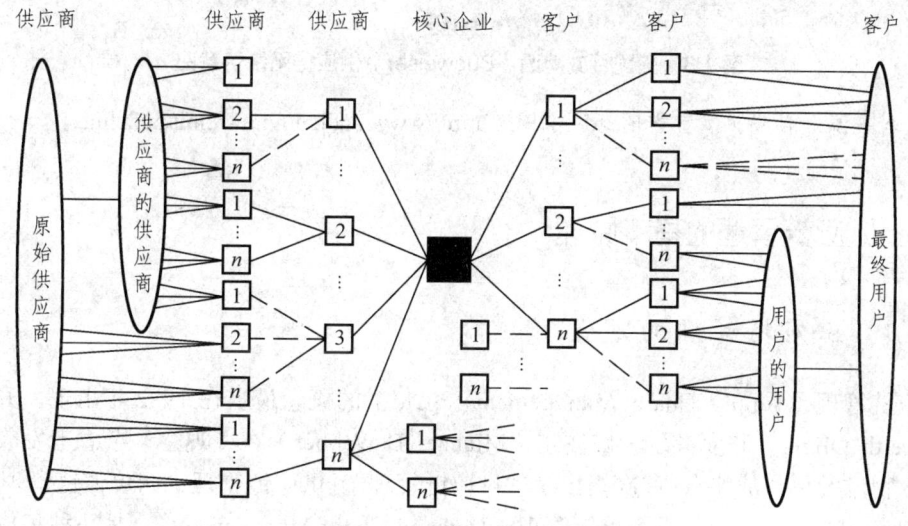

图1.2 供应链的网链结构模型

资料来源：Douglas M. Lambert, Martha C. Cooper, Janus D. Pagh. Supply Chain Management: Implementation Issues and Research Opportunities. The International Journal of Logistics Management [J]. 1998. 9(2).

【案例1.1】美国百威啤酒（Budweiser）诞生于1876年，百年发展中一直以其纯正的口感、过硬的质量赢得全世界消费者的青睐，成为世界最畅销、销量最多的啤酒，长久以来被誉为"啤酒之王"。在问世至今的近140年历史中，已在全球销售累计超过1.85亿升。出产美国百威的美国安海斯-布希公司（Anheuser-Busch, AB）在美国和国际市场获得了很大成功，已成为全球最大的啤酒生产商，在美国和世界市场的占有率分别达到46%和9%。其年产量达到 1 300 万吨,自 1957 年以来一直雄居美国之首,产品保持多年全球销量第一。AB 公司的百威啤酒目前行销世界 80 多个国家,并在 11 个国家酿造生产。AB 公司采用世界独一无二的榉木酢工艺,从选料、糖化、发酵、过滤、直到罐装的每一个工序。图 1.3 是美国百威啤酒(Budweiser)的供应链网络示意图。

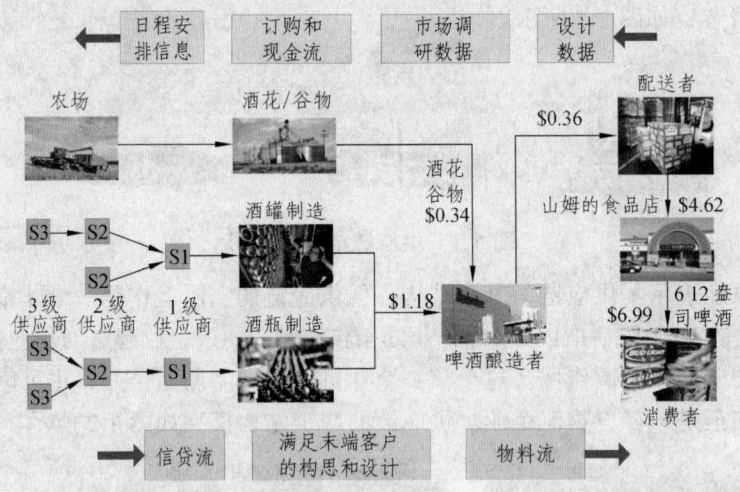

图 1.3 美国百威啤酒(Budweiser)供应链网络示意图

资料来源:百威啤酒官方网站(中国)http://www.bud.cn/main-html#budchina。

1.2 供应链管理的基本原理

1.2.1 供应链管理的定义

供应链管理(Supply Chain Management,SCM)的概念最早在 1982 年出现。开思·奥立夫(Keith Oliver)和麦考尔·威波尔(Michael D.Webber)在《观察》杂志上发表"供应链管理:物流的更新战略",首次提出了"供应链管理"。供应链管理也叫价值链管理(Value Added Chain Management)或需求链管理(Demand Chain Management),是一种集成的管理思想和方法。表 1-2 是国内外学者或研究机构对供应链管理的定义。

表 1-2 国内外学者或研究机构对供应链管理的定义

地区	学者或研究机构	定义	说明
美国	美国供应链专业委员会(CSCMP)(2010)	供应链管理是对生产、采购、交易、物流活动的计划和管理。它还包括与供应商、中间商、第三方的服务商、客户等合作伙伴的协调和合作。从本质上看,供应链管理整合了内部和外部的供应和需求,是一个连接内外部业务功能和流程的高效的商业模式。供应链管理包含了生产运营在内的所有物流管理活动,协调着整个市场的营销、销售、产品设计、财务和信息技术活动[18]	强调包含外部管理

续表

地区	学者或研究机构	定义	说明
美国	美国生产与库存管理协会（APICS）（2004）	对供应链各项活动进行设计、规划、执行、控制和管理，以达到创造价值、建立竞争基础，充分利用全球物流运作来使得供应和需求同步[19]	强调价值链管理
	美国供应链协会（SCC）（1996）	供应链管理包括供应和需求管理，原材料和零部件采购，产品的制造和装配，仓储和库存跟踪，订单管理，各种渠道分销，以及交付用户[20]	—
	Ellram and Cooper，（1990）	一种管理从供应商到最终客户的整个渠道的总体流程的集成哲学[21]	—
	J. M. Mentzer, W. DeWitt, et al. (1999)	对公司内部以及供应链中的传统职能和手段的系统性、战略性地协调，以提高具体公司以及供应链伙伴的长远绩效[22]	—
	Stadtler (2000)	以提升供应链整体竞争力为目标，用整合供应链相关组织与协调其间物流、信息流与资金流顺畅的做法，以满足（最终）顾客的需求[23]	强调需求链管理
	Chopra and Meindl (2001)	供应链管理涉及一个供应链对其各阶段两两之间与跨阶段间各种流动的管理，以追求其最大的获利[24]	强调价值链管理
英国	Martin Christopher (1998)	从供应链整体考虑，管理公司与上游与供应商及下游客户的关系，以期用更低的成本，提供更高的顾客价值[25]	强调价值链管理
日本	JR货运研究中心（2007）	SCM是指供应商或厂商超越业务和企业的界限，从供应链整体的角度进行业务流程的改善，以实现整个供应链优化为目标的经营手法。SCM是从商品被生产出来到提供给消费者期间，对信息流、物流、资金流进行统一管理，提高业务效率，减少多余业务，并为了能够给相关企业带来最大的利益，而对业务系统进行的管理[26]	强调价值链管理
	日本物流团体联合会（2009）	供应链管理是指统合管理与商品所有相关的企业链，以谋求实现整体最优，并将从原材料采购到生产、销售作为一个整体，共享消费者的购买信息，实现库存消减，提前期缩短和适时适量地供给商品的目的[27]	强调价值链的管理
	新物流事务事典（2005）	供应链管理并不是从前所认为的改善企业内部业务流程的想法，而是对于从商品的原材料开始，到最终客户手中，所经历的全部的过程，将此过程作为超出企业组织框架的一个整体的业务流程来考虑，以在产品、服务商获取最大附加值为目的而进行的综合管理和效率化	强调价值链管理
中国	《物流术语》国家标准（GB/T 18354—2006）	利用计算机网络技术全面规划供应链中的商流、物流、信息流、资金流等，并进行计划、组织、协调与控制	强调集成管理思想
	马士华（2008）	供应链管理就是使供应链运作达到最优化，以最少的成本，通过协调供应链成员的业务流程，让供应链从采购开始，到满足最终顾客的所有过程，包括工作流、物料流、资金流和信息流等均能高效率地操作，把合适的产品以合理的价格，及时、准确地送到消费者手上	强调集成管理思想

早期通常把供应链管理认为是物料管理的延伸，或者是供应商管理的别称。但实际上供应链管理与物料控制、仓储管理或供应商管理有很大的差别，是一种新的管理策略。主要表现在以下两个方面：

（1）供应链管理强调与企业外部的合作，而不是仅仅关注企业内部的优化。

（2）供应链管理以系统工程的方法来统筹整个供应链，并最终依据整个供应链进行战略决策。

1.2.2 供应链管理的产生背景

供应链是人类生产活动的一种客观存在。但过去供应链系统一直处于一种自发的、松散的状态。现代供应链中产品的复杂性和规模大大增加，进入21世纪后，全球经济一体化的浪潮不断推进，市场竞争程度越来越激烈，商业环境发生了巨大的变化。马丁·克里斯多夫（Martin Christopher）说过："市场上只有供应链而没有企业""真正的竞争关系不是企业与企业之间的竞争，而是供应链和供应链之间的竞争"[17]。企业经营环境变化，使得原来各个分散的企业逐渐意识到，要在竞争激烈的市场中生存下来，必须与其他企业建立一种战略上的伙伴关系，实行优势互补，发挥各企业的核心能力，并且在一种跨企业的集成管理模式下，对供应链这一复杂的系统进行有效协调和管理，才能从整体上降低产品（服务）成本，取得更好的绩效。供应链管理思想就是在这种环境下产生和发展起来的。供应链中存在许多降低成本的机会，有效的供应链管理将显著提升企业的成本控制与服务水平，而成本和服务将会是企业重要的竞争点。导致商业环境变化的主要推动力分析如下：

1．赋权的消费者

由于大众的知识水平和对产品的认知程度越来越高，消费者信息也相应提高，增强了消费者的选择能力。技术进步和流水线生产使市场上产品的种类和总量大大增加，消费者的选择权增加，对产品和服务的要求也在不断提高。

由于消费者可以得到无数的产品和选择众多的分销渠道，他们最终将塑造供应链管理的未来。

2．供应链权力的转移

对供应链统治的改变贯穿于经济发展过程中。在美国，从内战到第二次世界大战，制造商作为最强大"链主"的存在，他们决定着生产什么，并最终使消费者买到什么。如果制造商想生产一百万辆黑色轿车，他们不用顾及买主是否更欢迎其他颜色的汽车。

20世纪50年代和60年代，美国进入大型零售商时期。在此期间，像Toys RUs（玩具"反斗城"）、Circuit City（电路城）和Home Depot（家得宝）等零售商开始在供应链中取得更多的控制权，因为他们在制造商和批发商及捉摸不定的消费者之间提供了有力的连接。当Wal-Mart（沃尔玛）作为90年代的零售巨人之一出现时，它改写了供应链上产品的生产与销售规则。

虽然沃尔玛与其成千上万的供应商和伙伴继续主宰着世界上的经商方式，但是这种超级强权的供应链君主地位正受到挑战，权力的中心开始转移，消费者将成为供应链的主宰者并决定着今后要做的事情。新的环境和供应链统治的转移标志着"消费者世纪"的开始。

3．解除管制

政府管制政策的制定和实施与市场的竞争和垄断程度密切相关。政府放宽管制，促进了经济的发展，加剧了市场的竞争程度。

从20世纪80年代开始，美国政府制定了一系列法规，逐步放宽对公路、铁路、航空、航海等运输市场的管制（deregulation），取消了运输公司在进入市场、经营路线、联合承运、合同运输、运输费率、运输代理等多方面的审批与限制，通过激烈的市场竞争使运输费率下降、服务水平提高。

20世纪30年代的世界经济危机之后，西方各国普遍实行了严格的金融管制，各类金融机构的业务范围受到了严重的限制，各国希望通过限制金融机构间的竞争以维护金融体系的稳定。20世纪70年代发生的石油危机使发达国家普遍陷入"滞胀"困境，为了应对"滞胀"，发达国家纷纷放松了对金融部门的管制和约束，利率自由化、资本账户和金融市场相互开放、金融机构的混业经营等各项改革措施出台，使得发达国家的金融体系潜能不断被激发，金融市场不断完善升级，金融业对于经济增长的影响越发明显。20世纪70年代开始，世界各国在经济、技术、资金上的联系不断加强，生产和资本的国际化取得了巨大的发展。国家贸易的增长和跨国公司的发展使得国际资本的流动更加频繁，规模也在不断扩大。资本的本性使得它们在全世界范围内追逐利润，从而要求政府放松管制，以更加自由地开展业务。因此，20世纪70年代，金融自由化的浪潮席卷了全球许多国家，无论是发达国家还是发展中国家都开始了声势浩大的金融自由化进程。

4．全球一体化

过去数十年，全球经济发生了很大的变化：关税降低，贸易壁垒减少，经济区域化，世界贸易组织成立，市场竞争全球化。没有哪一个国家能够拥有发展本国经济所必需的全部资源、资金和技术，也没有哪一个国家能够生产自己所需要的一切产品，因此必须进行交流和相互合作。

市场竞争全球化不只是把产品外销到别国，而是真正整合运用全世界不同地区的资源和市场来发展企业。在全球化市场里，企业的潜在顾客数量大大增加，但同时，由于信息渠道通畅，既有的潜在用户都可能迅速被别的企业夺走，企业生存的不确定性很大，竞争十分激烈。过去能够创造盈利的经营模式，可能在不久的将来只能赚取微薄的利润，消费者和企业客户通过从各种销售渠道寻找价格最低的产品和服务，价格战不仅在地区间展开，更在全世界范围内进行。由于消费者是最终的"付钞者"，企业认识到，产品的竞争力并非由一个企业决定，而是由从原料到产品完成的整个过程决定，产品的竞争是供应链之间的竞争，只有拥有世界级的竞争力才能胜出，这种立体的竞争模式将成为未来经济的重要特征。

5．信息技术的发展

美国著名的未来学家阿尔温·托夫勒（Alvin Toffler）曾经预言："电脑网络的建立与普及将彻底地改变人类生存及生活的模式，而控制与掌握网络的人就是人类未来命运的主宰。谁掌握了信息，控制了网络，谁就将拥有整个世界。"21世纪是信息化时代，信息技术渗透到了社会的各个领域。信息技术使世界越来越小，而互联网的发展又将使企业发展的空间无限扩展。目前，几乎每一个企业都在运用信息技术来改造自己、强化自己、增强竞争力，迎接新经济时代的挑战。

信息技术的发展是现代商业建设的催化剂，主要表现在提升产品与服务质量、扩展了商业市场、实现了一体化管理、强化了商业决策等方面。信息技术已成为现代商业的核心战略资源，利用信息技术来提高商业的工作效率、增强企业的核心竞争力已成为建设现代商业的关键。实施供应链管理的实质是通过企业间的互补实现快速开发和制造产品，满足市场多样化、个性化需求。要达到这个目的，必须有现代信息通信技术的支持。

1.2.3 供应链管理的基本思想

供应链管理的基本思想就是将整条"链"看作一个集成组织，把"链"上的各个企业都看作合作伙伴，运用信息技术，整合供求上下游的资源，对整条"链"进行集成管理。现代供应链管理是实现从供应商到客户的一体化管理模式，因而从整体上提高了供应链的运作效率和效益。图 1.4 形象地描述了供应链管理的内涵，供应链管理基本思想是整合（Integration）与协调（Coordination），这恰好构成供应链管理"屋"的两大支柱，房屋地基由物流、市场、运筹、采购与供应等组成。供应链管理将显著提升整个供应链的客户服务水平，而这正是 21 世纪企业重要的竞争力。

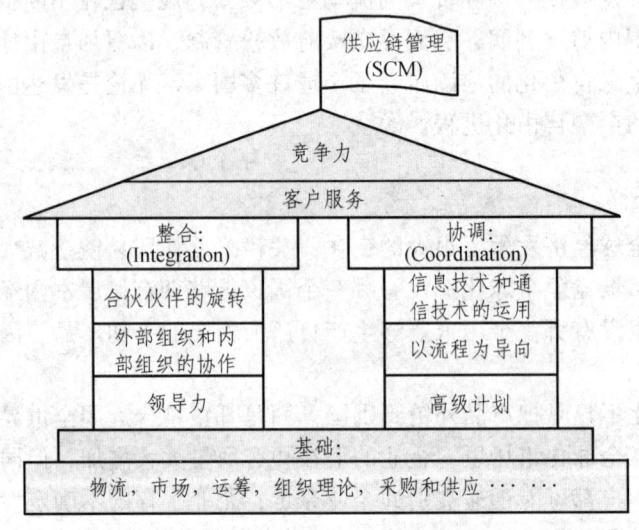

图 1.4 供应链管理"屋"

资料来源：Hartmut Stadtler.Supply chain management and advanced planning—basics, overview and challenges.European Journal of Operational Research[J]. 2005, 163: 575-588.

供应链管理是一种先进的管理理念，它的先进性体现在是以顾客和最终消费者为经营导向的，以满足顾客和消费者的最终期望来进行生产和供应的。无论构成供应链节点的企业数量的多少，也无论供应链节点企业的类型、层次有多少，供应链的形成都是以客户和最终消费者的需求为导向的。正是由于有了客户和最终消费者的需求，才有了供应链的存在。而且，也只有让客户和最终消费者的需求得到满足，才能有供应链的更大发展。

【案例1.2】利丰贸易曾为一个加拿大客户组织了一条供应链,制造一批羊毛大衣。基于全球采购网络,这件大衣的组成如下:羊毛纱线来自新西兰;染料来自瑞士;织布来自中国杭州;衬里布来自韩国;袋里布来自中国湖南;滚边、纽扣、金属链配件来自中国深圳;最后在中国深圳完成大衣的制造。

如果只重视价格因素,不把客户的需求及最终消费者的感受作为组织供应链的核心考虑,这家大衣的原材料便不会来自各个不同的国家与地区。由于大衣供应加拿大市场,定位为中高档服装,所以选择在新西兰采购羊毛,而瑞士的染料配合新西兰的羊毛才能有最好的效果。大衣内的里布选择了韩国料子,是因为它比中国内地提供的里布轻,配合羊毛的质感,可令整件大衣轻柔舒适。大衣其余部分在中国内地采购,是因为那里能够提供最佳的技术和价格。从这件大衣的组合,我们可以看到利丰对客户需求的重视,整条供应链都是围绕着客户利益组织的。

资料来源:利丰研究中心.供应链管理:香港利丰集团的实践[M].北京:中国人民大学出版社,2009.

供应链管理和"纵向一体化"不同。纵向一体化通常意味着拥有上游供应商和下游客户的所有权。虽然这曾一度被认为是最为理想的策略,但目前越来越多的企业开始重点关注它们的"核心业务",其他业务则外包。显然,这种趋势对供应链管理提出了更高的要求,如何进行整合、如何协调各供应链成员都是关键问题。图1.5说明了供应链整合是如何逐步达成的。

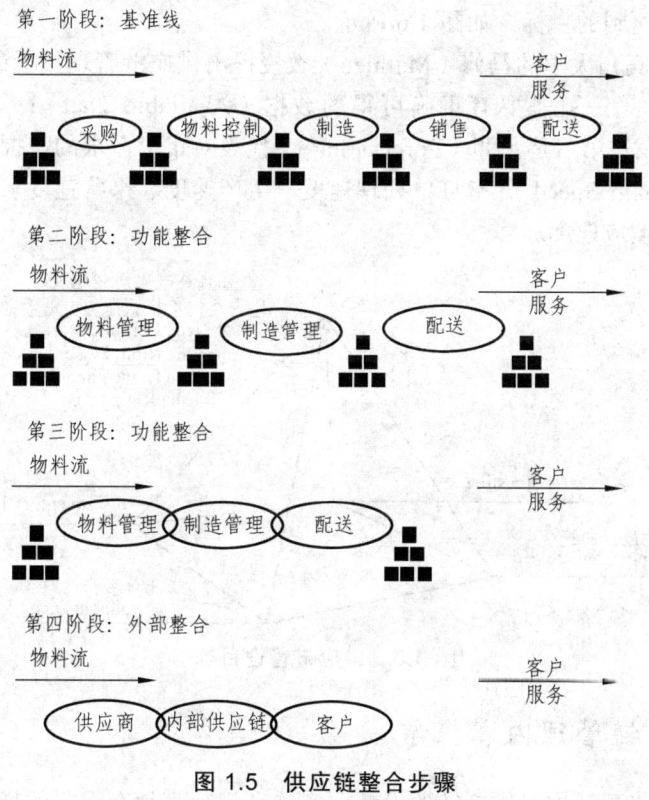

图1.5 供应链整合步骤

资料来源:(英)马丁·克里斯托弗.物流与供应链管理:创造增值网络[M].何明珂等译.北京:电子工业出版社,2006.

由图中知，第一阶段，各商业职能如制造、采购等彼此间是孤立的，它们分别完成各自的任务。例如，为了优化制造成本，制造部门在长期生产运作上下工夫，不考虑是否增加库存，不关心库存空间的需求状况，更不在意运作资金的影响。第二阶段，企业认识到了相关功能间最为基本的一体化要求。如配送和物料管理或采购和实物控制。很自然的，第三阶段就是要建立和执行端到端（end-to-end）的计划框架。第四阶段，是真正意义上的供应链一体化，是第三阶段的进一步扩充。在这一步协调好上游至供应商和下游至消费者的关系。

1.3 供应链管理体系

1.3.1 供应链管理目标

从价值链理论的角度，供应链管理的目标可以概括为：供应链增值最大化。供应链是包括原材料供应、加工组装、生产制造、分销、运输、仓储和客户服务等复杂的动态网链。网链上的每个环节都在制造和实现价值增值，从而完成价值链的整体增值。价值链上任何一个环节出现差错，或成本过高，都将影响整体价值增值的实现。

供应链管理面临的挑战中，最主要的是有 4 个 Right，即 Right Product——正确的产品、Right Place——正确的地点、Right Time——正确的时间以及 Right Price——正确的价格，它们就是供应链管理要达到的目标，如图 1.6 所示。

2000 年，美国宾州大学的马修（Mathieu）教授提出供应链管理目标的"金字塔"概念。金字塔有 4 个边，第一就是要有正确可得的数据（Available Data）；第二强调库存规划（Inventory Planning）；第三是预测（Forecasting），代表对市场需求的掌握程度；第四是供应链速度（Supply Chain Speed），指订单处理速度、生产速度、采购速度、物流速度，最终表现为对客户服务的响应速度。

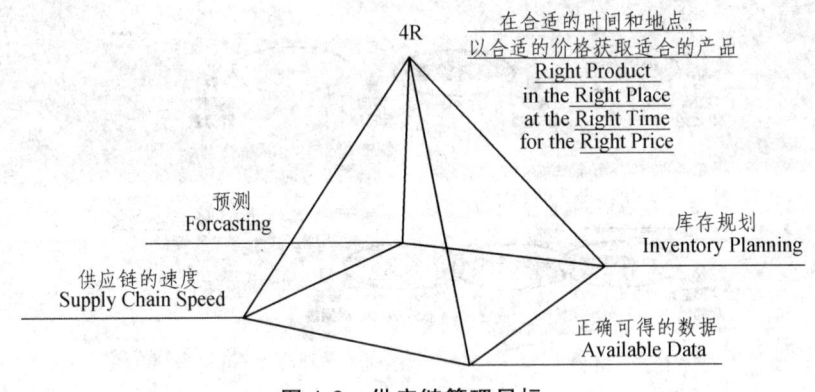

图 1.6 供应链管理目标

1.3.2 供应链管理内容框架

供应链管理的流程结构对供应链的设计、实施和运行都具有重要的指导意义。供应链运作参考模型——SCOR 模型（Supply Chain Operations Reference-model）[28]的流程结构体系目前已经成为一个公认的国际标准，为企业供应链的构建提供了良好的指导作用。基于 SCOR

模型，如图1.7所示，供应链管理包括计划（Plan）、采购（Source）、生产（Make）、配送（Deliver）和退货（Return）五大基本内容。

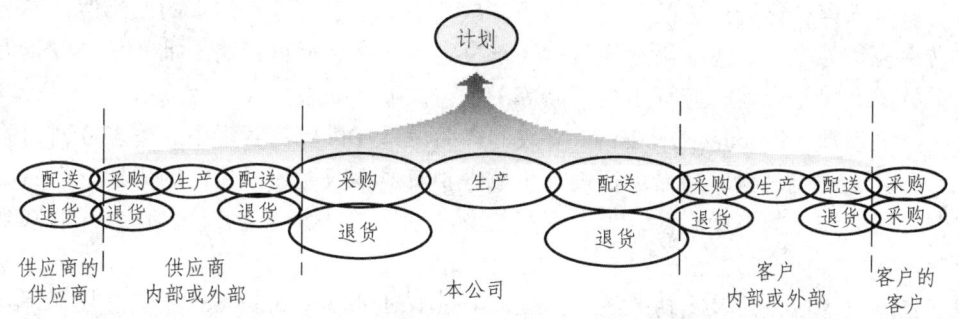

图 1.7 供应链管理运作参考模型（SCOR 模型）

资料来源：供应链协会（Supply chain council，SCC）

（1）计划（Plan）：这是供应链管理策略性部分。需要有一个策略来管理所有的资源，以满足客户对产品的需求。好的计划是建立一系列的方法监控供应链，使它能够有效、低成本地为顾客递送高质量和高价值的产品或服务。

（2）采购（Source）：选择能为产品和服务提供货品和服务的供应商，和供应商建立一套定价、配送和付款流程并创造方法监控和改善管理，并把对供应商提供的货品和服务的管理流程结合起来，包括提货、核实货单、转送货物到制造部门并批准对供应商的付款等。

（3）生产（Make）：安排生产、测试、打包和准备送货所需的活动，是供应链中测量内容最多的部分，包括质量水平、产品产量和工人的生产效率等的测量。

（4）配送（Deliver）：是调整用户的定单收据、建立仓库网络、派递送人员提货并送货到顾客手中、建立货品计价系统、接收付款。

（5）退货（Return）：这是供应链中的问题处理部分。建立网络接收客户退回的次品和多余产品，并在客户应用产品出问题时提供支持。

供应链管理的关键议题主要有：

（1）配送网络配置（Distribution Network Configuration）。配送网络配置是指采用一个或几个制造工厂生产的产品来服务一组或几组在地理位置上分散的渠道商时，管理者需要设计或重新组织设计配送网络。如何选择仓库的位置和容量，确定每个厂商的生产批量，并设定设施之间的运输，以保证这些决策可以使所有生产、库存和运输的成本最小化并满足必要的服务水平。

（2）配送策略（Distribution Strategy）。许多组织面临的一个重要挑战是应该多大程度集中化或分散化其配送系统。采用什么配送策略？每种策略对库存水平和运输成本的影响是什么？对服务水平的影响怎样？需要多少个转运点？这些问题在供应链管理中也非常关键。

（3）供应链整合及策略伙伴关系（Supply Chain Integration and Strategic Partnering）。由于供应链本身的动态性以及不同节点企业间存在着相互冲突的目标，设计与实施全局优化的供应链是相当困难的。但实践表明，对供应链集成不仅是可能的，而且它能够对节点企业的销售业绩和市场份额产生显著的影响作用。集成供应链的关键是信息共享与作业计划。显然，什么信息应该共享，如何共享，信息如何影响供应链的设计和作业；在不同节点企业间实施什么层次的集成,可以实施哪些类型的伙伴关系等就成了最为关键的问题。

(4)库存控制(Inventory Control)。库存控制问题包括:一个终端渠道对某一特定产品应该持有多少库存,终端渠道的订货量是否应该大于、小于或等于需求的预测值,终端渠道库存周转率应该为多少,终端渠道的目标在于决定在什么点上再订购一批产品,以及为了最小化库存订购和保管成本,应订多少产品等。

(5)产品设计(Product Design)。有效的产品设计在供应链管理中起着多方面的关键作用。那么,什么时候值得对产品进行设计来减少物流成本或缩短供应链的周期,产品设计是否可以弥补顾客需求的不确定性,为了利用新产品设计,对供应链应该做什么样的修改等这些问题就非常重要。

(6)信息技术以及决策支持系统(Information Technology and DSS)。信息技术是有效供应链管理得以实现的关键。供应链管理的基本问题在于应该传递什么数据,如何进行数据的分析和利用,互联网的影响是什么,电子商务的作用是什么,信息技术和决策支持系统能否看作是获得市场竞争优势的主要工具。

(7)顾客价值(Customer Value)。顾客价值是衡量一个企业对于其顾客贡献大小的指标,这一指标是根据企业提供的全部货物、服务以及无形影响来衡量的。最近几年来这个指标已经取代了质量和顾客满意度等指标。

1.3.3 供应链管理的难点

供应链运行于不确定的环境,需要针对不确定性进行管理,使得供应链管理目标的实现更加困难。供应链管理的难点分析如下:

(1)供应链是一个复杂的网络。其设施在地理上布局很分散,很多情况下是全球网络。

> 【案例1.3】例如,生产一件衣服,可能从韩国购买纱,在中国台湾进行纺织及漂染,然后运到泰国进行最后的缝制,并使用一家日本公司的拉链。
>
> 资料来源:利丰研究中心. 供应链管理:香港利丰集团的实践[M]. 北京:中国人民大学出版社,2009.

(2)供应链中的不同环节通常有不同甚至相互冲突的目标。供应链有众多的成员(节点)构成,且各成员(基于自己的目标及利益追求)间存在冲突。例如,供应商显然希望制造商能够保持稳定并大量地采购,同时交货时间可以灵活一些。不幸的是,尽管大多数制造商希望实施稳定长期的生产过程,但是它们更需要灵活性,以满足顾客的需要和不断变化的需求。因此,供应商的目标将与制造商对灵活性的期望有直接的冲突。事实上,由于生产决策的制定往往缺少关于顾客需求的准确信息,因此制造商匹配供应和需求的能力取决于当需求信息到达时改变供应量的能力。类似地,制造商大批量生产的目标与仓库和配送中心降低库存的目标存在冲突。更糟的是,降低库存水平的目标意味着运输成本的增加。

(3)供应链是一个动态系统。实际上,不仅是顾客需求和供应商能力会随时间变化,供应链关系也会随时间不断变化。例如,顾客能力的增加,迫使制造商和供应商制造出各种各样高质量的产品,最终的趋势是生产定制产品。

（4）供应与需求相匹配是一种挑战。即便可以精确地获知需求（如合约协定），计划过程仍需要考虑由于季节波动、潮流、广告与促销、竞争者定价策略等造成的影响，以及需求和成本参数随时间的变化。这些随时间变化的需求和成本参数，使得确定能使系统成本最小化并满足顾客需求的有效供应链策略变得困难。

【案例1.4】一款手机面世，过了几天就有一堆的山寨版；但波音飞机都飞了几十年了，怎么就不见给谁山寨了呢？这不是因为飞机的利润不高，也不是因为飞机的技术难度高——那些飞机上用的都是几十年前的老技术，而是因为飞机太复杂，比如波音747有600多万个零件，后面的供应链异常复杂：你可以"山寨"出一个简单的产品，但很难"山寨"出一个复杂的供应链来。

一架飞机动辄数百万零件，需要几年或十几年的开发时间，几十、成百亿美金的研发经费，成千上万工程师通力协作，成千上万个供应商全力配合，遍布全球的供应链，从研发到生产到交付，可以用两个字来形容：复杂。但正是因为复杂，全球有能力制造商用大型飞机的只有波音和空客两家。在这里，高复杂度成为竞争优势：它提高了准入门槛，限制了竞争对手，波音和空客有能力管理那样复杂的供应链，所以复杂的供应链成为它们的竞争优势。

资料来源：刘宝红. 供应链管理：高成本、高库存、重资产的解决方案[M]. 北京：机械工业出版社，2016.

1.4 优秀供应链的4A特质

斯坦福大学的李效良（Hau Lee）教授提出的"3A供应链"打破了传统的高效低成本的供应链观念，在企业界和学术界引起极大反响。后来，他又加上了第四个A，构成了完整的4A供应链理念。

很多企业认为，供应链更快速、运营成本更低廉，是具备竞争优势的关键。而李效良教授在15年中对60多家注重供应链管理的公司进行研究后发现，那些一味追求高效率、低成本的供应链，并不能给企业带来竞争力，反而会成为企业长期发展的拖累。李效良教授发现，一流的供应链都具备下列特征：

敏捷力（Agility），是指企业对原料供应和市场需求的变化能迅速采取应对措施。现在多数行业中的供需波动更快、幅度也更大，反应敏捷正在变得越来越重要。

适应力（Adaptability），指公司能及时适应市场结构和战略发展变化的需求。那些能在战略改变时对供应链进行相应调整的公司，常常可以成功地推出新产品或占领新市场。

协同力（Alignment），是指使供应链上各方利益协调一致。企业要做到使供应链伙伴与自己保持利益一致，使各方在平等基础上共享成果，共同承担风险和费用。

构建价值的能力（Architecting value into your supply chain），代表着企业要能够构建一条更有价值的供应链，可以根据不同的市场、不同的区域、不同的成本要求，设计出不同的完整的供应链，在设计、制造、库存、物流等各个环节中都为供应链增加价值，从而也使自己成为更有价值的供应商。

案例分析：利丰——供应链"指挥家"

香港利丰集团（Li & Fung Group）是一家总部在香港的大型跨国商贸集团，成立于1906年，是中国首批对外贸易公司之一。利丰集团通过贸易、物流、分销及零售等核心业务，为客户提供全球供应链管理服务。2012年8月1日开始，香港利丰集团（Li & Fung Group）改名为冯氏集团（Fung Group）。

利丰集团从不自己生产任何一件产品。但是作为供应链网络的协调者，它负责监督供应链从头至尾的具体生产和传送过程。美国哈佛商学院就对利丰的供应链管理实践做了多个商业案例分析，《哈佛商业评论》称利丰的供应链管理为"香港风格的供应链管理"，具有"快捷、全球化和创业精神"。

在竞争日趋激烈的国际市场环境下，利丰管理层极为重视"零售价里的软三元"（The Soft $3）：即一件商品在美国的零售价是4美元，其生产成本仅为1美元，要再减已经非常困难，另外3美元是供应链各个环节的价值，包括产品设计、原材料采购、物流运输、批发零售、信息和管理等，在这方面企业有很多机会节省以达获利。传统的市场智慧，是研究如何把这价值4美元的产品卖得更多，卖价更高。但最好的办法是向供应链上的3美元增值入手。只要售价不变，来自供应链上的收益，就可直接增加经济溢利，这就是冯氏兄弟（利丰集团掌门人）的经济哲学。因此，利丰积极拓展全球性的采购经销网络，通过不断改善供应链管理赚取这"软三元"。

为了能在全球范围内为客户制定最优化的供应链，利丰非常重视供应链各节点上企业的紧密合作。利丰通过其庞大的全球采购网络，与各种不同类型的生产商保持长期的密切合作，建立了互信关系，利丰能为其网络中的生产商带来一定数量、价格合理的订单，生产商也愿意在预订产能、快速生产和各种生产细节上与利丰配合，并提供最高的生产弹性，以便利丰能为客户度身订造最优化的供应链。利丰供应链管理的思想，就是强调各企业核心能力要素的优化组合。

200万棵圣诞树——虚拟供应链

2001年，可口可乐公司找到利丰公司，要求生产一款用于在圣诞节期间促销可乐的圣诞树玩具。这棵聚乙烯制成的圣诞树约莫1英尺高，消费者积攒一定数目的可乐瓶便可兑换此赠品。

这个任务看起来多少有些"疯狂"，因为可口可乐市场部人员提供给利丰公司的只是一个初步的想法和一张草图。从草图上看，可口可乐公司定制的圣诞树工艺颇为复杂：圣诞树的底座有辆小火车，树上点缀着彩灯，以及装饰有可乐瓶、圣诞老人和北极熊。当电源开启后，圣诞树会响起音乐，树干中会有一盏白色小灯旋转发光，灯光通过装饰物将舞动的星星、可乐瓶、圣诞老人等形象投射到墙上，圣诞树底部的火车也将环绕运行。

从生产角度看，这棵圣诞树涉及塑料模具的开发和电子元件的采购，仅塑料的配件就需要上百种模具。按照正常的生产速度，至少要一年时间才能生产出这样的产品，而客户需要在圣诞节的前一个月抵达目的地，再加上路上的运输过程，留给利丰的时间不多。

为了最大程度降低客户的成本，利丰迅速将此项目进行了分解：在中国香港进行圣诞树的加工，因为这里有熟悉的工厂和合作默契的供应商；在中国台湾进行电子元件的采购，因为那里有中国最好的芯片制造商。

为了节省时间，利丰找了香港 3 家毗邻的工厂进行圣诞树的生产，方便与其共享技术和物料。3 家工厂开足马力同时生产，提前了进度。

而利丰集团自己做的工作就是生产管理，密切监督 3 家工厂生产的品质、进度，为的是让 3 家工厂生产的产品一模一样，"就像一家工厂生产出来的一样"。此外，利丰集团还制定了紧急预案：一旦电子元件不够用，公司立马派员工乘飞机去台湾直接购买。因为，与因物料短缺而引起的停产相比，200 美元的机票钱简直是小菜一碟。最终，利丰出色地完成了任务。从设计到生产最后送到客户手中只用了 10 周时间。

这个案例能反映出利丰供应链管理模式的特点，它没有自己的工厂，而是通过将订单分解到不同的供应商来完成产品的制造，利丰把控整个供应链的关键环节。利丰集团在全球 40 多个国家和地区拥有 15 000 多家合规供应商，它们是生产商、运输商甚至是设计公司和市场营销公司。这 15 000 多家供应商形成了利丰的供应商网络，平时它们各行其是，一旦利丰有需求，它们立即响应，构成利丰供应链的环节。这是一条虚拟供应链，平时这条供应链是不存在的。一旦利丰集团接到订单，利丰会根据客户的需求，在 15 000 多家供应商中选择合适的合作者来构成供应链，帮助客户实现目标。而随着项目结束，这条供应链也随之消失。在整个供应链管理中，利丰集团充当"网络协调员"的角色，仿佛是乐队中的指挥，协调着每一个成员的节奏。

资料来源

利丰研究中心. 供应链管理：香港利丰集团的实践[M]. 北京：中国人民大学出版社，2009.

冯国经，冯国纶，耶尔曼·杰瑞·温德. 在平的世界中竞争[M]. 北京：中国人民大学出版社，2009.

冯国经. 利丰集团的供应链管理实践[J]. 信息与电脑，2006（01）.

Felgner B, Li& Fung. Look to the source[J]. Home Textiles Today, 19 April, Vol.25, No.32, 2004, P. 19.

注　释

1. 美国物流管理协会（Council of Logistics Management，简称 CLM），成立于 1963 年，协会一直致力于推动物流业的发展，为物流从业人员提供教育的机会和信息，向行业人士提供了种类繁多的项目、服务、相关活动，促进从业人员的参与，了解物流业，从而对物流事业作出贡献。前身是全国（美国）物流协会（National Council of Physical Distribution Management，简称 NCPDM），于 2005 年 1 月更名为美国供应链管理协会（Council of Supply Chain Management Professional，简称 CSCMP）。

2. 原文是 "Supply Chain: 1) starting with unprocessed raw materials and ending with the final customer using the finished goods, the supply chain links many companies together. 2) the material and informational interchanges in the logistical process stretching from acquisition of raw materials to delivery of finished products to the end user. All vendors, service providers and customers are links in the supply chain."

3. 美国生产和库存管理协会（American Production and Inventory Control Society, APICS）成立于 1957 年。2005 年起，该组织正式启用新的名字：运营管理协会（The Association for Operations Management），其缩写 APICS 重新解释为先进的先进生产力、创新、成功竞争（Advancing Productivity, Innovation, and Competitive Success）。APICS 有自己的出版机构，出版最新的管理书籍、培训教材和录像带。其中《APICS 词典（APICS Dictionary）》是一本对现代管理词汇最具权威的工具书。

4. 原文是 "The global network used to deliver products and services from raw materials to end customers through an engineered flow of information, physical distribution, and cash."

5. 供应链协会（SCC, Supply Chain Council），是独立的、非盈利性和通用的组织，成立于 1996 年，是由两个咨询公司——Pittiglio Rabin Todd & McGraph (PRTM)和 Advanced Manufacturing Research （AMR）牵头成立的供应链协会。

6. 原文是 "The supply-chain encompasses every effort involved in producing and delivering a final product or service, from the supplier's supplier to the customer's customer."

7. 原文是 "The network of retailers, distributors, transporters, storage facilities and suppliers that participate in the sale, delivery and production of a particular product."

8. 原文是 "The supply chain is the connected series of activities which is concerned with planning, coordinating and controlling material, parts and finished goods from supplier to customer."

9. 原文是 "A supply chain is a network of facilities and distribution options that performs the functions of procurement of materials, transformation of these materials into intermediate and finished products, and the distribution of these finished products to the customers."

10. 原文是 "a set of three or more organizations directly linked by one or more of the upstream and downstream flows of products, services, finances, and information from a source to a customer."

11. 原文是 "The network of organizations that are involved in different processes and activities, through upstream and downstream linkages, that produce value in the form of products and service to the ultimate customer."

12. 原文是"商品が生産され消費者に供給されるまでには、「調達―製造―配送―販売」と複数の業務を経る。そして、サプライヤー（部品や原材料の仕入先）、メーカー、物流業、卸売業、小売業と複数の企業が関係する。こうした商品供給に関わる一連の業務（企業）の連鎖を、サプライチェーン（Supply Chain：供給連鎖）という。"

13. 原文是 "サプライチェーンとは、日本では「供給連鎖」と訳されているように、原材料・部品などの調達から生産、流通を経て消費に至るまでの一連のビジネスプロセスを示す経営用語である。"

14. 原文是「「サプライチェーン」というのは、資材の調達から最終消費者に届けるまでの資材や部品の調達・生産・販売・物流といった業務の流れを、一つの大きな「供給のチェーン（鎖）」としてとらえたものです。つまり「顧客―小売―卸―製造業―部品や資材サプライヤーなどを結ぶ供給活動の連鎖構造」のことを指します。そしてこのサプライチェーン上の業務全体を管理するのが SCM なのです。"

15. 利丰研究中心是香港利丰集团旗下的研究机构，专注研究中国内地商贸经济、分销零售及物流业发展等范围。利丰研究中心为利丰集团及其业务伙伴提供研究分析及咨询服务，协助集团掌握内地市场的最新动向，以供集团作出有关的业务决策。

16.《物流术语》（GB/T 18354—2006）于2006年颁布，由全国物流标准化技术委员会和全国物流信息管理标准化技术委员会提出并归口。本标准起草单位包括中国物流与采购联合会、中国物流技术协会等14家单位。2006年颁布的《物流术语》是2001年颁布的《物流术语》的修订本。共收录314条术语及其定义。

17. 原文是"Nowadays, the battle for competitiveness is increasingly fought between supply chains, not companies."

18. 原文是"Supply Chain Management encompasses the planning and management of all activities involved in sourcing and procurement, conversion, and all logistics management activities. Importantly, it also includes coordination and collaboration with channel partners, which can be suppliers, intermediaries, third-party service providers, and customers. In essence, supply chain management integrates supply and demand management within and across companies."

19. 原文是"The design, planning, execution, control, and monitoring of supply chain activities with the objective of creating net value, building a competitive infrastructure, leveraging worldwide logistics, synchronizing supply with demand, and measuring performance globally."

20. 原文是"Supply-chain management includes managing supply and demand, sourcing raw materials and parts, manufacturing and assembly, warehousing and inventory tracking, order entry and order management, distribution across all channels, and delivery to the customer."

21. 原文是"Supply chain management (SCM) is an integrative philosophy to manage the total flow of a distribution channel from the supplier to the ultimate user."

22. 原文是"the systemic, strategic coordination of the traditional business functions and the tactics across these business functions within a particular company and across businesses within the supply chain, for the purposes of improving the long-term performance of the individual companies and the supply chain as a whole."

23. 原文是"The task of integrating organizational units along a supply chain and coordinating material, information and financial flows in order to fulfill (ultimate) customer demands with the aim of improving competitiveness of the supply chain as a whole."

24. 原文是"Supply chain management involves the management of glow between and among stages in a supply chain to maximize total profitability."

25. 原文是"The management of upstream and downstream relationships with suppliers and customers to deliver superior customer value at less cost to the supply chain as a whole."

26. 原文是"SCMとは、サプライヤーやメーカーが、業務や企業の壁を超えたサプライチェーン全体という視点から業務プロセス改善を行い、サプライチェーン全体での最適化を図っていく経営手法である。従来は、各業務で改善や効率化は行われていたが、各業務が十分に連動していなかったため、重複業務の発生や、需給のミスマッチによる販売機会の損失や在庫ロスが発生していた。SCMは、商品の生産から消費者の手元に届くまでの間の情報の流れ、物の流れ、金の流れを一元管理することで、その間の業務の無駄を省き効率良くし、かつ関係する企業に最大限の利益をもたらすように業務プロセスを管理するというものである。"

27. 原文是"サプライチェーンマネジメント（SCM）：商品供給に関するすべての企業連鎖を統合管理し、その全体最適化を図ること。原材料調達から生産、販売までを一貫したシステムとしてとらえ、消費者の購買情報を関係者が共有し、在庫の削減、リードタイムの短縮、適時・適量の商品供給等の実現を目指すこと。"

28. SCOR 模型由国际供应链协会（Supply-chain Council）开发支持，适合于不同工业领域的供应链运作模型。1996 年春，两个位于美国波士顿的咨询公司——Pittiglio Rabin Todd & McGrath（PRTM）和 AMR Research（AMR）为了帮助企业更好地实施有效的供应链，实现从基层职能到基于流程管理的转变，牵头成立了供应链协会，并于 1996 年 11 月发布供应链运作参考模型（SCOR），至 2005 年 4 月，SCC 已经在北美世界供应链论文上发布了 SCOR 模型的 7.0 版本。

思考题

1. 简述供应链的基本含义与结构模型。
2. 阐述供应链管理的内涵与基本思想。
3. 阐述优秀供应链的 4A 特质。

第 2 章 供应链管理的发展与策略

本章从采购与供应管理、生产运作管理和物流管理三大领域分别描述了供应链管理的发展过程;介绍了供应链的相关基础理论,包括交易费用理论、核心竞争力理论和价值链理论;介绍了供应链管理策略,包括快速反应和有效客户反应策略、"推式"和"拉式"策略、延迟策略。学习本章旨在了解供应链管理的发展过程,理解相关基础理论,熟悉供应链管理的策略。

2.1 供应链管理的发展

供应链管理是对从供应商到客户的实物流、信息流和资金流的集成管理,以实现供应链价值的最大化。企业的竞争优势也不再单纯体现在企业与企业的竞争,而更多地体现在供应链与供应链的竞争。供应链集成的管理思想与方法并不是"一蹴而就"的,而是经过几十年的发展,由传统的采购与供应管理、生产运作管理和物流管理三大领域发展而来。

2.1.1 从采购与供应管理到供应链管理

采购最初仅仅被认为是生产的支持活动,管理人员很少关心采购活动。随着世界工业化技术的进步,社会分工不断发展以及企业纵向集成度的降低,企业总成本中采购成本所占比重越来越大,采购管理在企业中的地位日趋重要。在这种背景下,采购管理的内涵逐渐发生了变化,采购重点从降低采购价格转向增加企业经营利润。企业与原材料零部件供应商的关系不再仅仅是"买"与"卖"的交易关系,双方在信息、技术、资金、人员等方面有了更多的交流。从采购管理发展过程来看,供应链管理是采购管理的高级形态。采购管理的发展过程可划分为 3 个阶段,如表 2-1 所示。

表 2-1 采购与供应管理的发展阶段

采购管理发展阶段	特 征
1. 初级阶段:交易导向	• 事务性的日常工作,侧重于订单处理 • 被动:对其他职能部门的要求做出反应 • 价格导向 • 市场营销的地位高于采购
2. 中级阶段:商业导向	• 应用各种采购技能与方法 • 主动:支持企业的竞争战略 • 成本导向 • 采购部门主管进入公司管理层

续表

采购管理发展阶段	特征
3. 高级阶段：供应链管理	• 重视供应商的开发与供应商能力的提升 • 采购战略融入公司的竞争战略中 • 致力于与供应商建立伙伴关系 • 战略采购，战略层面的资源获取

2.1.2 从生产运作管理到供应链管理

在供应链管理问世前，西方的企业管理科学出现过一系列的管理思想，其中生产制造领域主要有：物料需求计划（Material Requirements Planning，MRP）、制造资源计划（Manufacturing Resource Planning，MRPⅡ）、企业资源计划（Enterprise Resource Planning，ERP）；先进规划排程系统（Advanced Planning & Scheduling System，APS）；准时制生产（Just in Time，JIT）、精益生产（Lean Production, LP）、敏捷制造（Agile Manufacturing）等。随后，供应链管理的概念便出现了。生产运作管理领域管理理念的发展如表 2-2 所示。

表 2-2 生产运作管理领域管理理念的进展

管理理念	时间	优点	缺点
EOQ	1915	为了独立需求，把库存成本减到最低程度	并不适合独立要求
MRP	1965	为了从属需求，把库存成本减到最低程度	• 需要精确的信息 • 很难实施
MRPⅡ	1970	把财务、市场营销计划与生产计划整合起来	需要众多硬件、软件和计算机专家
JIT	1980	通过减少库存水平和改进过程来消除浪费	• 主要是成本降低策略和重点在工厂内部 • 过分依赖于供应商准时供货率
TQM	1980	重点在质量和过程的连续改进	重点在工厂内部，缺少对过程改进的关注
TOC	1985	重点在约束上改进生产产量	在工厂内部对约束的关注有限
TBC	1990	力图缩短供应链 重点在竞争优势的一个变量——时间上	• 受限于有多少供应链可以缩短 • 竞争对手很快可以采用相同的策略
SCM	1995	把重点扩充到包括供应商和客户	

注：EOQ（economic order quantity）经济订单数量；MRP（material requirement planning）；物料需求规划 MRPⅡ（manufacturing resource planning）制造资源计划；JIT（just-in-time）准时制；TQM（total quantity management）全面质量管理；TOC（theory of constrains）约束理论；TBC（time-based-competition）基于时间的竞争；SCM（supply chain management）供应链管理。

资料来源：（英）肯尼斯·莱桑斯，（英）迈克尔·吉林厄姆著. 采购与供应链管理[M]. 鞠磊等译. 北京：电子工业出版社，2004.

2.1.3 从物流管理到供应链管理

从物流管理的起源与发展过程来看,物流管理的发展经历了:① 职能管理阶段,这个阶段物流是分散在组织内不同职能中的一系列零散的活动,主要包括物料管理(Material Management)和实物流通/实物配送管理(Physical Distribution Management);② 内部一体化阶段,这个阶段,将企业内部的供应物流、生产物流和销售物流集成起来,形成了集成物流管理(Integrated Logistics Management);③ 外部一体化阶段,这个阶段是供应链物流管理阶段,它包括供应商、制造商、分销商和零售商等不同企业在内的整个链上各成员的物流活动的协调,实现整个供应链物流的最优化。

因此有学者认为供应链管理是从物流管理发展而来的,如图 2.1 所示。马丁·克里斯多夫(Martin Christopher)就认为:"必须认识到,供应链管理的概念尽管比较新,但实际上它不过是物流逻辑的延伸。"[1]

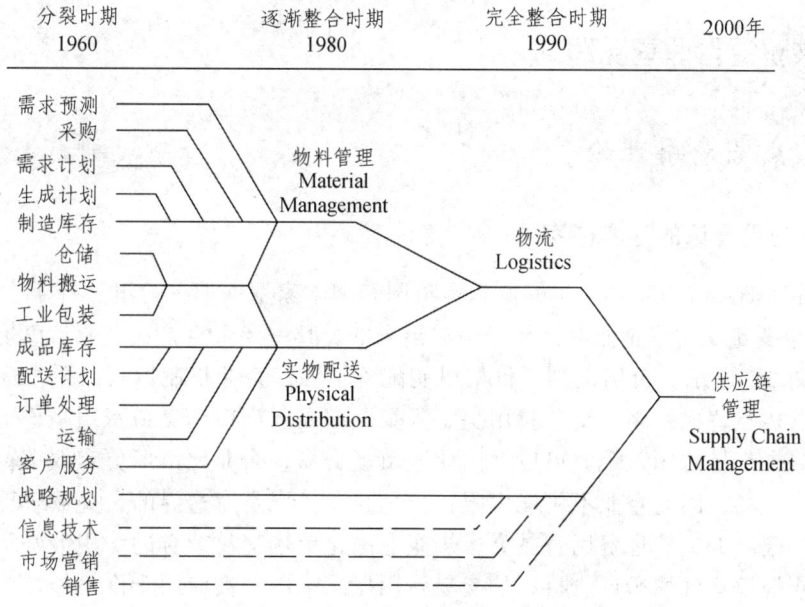

图 2.1 物流管理的发展过程

供应链管理的理论和方法是从采购与供应管理、生产运作管理和物流管理这三大领域发展而来的。这种演变也可以通过美国三大管理协会的发展来印证,如表 2-3 所示。

表 2-3 美国三大管理协会的演变

协会名称		影响力	认证	
更名前	更名后			
美国采购管理协会(NAPM, National Association of Purchasing Management)	美国供应管理协会[2]ISM, Institute for Supply Management)	世界上规模最大、影响最大的供应管理组织	注册采购经理[3](C. P. M., Certified Purchasing Manager)	供应链管理专业人士认证[4](CPSM, Certified Professional in Supply Management)

续表

协会名称		影响力	认	证
更名前	更名后			
美国生产与库存管理学会（APICS，American Production and Inventory Control Society）	运营管理协会[5]（APICS，The Association for Operations Management）	地位没有供应管理协会高，但在生产与库存管理领域享有崇高声望	生产与库存认证[6]（CPIM，Certified in Production and Inventory Management）	供应链专业人士认证[7]（CSCP，Certified Supply Chain Professional）
物流管理协会[8]（CLM，Council of Logistics Management）	供应链管理专业委员会[9]（CSCMP，Council of Supply Chain Management Professionals）	在物流教育领域影响力甚大，鲍尔索克斯[10]曾担任该组织的主席	无	

2.2 供应链管理基础理论

2.2.1 交易费用理论

1．交易费用理论的基本内容

交易费用（Transaction Cost）的概念是英国经济学家罗纳德·哈里·科斯（R. H. Coase）1937年在其重要论文"论企业的性质"中提出来的。其主要观点是：企业与市场是不同的交易机制，如图2.2所示，市场机制以价格机制配置资源，企业机制以行政手段配置资源；企业与市场可以相互替代，因为交易费用决定了企业存在。当市场交易费用高于企业内部交易费用时，为减少交易费用，企业可以"内化"市场交易，企业比市场更有效率；但企业又不可能完全取代市场，因为企业不可能无限扩大，企业扩张是有边界的，企业管理会产生管理费用，企业规模越大，管理费用就越高，当企业内化市场交易节省的费用恰好等于管理费用增长时，企业规模达到均衡点。科斯的交易费用概念，后来被应用于许多领域，成为新制度经济学的理论基石和核心范畴。

在科斯之后，威廉姆森（Williamson）等许多经济学家又进一步对交易费用理论进行了发展和完善。威廉姆森认为交易费用可看作是事先安排协约和事后监督、维护协约的费用总和，是"经济世界中的摩擦力"。并指出，交易费用主要与交易特性有关，即资产专用性（asset specificity）、交易不确定性（uncertainty）和交易频率（frequency of transaction）。

交易费用理论包含以下几点基本结论：①市场和企业虽可相互替代，却是不相同的交易机制，如图2.2所示。因而企业可以取代市场实现交易；②企业取代市场实现交易有可能减少交易的费用；③市场交易费用的存在决定了企业的存在；④企业"内化"市场交易的同时产生额外的管理费用，当管理费用的增加与市场交易费用节省的数量相当时，企业的边界趋于平衡（不再增长扩大）；⑤现代交易费用理论认为，交易费用的存在及企业节省交易费用的努力是资本主义企业结构演变的唯一动力。

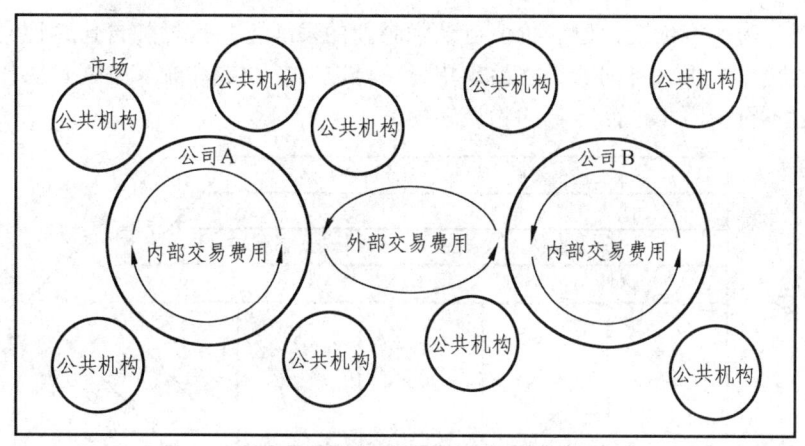

图 2.2 交易费用的层级结构示意图

2．交易费用理论对供应链管理的意义

交易费用理论认为企业与市场是不同的交易机制。供应链作为一种资源配置和协调经济活动的组织形式和制度安排，与市场、企业一样，也是经济社会发展到一定阶段的产物。其产生的根本原因在于交易费用的节约，即相对于企业和市场来说更能节约交易费用，更有效率。因此，供应链管理既不是通过传统市场理论的价格机制，也不是通过政府计划或企业内部一体化的结构，而是通过企业间复杂的、多样化的契约来安排供应链，是一种新的中间性组织形式。它既包含企业内部组织分工，又包含外部节点企业之间结盟进行组织分工，这两种形式决定了它与市场、企业组织形式具有很大的差异。供应链的构建可以有效地降低市场交易费用，通过不同方式建立相对稳固的伙伴关系，从而稳定双方的交易，减少交易费用并降低履约的风险。

2.2.2 价值链理论

价值链理论（Value Chain）是由美国哈佛商学院著名战略学家迈克尔·波特（Michael E. Porter）于 1985 在其著作《竞争优势》（*Competitive Advantage*）中提出的。波特认为价值链描述了顾客价值是如何通过一系列可以创造出最终产品或服务的活动而形成的过程，并将价值链描述成："一个企业用来进行设计、生产、营销、交货及维护其产品的各种活动的集合。"

1．价值链的基本内容

迈克尔·波特认为价值链是由一系列业务流程构成的，每个业务流程又可分解为若干具体的作业。企业的价值创造活动可分为基本活动和辅助活动两类，如图 2.3 所示，其中利润是总价值与从事各种价值活动的总成本之差。基本活动是企业的基本增值活动，辅助活动既支持整个价值链的活动，又分别与每项具体的基本活动有着密切联系。

波特的价值链通常被认为是传统意义上的价值链，较偏重于以单个企业的观点来分析企业的价值活动、企业与供应商和顾客可能的连接，以及企业从中获得的竞争优势。在最初基于制造业的观点中，价值链被看成是一系列连续完成的活动，是原材料转换成一系列最终产品的过程。新的价值链理论把价值链看成是一些群体共同工作的一系列工艺过程，以某一方式不断地创新，为顾客创造价值。价值链认为企业的发展不只是增加价值，而是要重新创造价值。在价值链系统中，不同的经济活动单元（供应商、企业和顾客）通过协作共同创造价值，而价值已不再受限于产品本身的物质转换。

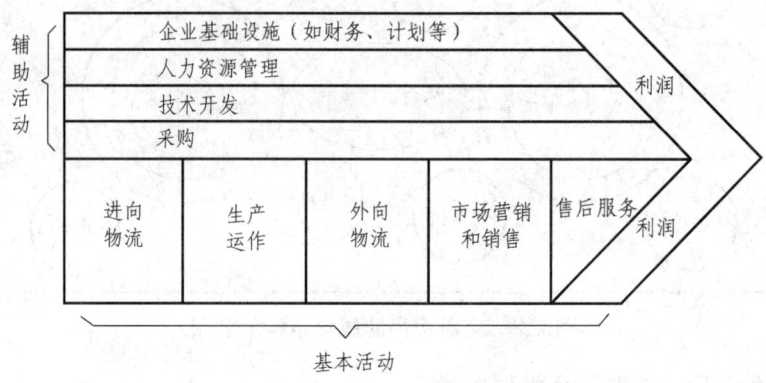

图 2.3 波特（Poter）价值链示意图

2．企业价值链理论的延伸

在波特发表价值链理论后，英国卡迪夫大学（Cardiff University）商学院的供应链管理学教授彼得·海因斯（Peter Hines）从价值实现的最终目标出发对价值链进行了重新定义。海因斯首先在波特的价值链模型中加入了顾客需求和原材料供应商，使得价值链由企业管理和反映企业内部信息延伸到企业外。海因斯教授认为，企业的生产经营活动的目标应该是消费者的需求，而所谓的利润，不过是企业在满足消费者需求的生产经营活动中附带的一种"副产品"。可以说，海因斯教授的理论和波特教授的理论存在明显区别，不仅加入了消费者需求和原材料供应商两个新的影响因素，而且将生产的最终目的确定为满足消费者需求，这与波特的最终目标利润有了较大的差别。表 2-4 对波特和海因斯价值链进行了比较。

表 2-4 波特和海因斯价值链的比较

	波特（Poter）	海因斯（Hines）
基本目标	利润	客户满意度
运作	"推"系统	"拉"系统
架构和方向	从货源地到客户，将不同企业衔接起来的一系列的链	从客户到货源地的一条大链
基本业务活动	进向物流、运作、外向物流、市场营销和销售、服务	与市场、物资、工程、质量、研究开发和设计相关的团队
辅助（支持）业务活动	企业基础平台、人力资源管理、技术开发、采购	基于业务活动的成本法、人力资源管理/培训/教育、TOM、EDI、利润

资料来源：肯尼斯·莱桑斯，迈克尔·吉林厄姆，采购与供应链管理[M]. 6 版. 北京：电子工业出版社，2004.

（1）虚拟价值链理论。20 世纪 90 年代后，科技的发展日新月异，网络和电子技术的发展带来信息技术的跨越式发展，在这样的背景下，哈佛商学院的杰弗里·F·雷鲍特（Jeffrey F. Rayport）和约翰·J·斯维奥克拉（John. J. Sviokla）这两位学者于1995年在《开发虚拟价值链》（*Exploiting the Virtual Value Chain*）一文中首次提出了虚拟价值链（Virtual Value Chain）的概念。所谓虚拟价值链，就是将实物价值链以信息的形式反映在虚拟的信息世界里，是实物价值链的信息化反映。过去的管理理论只是把信息作为一种辅助的工具，他们认为通过信息的收集、组织、选择、合成和分配，企业可以创造价值。虚拟价值链不仅仅是包括信息的价值增值活动，更重要的是，"它还是一种为顾客重新创造价值"的活动。特别是虚拟价值链的每一个价值增值环节都能创造价值，这一点可以为企业带来极大的竞争优势。此后，随着信息化技术的迅猛发展和数字化时代的到来，理论界又将虚拟价值链的重要性上升到新的高度，使其成为与实物价值链并行的为企业创造价值的又一链条。

（2）"价值网"理论。价值网理论是美国的戴维·波维特（David Bovet）、约瑟夫·马撒（Joseph Martha）等人在2002年3月出版的《价值网：打破供应链，挖掘隐利润》一书中提出的。价值网是一个由客户、供应商、合作企业以及它们之间的信息流共同构成的动态网络。这个网络的触发点是真实的消费者需求，可以对消费者的偏好做出快速、准确的反应。价值网的概念突破了原有价值链的范畴，它从更大的范围内根据顾客需求来组成一个由各个相互协作企业所构成的虚拟价值网。价值网为所有参与者：企业、供应商和顾客都提供价值，并且参与者之间是基于相互协作、数字化的网络而运作的。

3. 价值链理论对供应链管理理论的意义

价值链和供应链有不同的定义、产生背景和发展历史。虽然两者涉及的活动范围相同，但价值链关注价值的创造，而供应链则注重产品与服务的供应。基于价值链的供应链管理就是将价值链的思想引入供应链管理中，用价值链思想驱动供应链的流程和作业。价值链驱动的供应链可以达到实现整条供应链的价值优化，侧重于供应链的整体效益，关注顾客的满意程度是否得到提高，从而为企业获得持续竞争优势提供思路。按照价值链的思想，在供应链中的各节点企业应保留为企业提供价值的活动，将那些不能提供价值、对企业而言并不代表某种发展方向的业务进行外包。

总之，基于价值链的供应链管理是将消费者纳入供应链的价值链中，更强调整个供应链的协调和优化。将没有能力或搭便车的企业从供应链中剔除，排除不能使消费者需求价值化的企业活动，以实现供应链的总体目标，即供应链增值最大化。

2.2.3 核心竞争力理论

1. 核心竞争力的基本内容

核心竞争力的概念是1990年美国密西根大学商学院教授普拉哈拉德（C. K. Prahalad）和伦敦商学院教授加里·哈默尔（Gary Hamel）在《哈佛商业评论》上发表的"公司核心竞争"（*The Core Competence of the Corporation*）"一文中首先提出来的。此后，两位管理学家又出版了《竞争大未来》（*Competing for the Future*）一书，更加详细全面地论述了核心竞争力的概念。他们指出："核心竞争力是使公司为客户带来特殊利益的一种独有技能或技术。"[11]

核心竞争力是指企业面对快速变化的外部环境，不再以行业优势和外部资源优势作为竞争的主要基础,而是通过企业集体学习和协调能力,持续创新能力和智力资本增值能力,快速、低成本地集成各种生产技能、技术手段和资源来应对各方面的机遇和挑战能力。核心竞争力是内在的、无形的、本源性的,它难以被竞争对手复制。一个公司凭借核心能力才能持续为客户提供独特的价值和利益,才能不断催生新产品、开辟新市场。核心竞争力的特征如下:

(1)难模仿性:它是企业不断知识学习和积累的结晶,充满了潜在的经验和智能,是企业特有的技能、组织、知识、管理、文化的整合,极大强化了企业竞争的差异性,具有难以被竞争对手模仿和替代的性质。

(2)延展性:可使企业拥有进入各种市场的管理和技术潜力,它能广泛组合应用到不同的新领域,从而衍生出一系列新产品、新服务,创造出众多新市场,为企业打开多种产品市场实现多元化战略提供支持。

2. 核心竞争力理论对供应链管理理论的意义

诺贝尔经济学奖得主,著名经济学家道格拉斯·诺斯(Douglass C. North)把生产的总成本划分为转型成本(transformation cost)和交易成本(transaction cost)。转型成本就是马克思主义经济学讲的物质变换成本,即人们通常所说的制造成本。交易成本包括了获取市场信息的成本、订立合同的成本、执行合同的成本等。理论经济学认为,降低转型成本的基本途径在于深化分工。然而,随着分工的深化,人们之间的相互依赖关系加深,交易关系愈益频繁,降低交易成本就成为一个具有决定意义的任务。供应链管理提供了提升企业竞争力、降低交易成本的有效途径。

基于核心竞争力理论,供应链管理强调企业应专注于核心业务:建立核心竞争力,在供应链上明确定位,将非核心业务外包,这样企业才能够更有效地集中利用资源,强化主业,并通过企业间合作,增加弹性。

供应链管理强调核心企业与合适的企业建立合适的伙伴关系,通过这些企业完成一部分业务工作,自己则集中精力和各种资源,做好比竞争对手更擅长的关键性业务,这样不仅可以提高本企业的竞争能力,还能使供应链上的其他伙伴都受益。

【案例 2.1】如果克莱斯勒汽车公司(Chrysler)在 20 世纪 80 年代没有把整个汽车分系统的工程设计工作外包给供应商的话,该公司可能早已不复存在,也不会成为与戴姆勒—奔驰(Daimler-Benz)合并中具吸引力的一方。

克莱斯勒汽车公司(Chrysler)是美国著名汽车公司,同时也是全球首屈一指的轿车和商用汽车的生产厂商。20 世纪 80 年代期间,克莱斯勒公司的汽车产量及其利润率与它的主要竞争对手福特与通用汽车公司相比,一直处于不断下滑的局面。与此同时,日本汽车制造商不断蚕食美国的本土市场,在美国建立自己的制造与销售基地。面对如此严峻的内忧外患,克莱斯勒汽车公司除了学习日本汽车公司质量管理及生产设计上的经验,也启动了 SCORE 项目(Supplier Cost Reduction Effort)。当时美国汽车生产商为了防止自家后院失火,汽车的关键部分从不整体交给外面公司生产,而是将各个系统分拆,承包给多家供应商,永不分包一个完整的系统。克莱斯勒汽车公司首先打破常规,供应商的选择标准不再是——竞标、低价获胜、不考虑过去的成绩,而是变成了事先评定、合理价格以及考虑过往合作的历史;公司与供应商的利益关系也由原来的短期合同、不关心供应商的赢利变为了长期合同和注重双赢;分工协作方面不再是不同的厂商分别负责设计、模具和零部件,而改成一个厂商负责整个汽车分系统研发、生产的全过程;此外,鼓励供应商更多地参与汽车生产的全过程,让供应商帮助公司减少汽车的重量、事故率和复杂性,供应商每帮助减少系统中的一个零部件,就可得到2万美元的奖励。克莱斯勒汽车公司将非核心业务外包,专注核心业务,在竞争激烈的汽车市场中占据了一席之地,并在之后的发展中与在汽车业中拥有最佳系统工程技术的戴姆勒-奔驰公司合并,核心能力进一步加强。

资料来源:蒋键.供应商参与创新与制造商创新绩效相关关系实证研究[D].浙江:浙江大学,2004.

[美]大卫·辛奇-利维,菲利普·卡明斯基,伊迪丝·辛奇-利维.供应链设计与管理概念、战略与案例研究[M].3版.季建华,邵晓峰译.北京:中国人民大学出版社,2010.

1998年,美国麻省理工学院的查尔斯·法恩(Charles H. Fine)在其著作《时钟速度》(*Clock Speed: Winning Industry Control in the Age of Temporary Advantage*)一书中提出:"如果企业懂得如何将业务外包,它们就能够避免出现供应环节上的麻烦,并保持对业务发展的全面控制。""当前竞争的焦点以及企业机构的基本问题是核心竞争力、是如何设计供应链。"他从供应链的角度指出了供应链管理在企业核心竞争力构建中的重要地位。

供应链管理必须提出企业如何通过改善经营理念、业务流程、与上游供货商和下游客户之间的关系等来提升效益,增强竞争力。供应链上的各企业紧密合作,共担风险,共享利益。供应链上的企业除了追求自身利益外,还应一同去追求改善供应链整体的竞争力和盈利能力。通过合作减少各个环节间的交易成本,有效提升供应链的长期竞争力。

【案例2.2】运动鞋制造业是一个需要在技术上不断投资的时尚行业。耐克公司(Nike)是全球最大的运动鞋生产商,它将最主要的精力放在了产品的研发以及营销、销售和分销上,而几乎将所有的生产活动都外包出去了。管理大师汤姆·彼得斯(Tom Peters)之言:"做你做得最好的,剩下的外包(Do what you do best and outsource the rest)"被耐克视为金科玉律,一直奉行至今。这个战略使耐克在20世纪90年代的年增长率达到了20%。

资料来源:[美]大卫·辛奇-利维,菲利普·卡明斯基,伊迪丝·辛奇-利维著.供应链设计与管理概念、战略与案例研究[M].3版.季建华,邵晓峰译.北京:中国人民大学出版社,2010.

Quinn J b, F.Hilmer. Strategic Outsourcing. Sloan management Review, 1994,9-21.

2.3 供应链管理策略

2.3.1 快速反应策略与有效客户反应策略

1. 快速反应（QR）策略

从 20 世纪 70 年代后期开始，美国纺织服装的进口急剧增加，到 20 世纪 80 年代初期，进口商品大约占到纺织服装行业总销量的 40%。针对这种情况，美国纺织服装企业一方面要求政府和国会采取措施阻止纺织品的大量进口；另一方面进行设备投资来提高企业的生产率。但价廉进口纺织品的市场占有率仍不断上升，本地生产的纺织品市场占有率连续下降。为此，一些主要的经销商成立了"用国货为荣委员会（Crafted with Pride in USA Council）"。一方面通过媒体宣传国产纺织品的优点，采取共同的销售促进活动；另一方面，委托嘉思明咨询公司（Kurt Salmon Associates，KSA）[12]对纺织服装行业进行调研分析。嘉思明咨询公司调查后指出，尽管美国纺织品行业各部分具有较高运作效率，但供应链整体的效率却十分低。整个服装供应链，从原材料到消费者购买，总时间为 66 周：有 11 周时间在制造车间；40 周在仓库或转运；15 周在商店；各种费用非常大。更重要的是，由于不精确需求预测的生产和分销，因生产数量过多或过少造成的损失更大。整个服装供应链系统的总损失每年可达 250 亿美元，其中被迫降价 140.8 亿美元，缺货 60.8 亿美元，库存持有成本 50.8 亿美元。2/3 的损失来自于零售商或制造商对服装的降价处理以及在零售时的缺货。该咨询公司建议零售业企业和纺织服装生产厂家合作，共享信息资源，建立一个快速反应系统（Quick Response）来实现销售额增长。

快速反应（Quick Response，QR）就是为了实现共同的目标，零售商、制造商和供应商之间相互配合，以最快的方式、在适当的时间与地点为消费者提供适当的产品和服务，即以最快的速度、最好地满足消费者需要。实施 QR 的目的是减少原材料到消费点的时间和整个供应链的库存，最大限度地提高供应链管理的运作效率。

【案例 2.3】20 世纪 80 年代中期后，QR 概念开始在美国纺织服装等行业被广泛地应用。美国服装零售企业与服装制造企业，以及面料生产企业合作实施 QR 系统。

从美国服装行业的实践来看，QR 是一个零售商和生产厂家建立（战略）伙伴关系，利用 EDI 等信息技术，进行销售时点的信息交换以及订货补充等其他经营信息的交换，用多频度小数量配送方式连续补充商品，以实现缩短交纳周期、减少库存、提高顾客服务水平和企业竞争力为目的的供应链管理策略。美国学者 Jamie Bolton 认为 QR 是 JIT 在零售行业的一种应用。

服装行业 QR 策略的研究，关注季节性产品或高度不确定性的短时生命周期产品，目标是降低生产和库存成本，以及滞销和脱销的成本。策略是减少制造商的补货提前时间，从而零售商可以以少量库存试销，利用早期反馈的销售信息来改善 SKU（最小存货单元，Stock Keeping Unit）（不同花式、款式、面料）的预测，从而减少滞销和脱销的成本；制造商也可以调整生产计划，以便更好地匹配产出与需求，减少了降价补贴、退货运输费、退货库存费等（Hammond，1990）。制造企业通过加强与零售商、分销商的合作，加速信息快速流动，保证共享、透明，了解最终顾客的真实消费需求，缩短订货提前期，并用高频率、小批量的订货模式代替低频率、大批量的订货模式，实现连续补货（Continuous Replenishment，CR），加快对市场变化的响应。

QR 战略的实施给美国纺织服装行业带来了显著成效。Blackburn（1991）研究指出，QR 实施的效果如表 2-5 所示。

表 2-5　QR 战略实施效果

商品大类	供应链上节点企业	QR 实施效果
夹克和休闲裤	服装生产企业：Haggar 零售商：Belks	销售额提升 25%；总利润提高 25%；库存周转率提高 67%
定制服装	面料生产企业：Burlington 服装生产企业：Oxford 零售商：J. C. Penny	衬衫销售额提升 59%；商品周转率提升 90%；需求预测误差降低 50% 以上
休闲裤	面料生产企业：Milliken 服装生产企业：Seminole 零售商：Wal-Mart	销售额提升 31%；商品周转率提升 30%

资料来源：Hammond J H (1990). Quick Response in Apparel Industry. Harvard Business School Note N9-690-038,Cambridge, Mass.

Blackburn J D, Joseph D (1991). Time-based competition: the next battleground in American manufacturing. Applied Mechanics Reviews, vol.44, No.7.

2．有效客户反应（ECR）策略

有效客户反应（Efficient Consumer Response，ECR）是 1992 年从美国的食品杂货业发展起来的，是一种分销商与供应商为消除系统中不必要的成本和费用并给客户带来更大效益而进行密切合作的一种供应链管理战略。

20 世纪 80 年代特别是到了 90 年代以后，美国日杂百货业零售商和生产厂家的交易关系由生产厂家占据支配地位，转换为零售商占主导地位，在供应链内部，零售商和生产厂家为取得供应链主导权，为商家自有品牌（Private Brand，PB）和厂家品牌（National Brand，NB）占据零售店铺货架空间的份额展开激烈的竞争，使供应链各个环节间的成本不断转移，供应链整体成本上升。

从零售商的角度来看，新的零售业态如仓储商店、折扣店大量涌现，日杂百货业的竞争更趋激烈，他们开始寻找新的管理方法。从生产商的角度来看，为了获得销售渠道，直接或间接降价，牺牲了厂家自身利益。生产商希望与零售商结成更为紧密的联盟，对双方都有利。另外，从消费者的角度来看，过度竞争忽视了消费者的需求（高质量、新鲜、服务好和合理价格）。许多企业通过诱导型广告和促销来吸引消费者转移品牌。可见 ECR 产生的背景是要求从消费者的需求出发，提供满足消费者需求的商品和服务。为此，美国食品市场营销协会（Food Marketing Institute）联合可口可乐（COCA-COLA），宝洁（P&G）、KSA 公司对供应链进行调查、总结、分析，得到改进供应链管理的详细报告，提出了 ECR 的概念体系，被零售商和制造商采用，广泛应用于实践。

ECR（Efficient Customer Responses），即"有效客户反应"。按照中华人民共和国国家标准《物流术语》（GB/T 18354—2006）的规定，ECR 指的是"以满足客户要求，最大限度降低物流过程费用为原则，能及时做出迅速、准确的反映，使提供的物品供应或服务流程最佳化而组成的协作系统"。ECR 强调供应商和零售商的合作，尤其是在企业间竞争加剧和需求多样化发展的今天，产销之间迫切需要建立相互信赖、相互促进的协作关系，以通过现代化的信息和手段，协调彼此的生产、经营和物流管理活动，进而在最短的时间内应对客户需求变化。

在实施 ECR 后，由于在流通环节中缩减了不必要的成本，零售商和批发商之间的价格差异也随之降低，这些节约了的成本最终将体现在消费者身上，各贸易商也将在激烈的市场竞争中赢得一定的市场份额。

3．QR 与 ECR 的联系

ECR 主要以食品行业为对象，其主要目标是降低供应链各环节的成本，提高效率；而 QR 主要集中在一般商品和纺织行业，其主要目标是对客户的需求做出快速反应，并快速补货。这是因为食品杂货业与纺织服装行业经营的产品的特点不同：杂货业经营的产品多数是一些功能型产品，每一种产品的寿命相对较长（生鲜食品除外），因此，订购数量过多（或少）的损失相对较小。纺织服装业经营的产品多属创新型产品，每种产品的寿命相对较短，因此，订购数量过多（或过少）造成的损失相对较大。

QR 与 ECR，两个不同的专业名词来源于不同的行业，但结果相似。二者相似的一面都是将买方与供应商连接在一起，通过供应链上、下伙伴之间的合作，以达到再生产与销售之间商品与信息的快速传递以及效率化的移动，以便更快、更有效地对消费者的需求做出响应。具体表现在以下 3 个方面：

（1）贸易伙伴间商业信息的共享。零售商将原来不公开的销售点（POS，Point of sale）信息系统数据提供给制造商或分销商。制造商或分销商通过对这些数据的分析来实现高精度的商品进货、调整计划，降低产品库存，防止出现次品，进一步使制造商能制订、实施所需对应性的生产计划。

（2）商品供应方涉足零售业并提供高质量的物流服务。作为商品供应方的分销商或制造商比以前更接近流通最后环节的零售商，特别是零售业的店铺，从而保障物流的高效运作。当然，这一点与零售商销售、库存等信息的公开是紧密相连的，即分销商或制造商所从事的零售补货机能是在对零售店铺销售、在库情况迅速了解的基础上开展的。

（3）企业间订货、发货业务通过信息通信系统，促进相互间订货、发货业务的高效化。打破传统的各自为政的信息管理、库存管理模式，体现了供应链的集成化管理思想，适应市场变化的要求。

基于网络信息系统的建立实现了最终顾客全过程的货物追踪系统和贸易伙伴间的沟通系统的建立，成为供应链管理的重要因素。

2.3.2 推式、拉式和推拉式策略

1．推式供应链

推式供应链（Push Supply Chain）以需求预测为基础生产制造产品，然后通过分销商把产品逐级推向终端需求客户。

传统的供应链几乎都属于推式供应链，供应链各成员企业按预测预先制订的计划运行，具有较高的运输和制造的经济规模效应。产品生产和原料采购都是以需求预测而不是以当期实际需求为依据，在客户订货前按计划进行生产和采购。逐级预测准确性较差，各个结点企业之间的信息共享程度较低，通常采取设置较高安全库存量的办法应付需求的变动。由于制造商在供应链上远离客户，加上企业之间的信息集成度低，就造成供应链上游结点企业对最终消费者的真实需求缺乏认知，容易产生"牛鞭效应（Bullwhip Effect）"[13]，对市场变化反应能力较差，难以快速响应市场需求的变化。推式供应链适合客户需求确定性较高的产品市场环境。

2．拉式供应链

拉式供应链（Pull Supply Chain）中，生产和分销是由需求驱动的，这样生产和分销就能与真正的客户需求而不是预测需求进行协调。在一个真正的拉式供应链中，企业不需要持有太多的库存，只要对订单做出反应就可以了。为此，供应链必须要有快速的信息传递机制，可以将顾客的需求信息（如销售点数据）及时传递给不同的供应链参与企业。

拉式供应链，需求不确定性很高，周期较短，主要的生产战略是按订单生产，按订单组装和按订单配置，可根据最终用户的需求实现定制化服务。拉式供应链库存水平较低，但生产批量小，难以获得规模效应，同时要求供应链实现信息的高度共享和同步化，对企业的敏捷性、柔性能力要求高。

【案例2.4】英国的Mothercare是一家全球性的母婴用品零售商，主要销售母婴用品、学龄前儿童用品以及旅行用品和玩具，在英国有225家零售店，在38个国家拥有328个加盟店，同时还能够提供网上邮购业务，年全球销售额达5亿英镑。

Mothercare传统的订单模式全部是推动型，即零售店的销售量完全靠历史数据的预测，由配送中心向零售店推动库存。由于服装产品季节性强、时尚性强，导致预测结果与实际销售数据差距极大，有时可达150%的差异。为满足最终消费者的需求，Mothercare不得不增加其供应链配送体系中的库存，从而使库存超过60天。

为了提高供应链管理的绩效，Mothercare与第三方物流合作，对供应链管理策略实施变革，由完全推动型向拉动型转变，即70%的日常品项实施拉动型的订单补货模式，其他30%的促销品及新品实施推动型。在供应链管理策略的变革过中，Mothercare进行了以下工作：

（1）系统自动补货策略的实施。根据每个零售店前天和当天的销售量，自动产生数量相等的补货订单，传给第三方物流的仓库管理系统。

（2）将全国225家零售店划分为四大区域，由远及近实施优先拣货发货计划，即最远的区域优先发货。

　　（3）应用挂钩式储存及自动上架系统。拉动型策略会出现更多批次、小批量的订单，对配送中心的收货、拣货效率及准确性提出了挑战。为降低员工的劳动强度，采用自动传输系统，有效地完成了上架、拣货到发货集货区的商品流动。

　　资料来源：王海鹏. 拉动式供应链策略在英国 Mothercare 配送中心的实现[J]. 物流技术与应用，2008，13（4）：47-53.

3．推拉式供应链

　　推拉式供应链在供应链的一部分（尤其是上游）采用推式，供应链的另一部分（尤其是下游）采用拉式策略，如图2.4所示。推拉式供应链结合了推式供应链和拉式供应链的特点，既可以实现规模经济效应，也可以实现个性化的定制。推式与拉式的接口处被称为推拉边界。

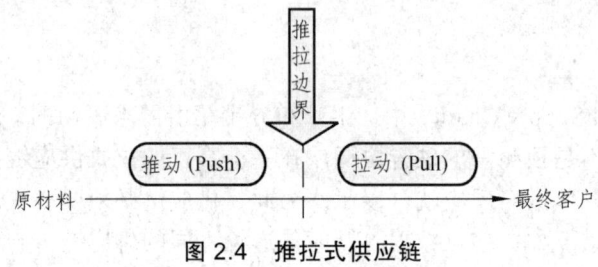

图 2.4　推拉式供应链

　　【案例 2.5】以戴尔（Dell）为例，戴尔计算机的组装，完全是根据最终顾客订单进行的，此时它执行的是典型的拉动策略。但戴尔计算机的零部件是按预测进行生产和分销决策的，此时它执行的是推动策略。也就是说，供应链的推动部分是在装配之前，而供应链的拉动部分则从装配之后开始，并按实际的顾客需求进行，是前推后拉的混合供应链策略，推拉边界就是装配的起始点。

2.3.3　延迟策略

　　延迟策略（Postponement Strategy）的"延迟"概念，最初是由安德森（Alderson，1950）在"营销效率和延迟原理"（*Marketing Efficiency and the Principle of Postponement*）一文中引入的，他将延迟定义为一种营销战略，即将形式和特征的变化尽可能向后推迟。到20世纪90年代左右，延迟成为一个集成营销、制造和物流等的概念，受到研究者关注并产生了很多研究成果。不同的学者分别从不同的角度阐述了延迟的定义，延迟主要是指在供应链上推迟制造、包装、发货等活动，直到获得确定的顾客订单或者得到顾客承诺。

　　实行延迟战略，能为企业带来 3 项优势。第一，存货为通用型（Generic），厂商只需持有少数种类的库存，总库存数量与成本即可因此而大量降低。第二，因为存货以通用形式储存，相同的零件或模块可用来组成不同的最终产品，以满足顾客的不同需求。第三，比起差异化的最终产品存货，通用型的中间存货更容易进行产量预测，尤其是在全球化市场中，这点更显得重要,厂商有能力为不同需求地点进行大规模定制(Mass Customization)(参见第6章)。根据这些优势,延迟可被视为一种增加竞争力的方法。

【案例 2.6】贝纳通(Benetton)公司提供了一个经典的延迟策略的案例。贝纳通是一家意大利时尚服饰的制造商与分销商。该公司生产不同颜色的针织外衣的生产流程,最初是先对纱线染色,然后编织,最后将布裁剪成衣服,整个流程需要 6 个月。由于最终成品衣服的颜色在纱线染色的时候就确定了,因此每种颜色衣服的需求不得不提前 6 个月进行预测。贝纳通公司开发了一种制造技术可以对织好的衣服进行染色。如今在染色之前,就可以进行原纱采购、织布和剪裁制衣。成衣染色的完成可以更接近销售季节。事实上,部分染色工艺是在销售季节开始后,需求信息更加准确的情况下完成的。这样贝纳通公司实现了针织衣服颜色个性化的延迟,来保证使衣服的花色符合当时的最新潮流,以满足顾客需要。贝纳通公司采用工艺重构(又称重新排序),这实际上与当前流行的企业经营过程重构(Business Process Reengineering:BPR)是一致的。如图 2.5 所示。

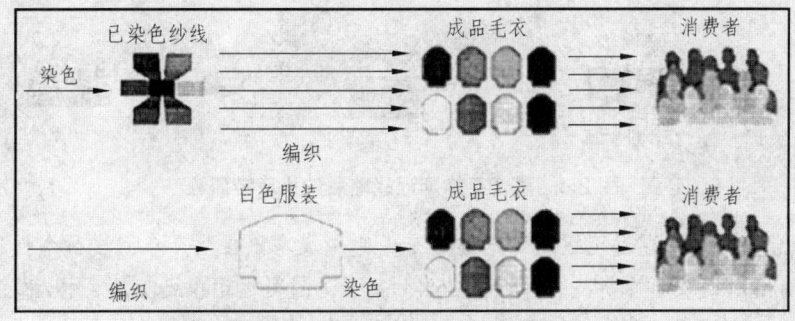

图 2.5　贝纳通公司通过流程重新排序的延迟策略

目前,延迟战略已被应用在许多产业,包括消费性电子(如戴尔 Dell、惠普 HP)、汽车业(如奔驰 Mercedes-Benz)、服饰业(如贝纳通 Benetton)及大型零售商(沃尔玛 Wal-Mart)。此外,在供应链管理的架构下,延迟战略有助于决定如何平衡产能预测与需求波动之间的差距,可以决定如何整合精益(Leanness)与敏捷(Agility),实现精敏(Leagile)供应链的效率与弹性;或者说,延迟战略有助于整合推式(Push)与拉式(Pull)策略,实现推拉(Push-Pull)供应链。

【案例2.7】在打印机行业竞争非常激烈的环境下,惠普公司为了解决其台式打印机在传统供应链中的库存和服务危机,采用了标准组件法来设计其台式打印机。在欧洲和亚洲市场上根据顾客的要求进行"本土化"装配,生成不同风格的产品出售。惠普将产品个性化的程序从生产车间延迟到地区分销中心进行。为了配合这种延迟策略,惠普公司设计了相应的供应网络(存货的储备地点以及服务、制造和分销中心的定位和结构)。该网络具备两项能力:一是其供应网络能以符合成本效益的原则进行大规模生产,为执行产品差异化的分销中心供应基本产品,即生产延迟;二是其供应网络具有高度灵活的配送,能对个人顾客的订单做出迅速的反应,快捷地提供个性化的成品,即物流延迟。惠普公司的"本土化"加工,是在地区分销中心完成的。其设计理念是:将制造过程模块化、标准化,最后一个制造工序在接到顾客订单后才发生。既不是把市场需求抛在一边,制造完了再去推销,进行单一的推式生产,也不是坐在那里等订单,等订单来了才开始第一道工序,进行单一的拉式生产。如图2.6所示。

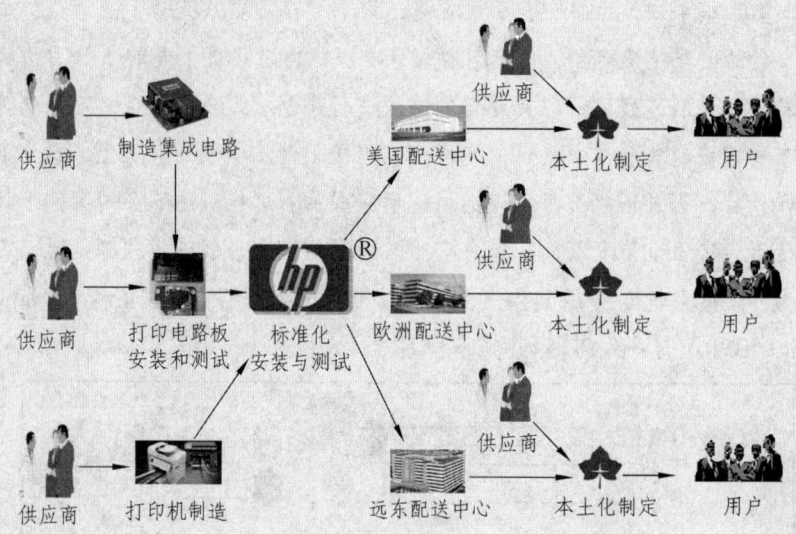

图 2.6　惠普实施延迟战略后的供应链流程

惠普的台式打印机通过延迟制造的结果是,制造成本比在生产车间进行个性化加工时稍高,但总的制造、运输和存货成本降低了25%。而且通过延迟运作战略,运用大规模定制,把产品"本土化"延迟到分销中心进行,从而能以最大的效率进行运作、以最小的存货量迅速快捷地完成顾客的订单,极大地增强了企业供应链的柔性,从而为惠普赢得了很大的竞争优势。

资料来源:[美]大卫·辛奇-利维,菲利普·卡明斯基,伊迪丝·辛奇-利维著.供应链设计与管理概念、战略与案例研究[M]. 3版.季建华,邵晓峰译.北京:中国人民大学出版社,2010.

案例分析:ZRAR 与 H&M 的供应链管理策略

一、背景介绍

不同的服装品牌间有着不同的运作方式,这些服装品牌依靠品牌和自身独有的生产管理方式与竞争者竞争,并占据着一定的市场份额。在竞争激烈的商业社会,效率和速度对企业的成功越来越重要。ZARA 和 H&M 就是以其独特的营运模式:缩短前导时间(Lead Time)、对市场需求变化反应快速,从而在服装业中获得成功。

ZARA 创于 1975 年,是西班牙 Inditex 集团旗下的一个子公司,它既是服装品牌,也是专营 ZARA 品牌服装的连锁零售品牌。

H&M 是一家来自瑞典的公司,其历史可以追溯到 1947 年。2000 年,H&M 已经发展成为欧洲最大的服装零售商。

二、ZARA 和 H&M 的供应链管理

为了减少前导时间，ZARA 和 H&M 进行了特殊的供应链管理。ZARA 主要通过高度整合、高效灵活的供应链来减少前导时间，H&M 则将注意力放在信息系统的整合上，通过信息系统来贯穿整个供应链，以达到压缩各个程序所需要的时间。

1. ZARA 供应链的整合

ZARA 的母公司 Inditex 采取垂直整合的模式，它拥有自己的纺织厂及服装加工厂，而且还在欧洲一些主要地区建立独立的物流运输企业，几乎全权控制了服装设计、生产、物流以及销售的整个供应链。

1）采购与生产

ZARA 在设计方案完成后首先会根据产品的特点、产品投放时间的长短、产品需求的数量和速度、专业技术要求、工厂的生产能力、综合性价比、市场专家的意见等来确定产品是自产还是外包。如果公司内部的工厂不能获得满意的价格、有效的运输和质量保证，采购人员就会将服装生产外包，反之则会自产。在决定完生产方式之后，ZARA 才会进行采购作业。在采购方面，ZARA 有 95% 的布料来自欧洲，大大减少了采购所需要的时间。产品辅料尽量从 Inditex 集团内相关厂家购买，这样不但可以加快 ZARA 采购的速度，还可配合 ZARA 弹性生产所需要的灵活性。ZARA 还有 260 多家布料供货商随时待命。一方面除了削弱了供应商各自的议价能力，也保障了原材料的稳定、快速和低价供应。除此之外，ZARA 采购的布料超过 50% 都是未经染色的，这样可以保证它能为最新的款式提供所需的布料。染色环节将推迟到生产环节进行。这样 ZARA 就能以最快的速度生产出顾客最想要的款式，而不用像传统服装企业那样在顾客需求的预测上花费大量的精力和财力。

在服装生产方面，ZARA 的生产地集中在欧洲，其大约 80% 的时装都在欧洲地区生产，只有大约 20% 的时装才会在低成本地区生产。集中在欧洲的采购和生产无疑大大加快了 ZARA 的生产和配送速度。

ZARA 在西班牙拥有 22 家自有工厂专门负责高度自动化的工序，以提供适时应变。ZARA 每年生产的产品约 50% 是通过这些工厂完成的，这些工厂拥有高科技的生产设备，可以进行机械化的生产作业。在时装设计出台后，自有工厂只负责染布、剪裁等非劳工密集的工序并以机械代替手工。然而，ZARA 不会拥有劳动密集型的大厂，而是外包缝制等劳动密集型的生产工序，从而使工厂能更灵活、更快速地调整生产规模。它们会与西班牙和葡萄牙的一些小加工厂签订合同来生产成衣，为了保证生产衣服的质量和对生产进度有一定程度的监控，它还会为外包的工厂提供顾问服务。当涉及劳工密集的工序时，ZARA 会将工序外包给 400 多家的合作厂商，由这些合作厂商负责大量的、繁琐的缝制工作。由于这些厂商的规模比较小，其生产的最高容量也只能满足生产一款服装的要求，故能达到一厂一款的模式。专注的生产和一厂一款的标准化，再加上 ZARA 的完善监控，使生产过程更能达到快而灵活，这些产品大概占到产量的 50%。

实际生产中，一般内部工厂只安排生产下季预期销售量的 15%，这样就为当期畅销产品补货预留了大量的产能。在面料准备完成后，ZARA 会采用高速裁床按要求迅速裁剪布料，裁剪好的面料及配套的拉链、纽扣等一同通过地下传送带运送到当地外协缝制厂进行缝制。

2）物流的整合

（1）建立自动化的物流配送中心。ZARA 的服装生产完成后，经过质量检查和包装后，将通过地下传送带进入配送中心,从而开始成品的配送流程。ZARA 在 La Coruna 有一个庞大的物流配送中心,这个物流中心位于交通的枢纽。有一条大约 200 km 的地下传送带连接 La Coruna 的物流配送中心和 ZARA 的工厂,ZARA 采用激光条形码读取工具对成品进行挑选和分拣,每小时的处理量超过 80 000 件。货品运输的出错率仅为 0.5%。由于其高速、高效的运作,这个货物配送中心实际上由仓库转变成为一个服装的周转地。正是拥有了极具效率的物流配送中心,ZARA 快速的时装周期才得以实施。ZARA 的各专卖店基本上是采用从配送中心直配的模式,而中国大多数服装企业都是当地设分公司建仓库,从而也在各级中间环节积压了大量成品库存。

(2)快速运输。为了确保每一笔订单准时、准确地到达目的地,Zara 的配送任务是根据各门店下达的订单进行的,通常订单收到后 8 小时内货物就被运走,每周各门店配货两次。配送方式上,距离较近的欧洲各门店,3/4 的货品是由货运承包商从物流中心用卡车运往欧洲的各个连锁店,保证在两天内到达;而美洲和亚洲的货物较远的地区则通过空运基地,再由第三方物流的卡车进行配送,同样这些区域也可采用轮船和卡车结合的联合运输。通过这些配送方式,欧洲的门店可在 24 小时内,美国可在 48 小时内,亚洲可在 48—72 小时之间收到货物。而其他的竞争对手基于成本的考虑,往往只会以船运输。在灵活和快速的结合下,ZARA 的物流效率在业界内已达到数一数二的境界。

(3)新的物流中心。随着 ZARA 飞速的发展,其产量急速增长,物流量也接近饱和。为了保证其高速的前导时间,ZARA 耗资 1 亿欧元在西班牙的交通枢纽(铁路、公路和机场兼备)——Zaragoza 增设了一个物流中心。虽然这种有利的选址在某种程度上提高了其的物流效率,但 ZARA 旧的物流中心的使用率只有 50%,其新开物流中心的成本效益受到各方面质疑。这些也从一个侧面反映了 ZARA 为了使自己的物流效率得以维持,不惜斥巨资为其长远打算的做法。

(4)配合市场设置仓库。由于南北半球季节上的差异(当位于北半球的欧洲处于冬天的时候,位于南半球的美洲则处于夏天),ZARA 在美洲的阿根廷、巴西和墨西哥设立了仓库,以便配合南半球的季节差异。实际过程中,ZARA 将制成品在美洲先存起来,当季节转换时,ZARA 就能以最快的速度将最流行的时装运至南美洲的商店,快速地占据市场。

(5)强大的信息系统。ZARA 总部配备了强大的信息系统,它不仅可以处理来自各个国家的数据并做出分析,同时也支撑着 ZARA 在全球业务的高速运转。这种信息系统极大地方便了 ZARA 的采购、设计、配送、销售和信息反馈环节,减少了其管理成本,同时也使得 ZARA 对时尚的反应更加及时,能快速地组织生产以适应市场。

3)销售的整合

(1)根据实际情况下订单。ZARA 每家分店每星期可以向其工厂下单两次,而各分店的经理则根据分店的实际情况来制订货单。这样,在积压货品可能减少的同时,也使商店通过打折促销来减低存货的机会减少。ZARA 的打折货品仅为 7%,有限的货品加强了客人对 ZARA 的新鲜感,每年消费者平均光顾其商店 17 次,而行业平均水平仅 3~4 次。

(2)及时的信息反馈。ZARA 的销售和信息反馈是捆绑在一起进行的,其销售主要是通过其专卖店进行的,也有一部分是通过合资和特许专卖店的方式进行。ZARA 的各门店每天都会采用销售点情报系统(Point of sales)把销售信息发回总部,此系统通过货品条形码的扫描,可实时收集商店各类销售、进货、库存等数据,并且会根据当前库存和近两周内的销售预期每周向总部发两次补货订单，订单必须在规定的时间达到。总部获得信息后，会分析各种产品的销售状况（畅销还是滞销），并做出相关的调整。如果滞销就取消原定生产计划，将风险控制在最低水平。如果有产品超过2~3周的时间还没有销售出去就会被送到所在国的某一门店进行集中处理。在一个销售季节结束后，ZARA最多有不超过18%的服装不太符合消费者的口味，而行业平均水平约为35%。如果产品畅销且总部存有相应面料，工厂预留的冗余产能可以迅速追加生产、快速补货以抓住销售机会，如果没有相应的面料则停产或利用现有面料生产与畅销品相似的产品。另外，Zara每一家店铺的经理都有一部电子手账（PDA），他们既可为客人实时检查货品，以提高服务质量，又可以实时将顾客的品位信息传回总部。Zara设计部工作的设计师可实时获得那些信息，从而减少掌握潮流所需的时间。设计师更能实时设计出更合顾客口味的时装，整个流程最快大约需要12天。

2．H&M供应链的整合

H&M在供应链的整合上，十分倚重信息沟通技术系统ICTS（Information and Communication Technologies），指应用各种通信软件和装备来提供各类应用及服务。借助ICTS，H&M部门之间可以分享各店每款衣服的销售记录，设计部可以根据此等信息而获悉客人的喜好，物流部则可根据存货信息及时补充热卖货品，而采购部也可根据销售记录及早计划增产受顾客欢迎款式。

根据受顾客欢迎程度而加订款式是十分难能可贵的，因为这种做法可进一步降低H&M在顾客需求不确定情况下的风险，也可让H&M在真正受顾客欢迎的款式上赚取所有潜在利润。沟通方面，ICTS保障着各个部门的信息沟通，令信息流通更顺畅。这对将来整个供应链紧密连接功不可没。物流部、设计部又或是采购部的工作都是紧紧相扣，这对减少前导时间有极大作用。另外，因为全部分店都是自营的关系，店与店、店与总部以至各部门的资料的分享则更有效率，这进一步提升了ICTS的功用。同时，H&M能对供应链各个环节实施全权控制，时间得到进一步压缩。

1) ICTS如何整合供应链

H&M的供应链是一条龙式的设计，一环紧接着一环，各个环节包括了设计部、采购部、生产部、生产商、中央货仓、地方分流中心及分店，其中涉及的程序包括设计、下订单、运送、地区分流、品质抽查、货物分流等。如果把整个前导时间缩短，那么各个环节和众多的程序都能作出贡献，ICTS的强项就是在部门与部门之间挤出时间。

（1）设计部。

ICTS能实时传送销售记录以帮助设计师实时获得顾客的喜好，从而提高他们对当下潮流的反应时间，缩短他们设计出受欢迎款式衣物的时间。除此之外，成衣制作借助计算机绘图等先进科技，H&M设计步骤所占的时间得到进一步减少。

（2）采购部。

新开发的时装设计会传至采购部进行采购，采购部还将负责把这些设计及要生产的数量交给生产部去联络合适的合约生产商，除此外采购部还会根据各分店的销售记录下达其他增产订单给生产部。而以上的这些沟通都是通过ICTS完成，正因为有了这项技术的辅助，大大节省了各部门间的沟通时间，且大大提高了沟通的便利性，最终缩减了前导时间。

（3）生产部。

H&M共有22个分布在全球的生产部，其中10个在亚洲，10个在欧洲，另外两个在非洲和美洲中部。生产部主要负责协调和监控衣物生产商，也负责抽取生产商的货品进行一系列严格的测试，如拉链测试、衫纽测试及洗涤测试等，确保衣物的质量合格。生产部还有一个重要功用，就是负责把 ICTS 平台处理好的数据传给生产商。通过 ICTS，销售信息可以由生产部快速传给生产商，进行跨国的部门沟通，而生产商则可以很快得知将会增产的服装款式，可预先准备并购买有关布料，以减低前导时间。

实际生产过程中，H&M 完整地把整个生产程序外包给全球大约 700 家服装生产商。为了配合潮流尖端款式短的前导时间，H&M 有 40% 的生产商位于欧洲，主要生产较时尚的服饰，这样就可以让潮流款式快速抵达主要市场欧洲，而其他较基本的款式由 60% 的亚洲生产商生产，由于较基本的款式对前导时间的需求不是很大，因此可通过在亚洲生产以及经水路运送而降低成本。

（4）物流中心。

为了进一步降低服装成本，H&M 在成品配送上也采取了节约成本的策略。首先，H&M 将成品配送外包给 DHL 和 Green Cargo 等专业物流公司。在交通运输的选择上，H&M 采取性价比较高的水运方式。为了低成本运作，H&M 并不像 ZARA 那样，采用空运的方式，而是采用水运的方式进行。从中央仓库到分流中心的货仓，H&M 用卡车运送，中长远的运输一律采用水运完成。这样虽然服装的前导时间比 ZARA 增加了 5 天，但这 5 天的代价却让 H&M 的服装售价比 ZARA 便宜 30%～50%。

H&M 的物流中心是极有效率的。由于有 ICTS 的辅助，整个系统在 2004 年平均每天处理的货物件数可达 164 万件，以每天运作 24 小时计算，平均每小时处理接近 7 万件货品的分流及运送。由此可见，H&M 每天处理的货物数量庞大，货物经过的程序也多而复杂，涉及的部门间的大量数据沟通全由 ICTS 系统进行，显然 ICTS 责任重大。

H&M 要做到每天有新款式服装到达每一家分店，每次运送量较小。H&M 平均每天有 20～55 件新货品运至每家分店。高进货频率和低的货量，如果自营运送的话，其成本如运送人工费用、汽油费用等就一定很高。所以，外包运送虽令自主性受损，但有成本优势，且灵活性可大大提高，令公司每天都有新货品进店的策略可贯彻执行。

（5）H&M 分店。

货物抵达分店后，分店的销售点情报系统（Point of Sale）就会收集销售记录，ICTS 终端机把顾客的销售记录实时传回总部的 ICTS 平台供各部间分享，以便更快做出更准确的决定。其中顾客喜好信息可被设计部运用，来进一步提升效率以节省前导时间。

至此整个供应链经过了一个循环，环环相扣，由 ICTS 贯穿各个程序，成功缩减了 H&M 的前导时间，为 H&M 的成功奠定了基础。

2）独有的双供应链系统

除了利用信息系统外，H&M 还拥有独特的双供应链系统，正是此系统使得 H&M 获得了速度和盈利，并使其效率和成本达到了平衡。为了获得时间和成本优势，H&M 设计了两条供应链，分别是管控亚洲生产的高效供应链和管控欧洲生产的快速反应供应链。在 H&M 内部，采用名为 OFS（Offer Follow up System）的信息系统跟踪供应链的生产计划。对于制作基本服装的亚洲供应商，H&M 的高效供应链策略是在满足产品供给的同时，成本控制到最低。因而这条供应链上与供应商的沟通都采用 Email，多数工作由 H&M 生产办事处的员工进行监控。对于那些流行感强的服装，H&M 则将订单投放到欧洲，以快速反应的供应链来应对市场需求。

三、总　结

ZARA 对前导时间的有效控制依赖于其对供应链高度的垂直整合。从设计到零售，ZARA 都作出高度的控制；在生产上，外包的生产和高度自动化的自有工厂互相协作配合，使生产更快速，更灵活；物流方面，高效的物流配送中心和运输模式，大大提高了配送速度，再加上销售点情报系统对信息的实时传输，使设计师迅速掌握时下的流行趋势。毫无疑问，快速、灵活的供应链使 Zara 能够以惊人的速度，快速响应顾客的需求，并因此获得市场。

与 ZARA 不同，H&M 整合整个供应链上是通过利用 ICTS 进行的，H&M 从细处着手，把时间从各个程序中及程序间以最少成本挤压出的技巧是十分具有成本效益的。通过 ICTS，H&M 收集到的销售记录可与总部平台对接，并可供各部门分享。物流部门根据销售记录增添分店存货；采购部也可根据销售记录取得客人喜好，并告知生产商加产某款式衣物；生产商再将货物传回物流部并增加存货。一个环环相扣的程序，大量的信息通过 ICTS 得以轻松地传递。

从 ZARA 与 H&M 的案例中可以看出，前导时间成为服装行业竞争的关键所在，二者通过利用不同的措施来整合供应链，收到了良好的效果，二者的供应链比较如表 2-6 所示。

表 2-6　ZARA 和 H&M 经营模式比较

品　牌	H&M	ZARA	分　析
发源地	瑞典（1947）	西班牙（1975）	
市场定位	欧洲最大的服装零售商，一站式购物，平价休闲，价位使人们每年每季购买新品，38 个销售市场，收入 1/3 来自德国	隶属 Inditex 集团（销售额占集团 64.3%），连锁零售品牌，全球第一服装零售商，销售网络遍布 77 个国家和地区，收入一半来自西班牙	两个都是全球性质的零售品牌，起源地不同，但品牌国别差异程度不大。H&M 店铺覆盖区域的广度不如 ZARA，但店铺覆盖密度高于 ZARA
10 年销售收入	收入 182.55 亿美元，+7%，净利润 26.87 亿美元，+14%，4 年复合增长率 11.19%	收入 108.38 亿美元，EBIT20.56 亿美元，EBIT 收入占比 19%，4 年复合增长率 12.22%	
目标人群	15～30 岁的年轻人	收入较高且有较高学历的年轻人，主要为 25～35 岁顾客层	目标人群共性：1. 时尚敏感度较高；2. 具备一定消费能力，但不具备经常消费高档奢侈品的能力，因此目标客户要求产品同时具备时尚和平价两种特征
产品定价	平均售价 18 美元，比 ZARA 低 30%～50%	根据物流成本调整产品定价，离总部西班牙越远定价越高	两品牌在价格上都采取低价策略，保证目标人群频繁购买产品，但由于品牌差异和供应链策略方面的差异，ZARA 定价略高于 H&M，但也在人们可承受范围之内
上市数量	每年上市超过 15 000 款	每年上市超过 12 000 款	上市产品数量的多少决定消费者购买的频率，并且只有不断地推出新款式，才能提高品牌时尚度与当前潮流的契合程度

续表

品牌	H&M	ZARA	分析
产品设计	建立时尚三角，一半款式提前设计，一半款式根据流行及时下单	设计中心西班牙，时尚追随者，根据市场和客户现有需求来决定时装设计和生产	两品牌同为时尚追随者，但ZARA产品设计适时更新能力较强，H&M一半产品（基本款）提前设计
供应链	外包，21个国家900个工厂，60%亚洲（时尚性弱的基本款），40%欧洲（时尚性强的款式），具备成本优势	200家工厂，50%自产（自产成本要高15%~20%），50%自包，成本比H&M高15%~20%。劳动密集型工序外包给400多家合作厂商，生产70%位于欧洲	ZARA更注重速度，一半自产和集中生产的区域布局虽保证了供应链响应速度，但也提高了生产成本。另外坚持空运方式也使成本提高。H&M更看重成本，基本外包，对基本款和时尚款采用双供应链策略，物流也是空运和海运两种方式，导致H&M的成本低于ZARA，ZARA反应速度高于H&M
物流模式	中央控制系统，组合式物流配送，欧洲生产时尚性强的采用空运，基本款提前生产，海运为主	中央控制系统，运货到控制中心，空运为主，（欧洲24小时，美国和亚洲48小时）	
订货模式	40%~50%期货	15%~20%期货，80%~85%现货，现货中40%~50%为追单生产	一般的休闲服饰企业的期货订货占比在70%~80%，正如我们之前提到供应链和物流管理决了ZARA的反应速度快于H&M，因此，ZARA补货能力更强
销售网络	欧洲和北美38个城市销售，2010年2 206家店（90%直营，新增店铺218家），2011年新增店铺250家，大店面积800 m² 以上，店铺数目增幅10%~15%，谨慎稳步扩张	2010年，ZARA 1 723家店铺（88%直营，新增店铺131家），2010年中国店铺71家，大店面积800 m²以上，平均年扩张速度20%	两品牌都采取直营为主、大店销售模式，但近年来ZARA店铺扩张速度快于H&M，H&M更谨慎，更注重店铺盈利性
宣传策略	耗资巨大，明星效用，将其品牌与时装大师联系起来，经常请著名奢侈品牌为其设计限量系列	低调务实，不做广告，只靠店面传播凝聚人气，除每年两次的店内广告，几乎没有其他促销活动，广告预算占收入比例0.3%	行业平均的广告投入收入占比3%~4%，ZARA广告投入明显少于H&M
营销策略	强调整体搭配销售模式，在专卖店每周更新款式两次，且每周款式上架不少于3周，6~12周终端零售产品循环一次	以制造短缺的方式，培养了一大批忠实追随者。少量、多款、平价，即使是畅销款式，ZARA也只供应有限数量，一周至少两次新品上架	虽然都采取少量、多款方式，但营销策略差异导致ZARA单款产品销量明显小于H&M，打折力度较低，ZARA打折商品数量占销量的18%，H&M打折比例30%左右
反应速度	21天，把衣服从设计到上架时间压缩，最短只需3周，有能力推出流行尖端的产品	7~14天，从识别流行趋势到将新款服装摆到店内，只需两周。而传统生产方式下这个周期长达4~12个月	产品设计模式和供应链策略的不同导致ZARA反应速度快于H&M，ZARA是以牺牲一定成本换取速度，H&M是在保持一定速度的同时努力使成本最小化

续表

品牌	H&M	ZARA	分析
中国拓展路径	瑞典—欧洲—中国香港—通过上海进入中国内地	西班牙—欧洲—东京—中国香港—通过上海进入中国内地	占据世界上成熟市场和大城市，通过关注更多的新兴发展国家，H&M 拥有更多元的扩张计划，已大规模进入在线和邮购，北美有望成为 H&M 最大的市场
中国店铺数目	2007 年进驻中国，2010 年中国店铺 47 家，新增 20 家。2010 年中国销售收入 3.63 亿美元，增长 56%。2010 年在上海新开店铺达到最高单日销售 200 万	1995 年进驻中国，2010 年店铺数量 71 家，净增 27 家。目前中国 30 个城市有其店铺，2011 年扩大至 40 个，上海单店最高日销售 80 万	两者都将中国作为下一步战略布局的重点，建设的店铺集中在中国一、二线城市，这些知名快时尚品牌的进入将使中国休闲服饰竞争更为激烈
总结	（1）作为平价时装连锁品牌，H&M 和 ZARA 的核心竞争力都来自于时尚的设计、新颖的款式及平实的价格，但两者采取的经营策略具有差异：在 ZARA 看来，自产和生产区域集中可以更快速地响应市场变化，从而创造出更多款式和更低库存，形成一个"设计—生产—配送—销售"的良性循环体系；而 H&M 通过调整"时尚三角"需求量和时尚度的比例关系，在一定的速度限定下控制成本。经营策略导致 ZARA 的时尚性、反应速度高于 H&M，而成本和定价亦高于 H&M		
	（2）通过分析两种品牌运营方式，我们认为快时尚模式的核心不单单要速度快、成本低，还要保证品牌的时尚性满足消费者的需求，三者缺一不可。快时尚市场根据消费能力、时尚性追求程度等也可细分为多个子市场，只有建立可以满足消费者需求的品牌，并且建立与品牌相适应的产品设计、生产、销售和供应链策略，快时尚公司才具备持续成长的可能性		

资料来源

郎咸平. 零售连锁业战略思维和发展模式[M]. 北京：东方出版社，2006.

郎咸平等著. 你想到的都是错的——本质Ⅳ：你的想法要符合行业本质[M]. 北京：东方出版社，2008.

肖利华，韩永生，佟仁城. ZARA：与时尚保持同步的产品组织与设计—ZARA 全程供应链及运营流程剖析[J]. 纺织服装周刊. 2006（25）-（28）.

宋华等译. 哈佛商学院案例（第 2 辑）：供应链管理[M]. 北京：中国人民大学出版社，2007.

注　释

1. 原文为 It must be recognized that the concept of supply chain management whilst relatively new, is in fact no more than an extention of the logic of logistics."），见 Martin Christopner. Logistics and Supply Chain Management-Strategies for Reducing Costs and Improving Services. Financial Times/Pitman Publishing, 1994., p.14

2. 美国供应管理协会（Institute for Supply Management，ISM）是全球最大、最权威的采购与供应管理等领域的专业组织。ISM 成立于 1915 年，其前身是美国采购管理协会（the National Associate of Purchasing Management，NAPM），它的宗旨是通过其资源，研究，推广活动和教育来引领供应管理职业。目前拥有遍布世界 75 个国家的会员 40 000 多名、179 个分会，是全球最受尊崇的专业团体之一。

3. 注册采购经理（Certified Purchasing Manager，C. P. M.）是由美国供应管理协会鉴定的国际采购经理职业资格认证，旨在培养国际认可的采购与供应管理高级人才，提升采购组织的竞争优势和采购从业人士的专业价值。该认证已有 30 多年的历史，全球认证人数超过 40 000，认证内容覆盖价格、质量、交货、合同管理、供应商选择、供应商谈判、国际贸易、公司管理及人力资源管理等。

4. 供应管理专业人士认证（Certified Professional in Supply Management，CPSM）是由 ISM 于 2008 年在全球范围内推出的具有战略意义的注册项目，代表着最为严格的供应管理职业资格认证和供应管理领域最高程度的专业资质。CPSM 认证涉及多层次的供应管理角色，包括战略采购，物流管理，供应关系管理，供应来源多元化等。

5. 美国运营管理协会（The Association for Operations Management，APICS），前身是美国生产和库存管理协会（American Production and Inventory Control Society，APICS），该组织在 2004 年更名。2014 年 4 月 30 日，APICS 宣布与国际供应链协会（Supply Chain Council，SCC）合并。

6. 生产与库存认证（Certified in Production and Inventory Management，CPIM）是由 APICS 提供的认证，此项认证在生产企业很受重视。其认证内容侧重于生产规划、控制和实施，即如何将销售计划转变为主生产计划（Master Production Planning，MPS），然后进一步细化到物流需求计划（Materials Requirement Planning，MRP），再到工厂的各个生产车间、生产线的进度规划、生产实施和控制。自该认证资格考试从 1973 年举办至今，全球已经拥有约 80000 人得到此项认证。

7. 供应链专业人士认证（Certified Supply Chain Professional，CSCP）是由美国 APICS 主办的，国际上第一个，也是目前唯一的供应链专业资格权威认证。CSCP 认证于 2006 年推出，每年举办 3 次认证考试，至 2007 年，全球获得认证的人数已经超过 3 300 人，其中多数为北美的专业人士。

8. 美国物流管理协会（Council of Logistics Management，CLM）前身是 1963 年在美国芝加哥成立的美国实物配送协会（National Council of Physical Distribution Management，NCPDM），于 1983 年更名。

9. 供应链管理专业协会（Council of Supply Chain Management Professionals，CSCMP）由美国物流管理协会于 2005 年年初正式更名而成，该协会是美国和世界上物流和供应链管理领域最有影响的专业组织，在 15 个国家有 81 个圆桌会（分会）。

10. 唐纳德 J.鲍尔索克斯（Donald J. Bowersox），密歇根州立大学教授，曾任 CSCMP 主席，在物流教育领域拥有权威地位。鲍尔索克斯教授撰写了大量文章，常发表于《哈佛商业评论》《市场营销》《商业物流通讯》和《供应链管理研究》等著名期刊上。

11. 原文是"A core competence is the result of a specific unique set of skills or production techniques that deliver value to the customer."

12. 嘉思明咨询公司英语全称为 Kurt Salmon Associates，简写为 KSA，是一家具有 50 多年的发展历程，专业针对全球零售商和消费性产品公司的咨询公司，在同行业中具有领先优势。

13. 牛鞭效应（Bullwhip Effect），供应链上的一种需求变异放大现象，是信息流从最终客户端向原始供应商端传递时，无法有效地实现信息的共享，使得信息扭曲而逐级放大，导致了需求信息出现越来越大的波动，此信息扭曲的放大作用在图形上很像一根甩起的牛鞭，因此被形象地称为牛鞭效应。

思考题

1. 如何从美国三大协会的变迁来理解供应链管理的发展？
2. 阐述交易费用理论、核心竞争力理论和价值链理论对供应链管理理论的启示。
3. 试分析 QR 和 ECR 策略。
4. 试分析"推式"和"拉式"策略。
5. 什么是延迟策略？

第 3 章　供应链关系管理

本章阐述供应链关系管理的基本理论，介绍合作关系的发展，重点阐述供应链合作伙伴关系的概念与类型，介绍供应商关系管理和客户关系管理的内容。通过本章的学习，了解合作关系的发展，掌握供应链合作伙伴关系的概念与类型，熟悉供应链关系管理的内容。

3.1　合作关系的发展

供应链是相互关联的企业形成的网络，供应链管理强调核心企业与关键成员企业建立战略合作伙伴关系，委托这些企业完成一部分非关键业务，自己做好本企业能创造特殊价值、比竞争对手更擅长的关键业务。这就要求位于上下游的企业间相互协作，在不同过程和活动中以产品或服务的形式创造对客户有用的价值。

在传统观念中，企业之间的关系是"买-卖"关系，谈不上企业间的联盟与合作。随着供应链思想的发展，竞争模式已由企业个体间的竞争转为供应链间竞争的理念已为大多管理者所广泛认可。在此过程中，供应链上的企业不断地认真审视自己与上游和下游企业之间的关系。大多数企业认识到，单纯的买卖关系已经不能适应现代市场发展的要求，必须与上游和下游企业发展长期、稳定、互利互惠的合作关系。企业间的合作关系经历了从传统交易关系——"领结"型（蝴蝶型）（Bow tie, butterfly）关系向伙伴关系——"钻石"型（Diamond）关系的转变，如图 3.1 所示。

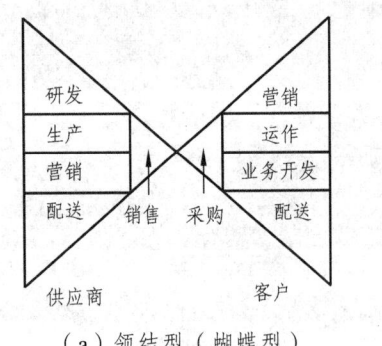
（a）领结型（蝴蝶型）

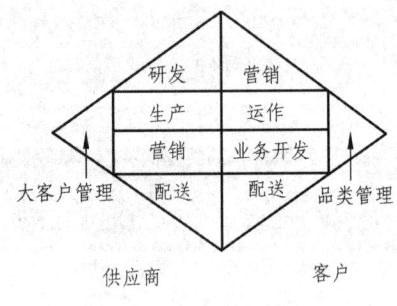
（b）钻石型

图 3.1　供应链合作关系的发展

两种关系模式的特征有所不同，领结型关系是传统的交易关系，双方关系局限于销售和采购；而钻石型关系通过组织间的多重联系构建了关系更紧密的伙伴关系。从传统的交易型（买卖）关系发展到伙伴关系，不仅给企业带来了巨大的收益，也对企业的经营提出了更高的要求。

1. 传统交易关系——"领结"型

这是一种短期的、松散的、互相竞争的关系。在这种基本关系中,买卖双方竞争的核心就是价格。双方的交易如同零和博弈,一方的获利就是另一方的损失。双方都希望能从对方争取到尽可能多的利益和做出最少的让步。关键原因是这是一种短期关系,其脆弱易断。在这样的交易中,焦点更多地集中在降低成本并保证供应上,合作以创造更大的利润空间不被考虑。

2. 伙伴关系——"钻石"型

供应商合作伙伴关系萌芽于20世纪70年代后期的日本汽车业,发展成熟于20世纪80年代中后期。随着质量管理、精益生产和即时生产(JIT)过程的实施,日本汽车制造商通过与供应商发展长期稳定的合作型关系获得了运营的成功。以合作为基础的关系模式强调在合作的供应商和生产商之间共同分享信息,通过合作和协商协调相互的行为。伙伴关系相互信任、关系长期稳定,制度化日常沟通,共同寻求改善质量降低成本的方法;分享有价值的生产计划、市场状况、技术等多方面信息等。

3.2 供应链中的伙伴关系

3.2.1 供应链合作伙伴关系的定义

在供应链管理的研究中,伙伴关系(Partnership)又称供应链合作伙伴关系(Supply Chain Partnership)或战略联盟(Strategic Alliance),是指在供应链内部两个或两个以上独立的成员之间形成的一种协调关系,以保证实现某个特定的目标或效益。美国学者(Lambert 等,1996)对供应链合作伙伴关系的定义:合作伙伴关系是一种定制的商业关系,它通过相互信任、公开、共担风险和共享利益使合作企业获得竞争优势,并能够获得比企业各自独立运营时更好的商业绩效[1]。

供应链伙伴关系就意味着新产品/技术的共同开发、数据和信息的交换、研究和开发的共同投资。在供应链合作关系的环境下,供应链合作伙伴也不再是只考虑价格,而是更注重选择能在优质服务、技术革新、产品设计等方面提供合作的伙伴。供应链合作伙伴关系的潜在效益,往往在其建立后3年左右甚至更长的时间,才能转化成实际利润或效益。企业应以战略的眼光看供应链合作带来的整体竞争优势。建立战略合作伙伴关系是供应链战略管理的重点,也是集成化供应链管理的核心。

【案例3.1】通过伙伴关系达到共赢的例子很多。例如,新西兰的一个番茄酱生产商为了开发出果实大而籽少的番茄,参与了对番茄种植的研究,并与为它供货的番茄栽培方确定了伙伴关系,为合同栽培方提供了种苗以确保将来可产出更好的果实。由于这些合同栽培方多是一些个体的和小型的番茄种植者,为了提高他们的生产力,番茄酱生产商又进一步与一些设备供应商、化肥和其他农业化学品供应商进行谈判并签订合同去帮助那些种植方。种植方受到了鼓舞,踊跃地使用合同折扣价去购买农业机械和农化产品。结果在使用了优质的种苗、农业机械和农化产品的情况下,番茄结出了硕果,同时几方都得到了意想不到的收益。

相比之下,2007年家乐福(Carrefour)门店采购曝灰色贿赂,"零供"关系恶化。零售业内,处于强势地位的零售商向供货商收取进场费、扣点的赢利模式以及促销费等等已经成为了很多超市被认可的模式。家乐福举起反腐大旗,最终目的就是为修复平等的供应商和零售商之间的关系。

资料来源:黄静. 家乐福"受贿门"背后的零售模式思考[J]. 中国药店,2007(11):76-78.

3.2.2 供应链合作伙伴关系的类型

在现实的经济活动中,每个企业都会与许多客户和供应商进行业务往来,有众多合作伙伴。事实上,并非所有的客户对企业的边际贡献都是同等的,也并非所有的供应商都是同样重要的,一家公司不可能与其所有的客户和供应商保持同样的关系。企业之间的关系从疏远到亲密的过渡,如图3.2所示。

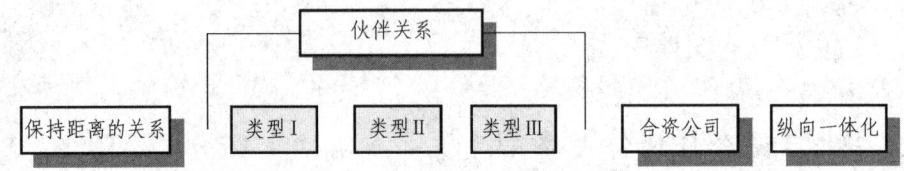

图3.2 供应链合作关系的连续图谱

图谱最左端是保持距离的关系(Arm's Length)。买卖双方是一种较为疏远的交易关系,交易结束时,关系也就随之结束。这是企业间普遍存在的关系类型。

接着就过渡到伙伴关系,根据伙伴关系的持久程度、范围、强度和紧密性情况,伙伴关系可以分为以下3种类型:合作(cooperation)、协调(coordination)、协作(collaboration,也称战略联盟 strategy collaboration),见表3-1。

表3-1 伙伴关系3种类型的比较

伙伴关系类型	活动	时间范围	活动范围
合作 cooperation	少量供应商 长期合同	短期	少量功能领域
协调 coordination	信息共享 在制品相互关联 数据交换	长期	多个功能领域
协作 collaboration	供应链整合 联合计划 技术共享	通常不存在到期日	每一方把另一方看作是自己公司的一个扩展

资料来源:(英)艾伦·哈里森,(荷)雷姆科·范赫克. 物流管理(英文版)[M]. 北京:机械工业出版社,2006.

（1）类型Ⅰ（合作关系）：处于这种关系中的组织互相将对方看作是合作伙伴，在有限的基础上协调活动和计划。这种伙伴关系通常有一个短期的目标，只涉及双方组织中的一个职能领域。

【案例3.2】日本邮政（Japan Post）在2008年2月12日与连锁便利店巨头罗森（Lawson）共同宣布，将在扩大共有店铺和商品供给方面开展全面合作。双方将在未来3年开设800家便利店邮局复合型店铺，在接近现有邮局数量一半的1万家邮局中，出售罗森的商品。

日本邮政表示，此次合作的目的是更好地利用彼此现有的基础设施，以适合彼此的方式扩大合作。并通过这种合作，日本邮政将可以更好地发挥全国2.4万家邮局网络的优势；而对于罗森来说，则在便利店市场接近饱和的情况下确保了新的销路。此外，如果能有效利用两家公司的物流网络，双方的运输成本也将有所减少。

日本邮政和罗森自2002年宣布开展业务合作以来，已进行了一些这方面的尝试，比如在所有罗森店内设置邮筒，以及在邮局内开设便利店等。而目前日本邮政已经在其总社和东京代代木邮局等5处开设了"邮局Lawson"，在福冈县，双方合作开设了邮局便利店复合店铺。其合作关系都促进了双方各自业务的发展。

资料来源：物流与供应链，2008.

（2）类型Ⅱ类（协调关系）：参与超越了活动的协调，达到了活动的集成。虽然并不期望伙伴关系会永久持续下去，但这种伙伴关系是长期的。公司内有多个部门和职能参与伙伴关系。

【案例3.3】微软（Microsoft）和英特尔（Intel）的共生共荣关系的建立是在20世纪80年代后期。微软和英特尔，曾联手统治了个人电脑市场。以前产业的环境完全是在两家公司的掌控之下，因此业界称英特尔和微软的组合为"Wintel"，甚至被看作是一种垄断的代名词。在Windows 7操作系统的发布过程中，双方进行了比以往更为密切的合作。英特尔的一些工程师过去数年中驻微软总部华盛顿州雷蒙德市工作，他们的任务是确保Windows 7能较好地运行在英特尔芯片上。通过合作，英特尔的芯片和微软的软件都得到优化。Windows 7的成功，大部分该归功于微软与其硬件合作伙伴英特尔的协调伙伴关系。

然而时代变迁，如今的电脑已不再局限于放在桌上、膝上、还能持于手上。微软和英特尔的关系现在也发生了变化。

资料来源：孙晓岭. 企业竞争新思维：超越"顾客导向"——来自微软、英特尔的启示. 经济管理，2004（1）：32-35.

桂萍，谢科范. 微软与英特尔合作的博弈分析. 武汉理工大学学报（信息与管理工程），2005，27（4）：198-201.

（3）类型Ⅲ（协作关系）：组织共享高水平的集成。每一方把另一方看作是自己公司的一个扩展。通常，这种伙伴关系不存在到期日。

【案例 3.4】可口可乐（Coca-Cola）和麦当劳（McDonald）之间的关系被认为是第三种合作伙伴关系。虽然可口可乐公司也向其他餐馆供应饮料，但它与麦当劳的关系却不仅仅是简单的卖方与买方的关系，它们之间的紧密合作可以追溯到麦当劳 20 世纪 50 年代刚刚诞生之时。几十年来，为了顺应了全球化和核心竞争的需要，可口可乐公司与麦当劳结成了营销战略联盟，充分利用联盟伙伴的优势，来捍卫各自的王者地位。在联盟的过程中，可口可乐和麦当劳不断更新业务运行的结构和模式，扩大品牌和产品的范围，扩展分销渠道，探索新的市场机会和进入高增长的市场。两者的战略联盟让各自的业绩光彩耀人。

资料来源：孙慧霞. 麦当劳、可口可乐、迪斯尼只谈恋爱，不结婚——析当今世界公司结盟新潮流[J]. 政策与管理，2001（3）.

企业间关系进一步亲密，就过渡到合资关系（Joint Venture）。合资企业是由两个或多个企业共同组建并拥有的一个单独实体，涉及双方共同所有权。处于产品或服务供应上的考虑而成立合资企业的理由与合作伙伴关系的理由相似。但合作伙伴关系是通过独立的企业之间的合作来实现这些目标，而合资企业通过所有权提供更直接的影响。

【案例 3.5】索尼爱立信："在良好的基因下诞生一名会歌唱的孩子。"2001 年 4 月，无线通信业公司爱立信（Ericsson）和电子消费产品公司索尼（Sony）宣布合作，两家公司的手机部门合并，成立合资公司索尼爱立信（Sony Ericsson，简称索爱），双方各占 50% 的股份。

合并时两家公司的手机业务并不理想，索尼爱立信 2001 年 10 月正式运营，希望能结合爱立信移动电信技术的优势，以及索尼在消费性电子及内容产业的长处，共同研发、设计、推广、分销、提供手机售后服务等。

2002 年 3 月，索爱推出首批合作产品。2005 年推出音乐手机，成为第一家真正把音乐播放与手机结合的公司。2003—2006 年间，索爱的市场占有率一直保持增长，从 2003 年的 5.1%，到 2004 年的 6.2%，再到 2005 年的 6.3%。2006 年领先 LG，市场占有率达 7.4%。至 2006 年，索爱全球手机销量已达 7 300 多万部。到 2006 年，索爱音乐手机占其总销量的 28%。

资料来源：郎咸平等著. 蓝海大溃败——本质三：本质论 VS 蓝海战略[M]. 北京：东方出版社，2008.

陈飞燕. 浅谈跨国并购——索尼爱立信案例分析[J]. 现代经济信息，2008，07：48-49.

供应链合作关系最后过渡到纵向一体化（内部供应）（Vertical Integration）。由企业自身提供某些产品或服务，而不是从供应市场上采购。内部供应能给企业对于某一产品或服务的最大的控制力。

【案例 3.6】1986 年百事集团（Pepsi）将肯德基（KFC）收购，原因之一是为了确保可口可乐公司（Coca-Cola）不能进入肯德基。但在 1997 年，它又将肯德基分离出去，就是认为其影响了公司的核心业务的发展。

资料来源：徐玲玲. 供应链合作伙伴关系研究综述[J]. 重庆理工大学学报:社会科学版，2011，25（9）：51-55.

3.2.3 供应合同

供应链中上游和下游两个企业之间可以看成是一个供给与需求的交易关系,采购合同或供应合约是采购方与供应方双方谈判协商一致同意而签订的调整供需关系的协议。企业间的不同关系类型对合同有着直接的影响,企业之间的关系从疏远到亲密的过渡对应的供应合同如图 3.3 所示。

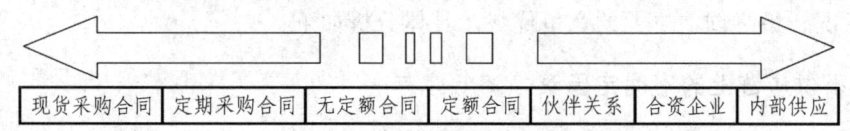

图 3.3 供应合同连续图谱

企业间签订供应合同,不仅可以确保商品供应和需求,而且有效的供应合同可达到风险分担的效果,并增加供应链中各个成员的利润,实现供应链绩效最优。这种分担风险,利益共享的供应合同主要有以下几类:

1. 回购合同(Buy-Back Contracts)

回购合同是指卖方同意以双方约定的价格向买方买回未售出的商品。其目的是给销售商一定的保护,引导销售商增大采购量,使需求不确定性而产生的风险由供应商和销售商共同承担,平衡供应商和销售商的边际收益和边际成本,从而协调供应链。

在采购方与供应商的交易过程中,如果采购方可以说服供应商降低批发价,则采购方会订购更多。当然,如果不能销售更多产品,批发价下降会减少供应商的利润。回购合同解决了这个问题。在回购合同里,买方将自己的一部分收入与卖方共享,以换来批发价的折扣。

2. 收益分享合同(Revenue-Sharing Contracts)

收益分享合同也是激励采购方增加订货量的一种方法,在这种合同中,供应商以低于批发价的价格把产品卖给采购方,但是要按一定的比例分享销售商所获得的销售收入。

一般而言,零售商只订购一定数量产品的重要原因是较高的批发价格。如果零售商可以说服制造商降低批发价,则零售商将会有增加订购量的动机;如果零售商无法售出更多数量的产品,将会造成制造商利润的降低,这部分可以用收益分享合同来克服。在收益分享合同下,买方让卖方分享其部分的营收,作为获得批发价折扣的回报。

3. 数量弹性合同(Quantity-Flexibility Contracts)

数量弹性合同是指供应商对未超过某一数量的退回(未售出)产品,提供全额退款。与回购合同不同的是,弹性数量合同是对某一数量内的部分退回产品全额退款,而回购合同对所有退回产品给予部分金额的返还。

4. 销售回扣合同(Sales Rebate Contracts)

销售回扣合同提供零售商一个直接动机去提高销售量。当销售量超出某一特定数量时,每卖出一单位产品零售商均可得到定额的回扣。

3.3 供应链合作伙伴关系的建立

3.3.1 建立供应链合作伙伴关系的优势与风险

建立供应链合作伙伴关系的优势，具体表现在良好的供应链合作伙伴关系可以降低供应链成本、降低库存水平、增强信息共享、保持战略伙伴相互之间操作的一致性、改善相互之间的交流状况，最终创造更大的竞争优势。具体分析如下：

1．减小供应链上的不确定因素，降低库存

由于供应链上各企业之间缺乏合作，其需求的不确定性将向供应链上游方向逐级放大，即产生"牛鞭效应"，使得预测准确性降低，主生产计划精确度减小，原材料供应量大大超出实际需求量，这种供需的不平衡，随着生产的进行就转化成为不必要的原材料库存、在制品和成品库存，也有可能因为超越生产能力的限制而导致不能准确供货。

实际上，企业所面对的供需关系上的不确定因素是可以通过相互之间信息共享来消除的。通过合作，共享需求与供给信息，能使许多不确定因素明确。

2．快速响应市场

当今消费市场需求瞬息万变，不仅仅是制造商，还有供应商、分销商、零售商都必须对这些变化做出及时快速反应，才有可能立足市场，获取竞争优势。供应链各节点企业的紧密合作，将各个企业独立的信息化孤岛连接在一起，实现供应链无缝连接，使整条供应链像单个企业一样运作，而又不失去每个企业的核心优势，并能迅速开展新产品的设计和制造，从而使新产品响应市场的时间明显缩短。这是传统意义上的供应链无法相比的，传统意义上的供应链正是因为链上各节点企业间的信息不畅通，企业之间合作与沟通非常少，信息波动扭曲放大，或者企业为了自身利益，为了自身目标的实现，而不惜牺牲整个供应链的速度，使得整个供应链对变化的需求趋势反应迟缓。

3．加强企业的核心竞争力

企业的核心竞争力关键在于企业竞争力的独特性，这种独特性不易被竞争对手模仿，并具有较大的领先性、超前性，从而给企业带来持续的竞争优势。正因为企业日趋注重自身的核心竞争力，强调企业自身的特点，那么企业的非核心竞争力业务必然要靠其他在此业务上具有核心竞争力的企业来承担。各自具有优势的企业在共同的目标下联合起来，以协作共享信息、降低整个成本并共担风险、分享利益。显然，离开企业的核心竞争力谈供应链管理，就如不建地基而想建大厦一样。而强调企业的核心竞争力，没有以战略合作关系为基础的供应链管理这一新的管理模式与之呼应，也发挥不了其核心优势，获得竞争地位。所以，供应链管理强调链中企业的战略合作关系，其实质是强调企业发挥各自的核心竞争力。

4．提高用户满意度

提高用户满意度涉及产品设计、产品制造过程和售后服务3个方面。供应链中零售商最贴近用户，更易于掌握用户的喜好，从而能在新产品的需求定义方面提出更为恰当的建议。

与零售商建立合作伙伴关系能使制造商在产品的设计之初就充分考虑用户的需求，生产出更符合用户习惯的产品。在产品制造过程中，制造商与供应商建立了合作伙伴关系，制造商可以向供应商进行投资，以帮助其更新生产和配送设备，加大对技术改造的投入，提高物流质量，从而保证最终产品的质量，同时将生产周期大幅度地缩短。当用户不满意时，分销商、制造商和供应商将齐心协力来解决出现的问题，而不是互相推卸责任。

另外，建立合作伙伴关系同时也存在以下风险：

（1）道德风险。道德风险是指由于信息的不对称，在整个合作伙伴关系管理环境中，委托人往往比代理人处于一个更不利的位置，代理企业往往会通过增加信息的不对称，从委托合作伙伴那儿得到最大的收益。如供应商由于自身生产能力上的局限或是为了追求自身利益的最大化而不择手段，偷工减料、以次充好，所提供的物资达不到采购合同的要求，给采购带来风险。

（2）信息传递风险。供应链企业之间要形成合作伙伴关系就必须实现某些信息的共享，但由于供应链规模日益扩大，结构日趋繁复，供应链上发生信息错误的机会也随之增多，致使合作伙伴之间的信息沟通出现障碍,也有可能由于某些误解出现企业关键信息泄露的情况。

（3）利益分配问题。每个企业的最终目的都是盈利，当合作伙伴在利益分配问题上出现争执时，如果得不到很好的调节，就会导致合作伙伴关系的紧张。

（4）核心企业的确定。每条供应链上都有一个能掌控整条供应链有效运作的核心企业，在供应链合作伙伴之间也存在着这样一个企业，能掌控合作伙伴的良好发展。每个企业都想自己能成为这个强势的企业，能够控制合作伙伴关系的发展。

（5）企业文化差异产生的风险。各个合作伙伴在企业经营理念、文化制度、员工职业素养和核心价值观等方面必然会存在一定的差异。从而导致对相同问题的不同看法，采取不一致的工作方法，最后输出不同的结果，影响合作伙伴关系的发展。

【案例3.7】1947年IBM进入电脑行业，于1953年和1983年推出了大型机和个人计算机（PC）。由于IBM的战略失误，忽视了PC的市场战略地位，在制定了PC标准之后，将属于PC核心技术的中央处理器以及操作系统（Operating System，简称OS）的研发生产分别外包给英特尔Intel和微软Microsoft公司。在短短的10年内，这两家公司都发展成为世界级的巨头，垄断了行业内的制造标准，同时也改变了IBM延续了几十年的纵向产业模式。

3.3.2 建立供应链合作伙伴关系的原则与步骤

1．建立供应链合作伙伴关系的原则

成功的合作关系取决于核心企业与合作伙伴依据共同协议的执行能力。科恩和罗塞尔认为，尽管不同企业的合作关系不尽相同，但若要建立成功的合作关系，企业需要遵循以下6项基本原则。

（1）在试图与外部伙伴合作之前，先精于内部合作。

（2）依据合作伙伴定制细分合作模式。

（3）确保合作伙伴之间互惠、共享收益、共担风险。

（4）共享信息，相互信任是成功合作的必要条件。

（5）利用技术支持合作关系。

（6）明确合作伙伴的期望和妥协。

2．建立供应链合作伙伴关系的步骤

建立合作伙伴关系需要循序渐进，第一步是必须明确战略关系对于企业的重要性，企业必须评估潜在的利益与风险。然后，确立选择供应商的标准和初步评估可选的合作伙伴。一旦供应商或合作伙伴选定后，必须让每个合作伙伴都认识到相互参与、合作的重要性，真正建立合作关系。最后的步骤包括实施和加强合作关系，或者解除无益的合作关系。概括起来说，建立供应链合作伙伴关系的步骤一般如下：

（1）从企业战略的角度来检查是否需要建立供应商合作关系，以及建立哪个层次的供应商合作关系。

（2）确定挑选合作伙伴的准则，评估潜在的候选企业。

（3）正式建立合作伙伴关系。

（4）维持和精炼合作伙伴关系，包括增强彼此间的合作关系或解除合作伙伴关系。

上述4个阶段也可简单地归纳成以下4个阶段：合作伙伴的粗筛选、合作伙伴的细筛选、合作伙伴的精炼和确认和合作伙伴的跟踪评价。

【案例3.8】大型消费品公司如雀巢或联合利华与包装供应商之间的阶梯式合作关系如图3.4所示。第一步，日用消费品企业希望集中采购，并以此来降低零部件的采购价格。包装供应商根据客户的期望来降低成本，通过授予独家供货合同来实现。从供应商的角度来看，如果因此能够支持基于批量的成本来降低规模经济，那么这种结果是可以获得的。相互描述需求来达成一致的合同是传统的采购与销售关系。但为了真正达到规模经济，对于消费品公司而言，不但要向每个消费品生产厂家都提出同样的生产要求，而且包装材料的标准化也是十分必要的。

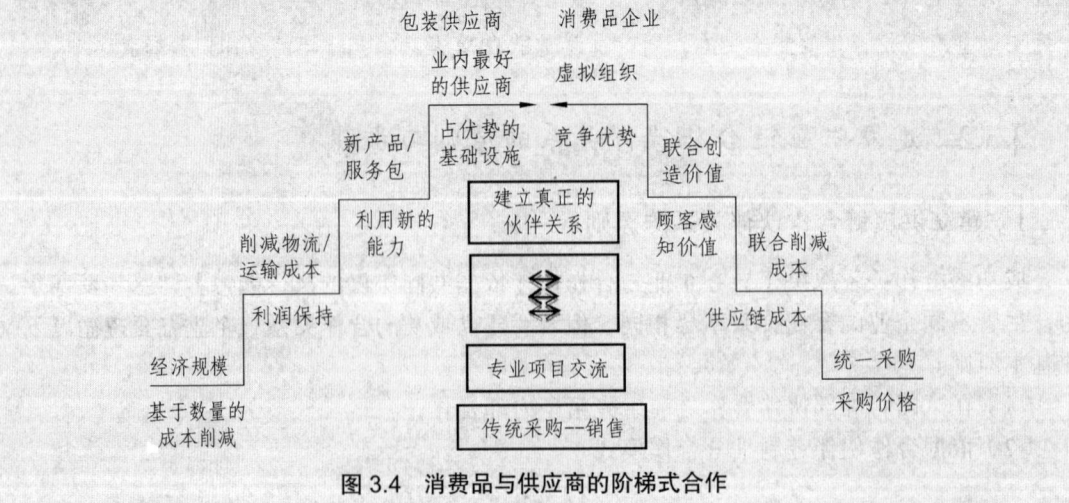

图3.4 消费品与供应商的阶梯式合作

第二步，消费品企业有剔除供应链成本的期望，通过信息系统直接将消费品工厂的需求传递给供应商，可使供应商在生产时拥有宽松的环境，也能降低运输成本。如果所有这些都能实现，那么真正的"双赢"就成为可能，两家企业都可以获得更多的利润。实施要求联合项目的共同努力。这一步的实施清楚地显示了对两家企业高级管理层的一致意见和共同愿景的需求。

第三步，消费品企业关心价值/成本式中的"分子"。企业希望找到与供应商更紧密合作的方式来运作，并使供应链创造更大的价值。比如，包装供应商开发出了一种易于打开的新包装箱，用更少的纸板来制造，可用来在商店中展示产品。两家企业的相互作用跨越了很多功能和级别。

第四步，两家企业之间实现虚拟集成，这意味着联合设计包装、供应商早期参与、新生产计划与控制系统的联合设计等。消费品企业希望能达到这个境界，因为它认为这家供应商是其所有的供应商中最好的一个，从该供应商处学到的东西可以影响到其他供应商。供应商也有类似的观点：这是我们最聪明的客户之一，所以愿意投入大量的资源与其合作。通过这样做，可以获得业内最好的基础结构，而且能在与其他竞争对手的竞争中获得成功。每一阶段实施的程度需要根据特定的目标加以定制，这些只能通过共同努力来实施。

资料来源：沃尔曼等著. 制造计划与控制——基于供应链环境[M]. 5版. 韩玉启等译. 北京：中国人民大学出版社，2008.

3.3.3 建立伙伴关系的障碍

1．高层态度

良好的供应链关系首先必须得到最高管理层的支持和协商。只有高层领导赞同，企业之间才能保持良好的沟通，建立相互信任的关系。

2．企业战略和文化

解决企业结构和文化中社会、文化和态度之间的障碍，并适当地改变企业的结构和文化；在合作伙伴之间建立统一致的运作模式或体制，解决业务流程和结构上存在的障碍。

3．合作伙伴能力和兼容性

总成本和利润的分配、文化兼容性、财务稳定性、合作伙伴的能力和定位、自然地理位置分布、管理的兼容性等。

4．信 任

在供应链战略合作关系建立的实质阶段，需要进行期望和需求分析，相互之间需要紧密合作，加强信息共享，相互进行技术交流和提供设计支持。

3.4 供应链关系管理

3.4.1 供应链关系管理概述

供应链关系管理是在交易管理的基础上，包括供应商关系管理（Supplier Relationship Management，SRM）、内部供应链管理（Internal Supply Relationship Management, ISCM）与客户关系管理（Customer Relationship Management，CRM）3个方面内容，如图3.5所示。

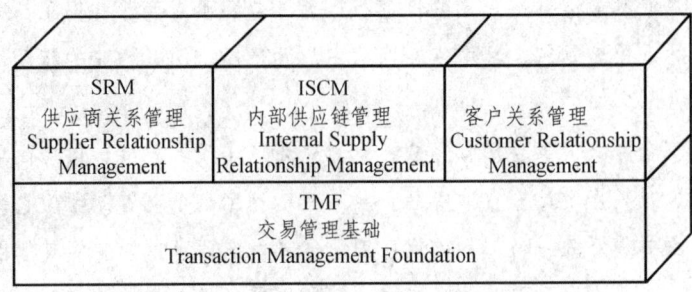

图 3.5 供应链关系管理

资料来源：Chopra & Meindl, 2004

企业对外主要是与上游的供应商，以及下游的客户打交道。长期以来，企业为了使自己的产品和服务赢得市场、赢得客户，更为重视客户关系管理。从20世纪末90年代中期开始，管理软件供应商纷纷推出了CRM产品，企业也开始利用这种管理思想和这一工具来更好地开拓市场、提高客户的忠诚度，争取新客户和维护老客户。

然而，在与上游供应商的关系方面，却一直未能引起企业的重视。进入21世纪，随着资源在全球化范围内调配，企业间业务联盟的进一步发展，企业与上游供应商之间的关系变得越来越重要。企业发现彼此的贡献可以融合成一种新能力和产生综合效益，使得顾客的忠诚度得以重新建立起来，这隐含着与供应商共享合作与创新。

3.4.2 供应商关系管理

1．供应商关系管理内涵

供应商关系管理（Supplier Relationship Management，SRM）是供应商管理的主要内容之一。供应商关系管理（SRM）是一种致力于改善供应链上游供应商关系的"合作双赢"的采购模式，通过建立长期而稳定的业务关系，实现对虚拟资源的运作管理，减少供应的不确定性。当采购方主动地维持适当、友好的供应商关系，就像营销经理及客户的关系一样时，顺畅一致的供应链就差不多形成了。

供应商关系管理是一种致力于实现与供应商建立和维持长久、紧密伙伴关系的管理思想和软件技术的解决方案。旨在改善企业与供应商之间关系的新型管理机制，实施于围绕企业采购业务相关的领域。目标是通过与供应商建立长期、紧密的业务关系，并通过对双方资源和竞争优势的整合来共同开拓市场，扩大市场需求和份额，降低产品前期的高额成本，实现双赢的企业管理模式。同时它又是以多种信息技术为支持和手段的一套先进的管理软件和技术，它将先进的电子商务、数据挖掘、协同技术等信息技术紧密集成在一起，为企业产品的策略性设计、资源的策略性获取、合同的有效洽谈、产品内容的统一管理等过程提供了一个优化的解决方案。实际上，它是一种以"扩展协作互助的伙伴关系、共同开拓和扩大市场份额、实现双赢"为导向的企业资源获取管理的系统工程。

总之，供应商关系管理围绕企业采购业务相关的领域，简化和优化供应流程，有利于构建高效、稳定的供应链。

> 【案例3.9】丰田（Toyota）按照供应商所生产部件和对整车的重要程度，将供应商划分为3类：核心部件供应商、特征部件供应商、商品部件供应商。并建立起了2级供应商组织——协丰会和荣丰会，对隶属不同组织的供应商，丰田与其建立了不同的股本关联关系。协丰会成员全部是核心部件供应商（35家左右），丰田一般都持有它们超过30%的股份。荣丰会成员都是特征部件供应商，丰田一般拥有它们的10%左右的股份。而商品部件供应商，丰田一般不与其建立资产关联关系。这种资产的联系极大地促进了丰田与核心部件供应商之间的信任和合作。
>
> 丰田可以详细了解其核心供应商的详细成本信息，商定未来的投资计划，合作开发新产品等。同时，丰田要求它的供应商将生产设施建立在它的整车厂周围，实现及时供货。作为对供应商效忠的回报，丰田为协丰会成员提供大量的管理和生产技术方面的支持，在供应商处推行丰田生产系统。这大大提高了供应商的生产率，反过来又促进了丰田产品的竞争力，最终导致了丰田和其供应商都可以获得长期竞争优势。
>
> 资料来源：于晓光. 汽车制造商与供应商的关系（二）——日本汽车制造商的采购策略[J]. 汽车与配件，2004，（18）：16-18.

2．选择正确的关系类型

通过区分供应商的角色，并加以不同的对待处理，企业才能将采购和供应链管理的资源发挥出更好的作用。企业与供应商建立的关系与采购项目的类型之间存在着相关性，根据采购金额的大小和采购物品对企业的影响程度，可以用供应定位模型对企业采购物品进行分类，如图3.6所示。针对这4类物品，企业应分别与供应商建立不同的关系管理模式。

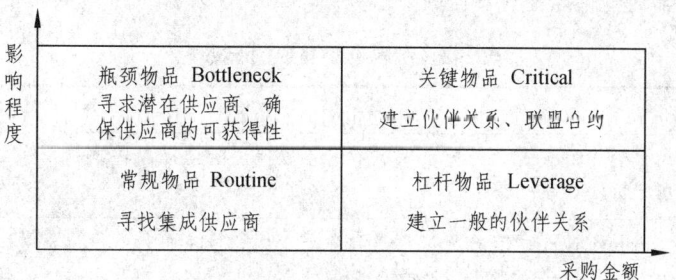

图3.6 供应定位模型与供应商关系管理

（1）常规物品。低支出水平和低供应风险水平。这类物品一般都有大量的供应源，如办公用品、标准件或一般生产投入品等属于此项。与常规物品的供应商建立一般的契约式关系。相比而言，企业处理与常规物品供应商的关系较为容易。企业比较容易寻找到一般通用件、标准件以及办公用品的供应商，但最好是寻找常规物品的第三方集成供应商，帮助企业减轻对常规物品管理的负担。

（2）杠杆物品。高的支出水平和低的影响、机会与风险水平。一般性的原材料（如一些辅助原材料、燃料等）属于杠杆物品，该类物品支出费用高，但也是一些标准件，容易从多个供应源得到。对杠杆物品的采购，通常是寻找价格合适的供应商。企业往往对某些一般的辅助性原材料等的品质、差异性等要求不高，同时由于需求量大，所以企业具备对杠杆物品的价格控制力。这时，供应商处于相对被动的地位，如果企业愿意，企业能够比较容易地与供应商形成伙伴关系。

（3）瓶颈物品。低支出水平，高的供应风险。这类物品一般专业性高因而只能从少数几个供应商处获取。因此，要求与瓶颈物品的供应商建立相对密切的关系，通常以定额合同的形式保证供应的连续性。此外，采购方应积极寻找潜在供应商。

（4）关键物品。高支出水平，对采购方的影响、机会和风险大。采购方与关键物品的供应商关系最为密切。一般与关键物品供应商应签订长期合作协议，定期与供应商沟通，必要时帮助和扶助供应商，希望供应商能够与企业一起成长，与供应商建立伙伴关系。一般来说，企业对于关键物品的供应商要求很高，需要严格挑选，企业开发和更换此类供应商的成本较高。又因为企业的采购金额大，双方共同的利益点很多，因此供应商也乐于与企业进行较为密切的合作。

【案例3.10】 7-11（Seven-Eleven）便利店的外包策略

在1991年以前，7-11还是一家纵向整合的连锁便利店。公司拥有自己的配送网络，为每一个便利店提供汽油。公司还自己做糖果和冰块，并要求经理们自己负责店面维护、信用卡处理、薪资管理，甚至是店内的信息系统。有一段时间，7-11甚至自有奶牛，用以供应销售所需的牛奶。这使得7-11便利店控制着供应链中的大部分活动，难以进行成本控制。

后来，7-11便利店开始将可能的方面都外包，其中一条简单的原则就是，如果合作商能比7-11自己提供更有效的能力，那么这项能力就应该外包。而7-11仍然对所有关键信息保有控制权，并管理所有的销售计划、定价、定位、汽油推销和即食食品。7-11对不同商品有不同的外包策略，与这些供应商有不同的合作关系，如表3-2所示。

表3-2 便利店7-11的外包策略

活 动	外包策略
汽 油	燃油产品配送的外包。保有对定价以及促销活动的控制权，这些活动在各个自有店可以有差异
零 食	Frito-Lay公司直接将产品送到各个店面。7-11自行作出订货量以及货架摆放等关键方面的决策。7-11通过数据挖掘，发现当地客户的购买习惯，并相应地为各个店面作出决策

续表

活 动	外包策略
预加工食品	与 E. A. Sween 建立合资企业；采用集中配送中心（Combined Distribution Center, CDC）模式，为 7-11 各个店面直接供应三明治及其他新鲜食品，每天两次
特有食品	许多特有产品都是为 7-11 的顾客特别开发的。比如说，7-11 公司与好时公司一起，针对流行的 Twizzler 糖果开发了一种可以食用口香糖；与 Anheuser-Bush 饮料公司一起为全美汽车比赛协会和高级联赛协会棒球赛做促销活动
数据分析	7-11 依赖于供应商 IRI 来维护和格式化购买数据，并保护数据的机密性。只有 7-11 才能看到顾客在各个店面购买的商品种类
新能力	美国运通公司提供 ATM 机 西部联盟电报公司处理电子汇款 CashWorks 提供支票兑现业务 电子数据系统进行网络功能的维护

资料来源：（美）雅各布斯，蔡斯著. 运营管理[M]. 任建标译. 北京：机械工业出版社，2011.

此外，设计有结构化分层的供应体系，也是正确选择关系类型的重要方法。供应商网络经历了从原始的供应商网络到成熟的供应商网络的过渡，如图 3.7 所示。原始的供应商网络是直接与所有的供应商打交道，而成熟的供应商网络则将供应商的等级按供应链空间划分为一级供应商、二级供应商等，一级供应商是企业直接的供应商，但一级供应商可能也要从别处采购原料或者半成品，加工或组装后卖给企业，为一级供应商供应原料的就是企业的二级供应商，依次类推还有三级四级供应商等。也可以按企业之间的合作关系程度划分。通常企业与一级供应商保持合作伙伴关系，由一级供应商指定二级供应商。

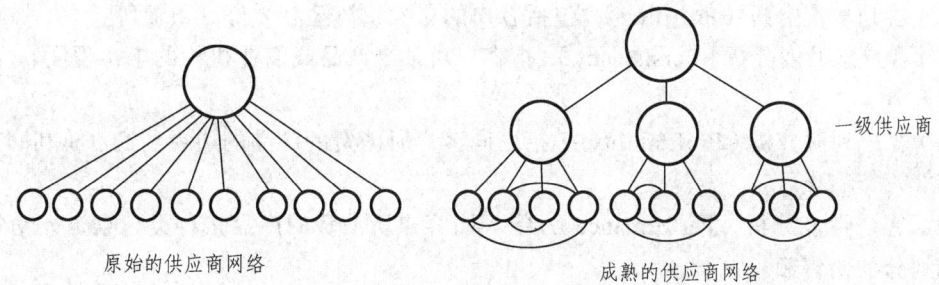

图 3.7　供应商网络的演变

3.4.3　客户关系管理

1．客户关系管理内涵

客户关系管理（Customer Relationship Management，CRM）是企业为提高核心竞争力，达到竞争制胜，快速成长的目的，树立客户为中心的发展战略，并在此基础上展开的包括判断、选择、争取、发展和保持客户所需的全部商业过程；是企业以客户关系为重点，通过开展系统化的客户研究，通过优化企业组织体系和业务流程，提高客户满意度和忠诚度，提高企业效率和利润水平的工作实践；也是企业在不断改进与客户关系的全部业务流程，最终实现电子化、自动化运营目标的过程中，所创造并使用的先进的信息技术、软硬件和优化管理方法、解决方案的总和。

CRM 理念起源于 1990 年，并经历了"销售自动化"（Sales Force Automation，SFA）、客户服务系统（Customer Service System，CSS）和呼叫中心（Call Center，CC）等形态，逐渐综合了现代市场营销理念——忠诚效应、满意度、客户价值、个性化一对一、大规模定制以及客户化等，利用计算机电话集成技术（Computer Telecommunication Integration，CTI）、互联网功能以及专门的 CRM 技术（诸如数据挖掘、建模、数据仓库、关系技术、事件触发等），最终形成了今天 CRM 的一个完整轮廓。

最早提出该概念的 Gartner Group[2] 认为：所谓的客户关系管理就是为企业提供全方位的管理视角；赋予企业更完善的客户交流能力，最大化客户的收益率。目前，对客户关系管理的理解可以归纳为 3 种思路：

（1）从商业哲学的角度，认为客户关系管理是把客户置于决策出发点的一种商业哲学，它使企业与客户的关系更加紧密。

（2）从企业战略的角度来理解，认为客户关系管理是通过企业对客户的引导，达到企业最大盈利的企业战略。

（3）从系统开发的角度，认为客户关系管理是帮助企业以一定的组织方式来管理客户的软件系统。

这 3 种理解都有其合理的成分，体现了不同部门从不同方面对 CRM 的理解，体现了 CRM 的不同层面。CRM 是一种以客户为中心的商业哲学、商业战略和企业文化。它的内容是：选择并管理最有价值客户，是客户关系处于最佳状态，注重以最佳的方式提升公司与客户之间的全面关系，从而使企业和客户的整个生命周期价值最大化。

客户关系管理（CRM）主要包括以下 7 个方面（简称7P）：

（1）客户概况分析（Profiling），包括客户的层次、风险、爱好、习惯等。

（2）客户忠诚度分析（Persistency），指客户对某个产品或商业机构的忠实程度、持久性、变动情况等。

（3）客户利润分析（Profitability），指不同客户所消费的产品的边缘利润、总利润额、净利润等。

（4）客户性能分析（Performance），指不同客户所消费的产品按种类、渠道、销售地点等指标划分的销售额。

（5）客户未来分析（Prospecting），包括客户数量、类别等情况的未来发展趋势、争取客户的手段等。

（6）客户产品分析（Product），包括产品设计、关联性、供应链等。

（7）客户促销分析（Promotion），包括广告、宣传等促销活动的管理。

2．客户关系管理的实施

实施 CRM 可以帮助企业最大限度地利用其以客户为中心的资源（包括人员和资产），并将这些资源集中应用于客户和潜在客户身上。CRM 不是一个孤立的解决方案，它是企业管理的重要组成部分。在电子商务时代，企业从大量生产体系转向个性化、敏捷性的竞争体系，不断丰富客户价值，最终帮助企业造就一个获利稳定的经营基础。

1）确定业务发展方向

企业通过对内外部环境的分析，认清企业自身的优势、劣势和环境存在的威胁和机会，来确定业务发展方向。这包括确立一个客户关系管理战略的远景和使命、确定一系列可达的业务发展目标和业务能力目标、确定相关的战略来达到目标。CRM 作为一个复杂的系统工程需要分阶段来实施。在确立实施进程前，首先要定位顾客的关心点是产品的质量、出货时间、响应速度，还是解决问题的能力，据此拟定出 CRM 实施进程中的阶段目标。

2）正确区分客户关系

真正的客户关系管理必须要表现在"客户关系"的管理上，任何企业都必然存在着"客户关系"，但这种关系的稳定性、密切程度却差异很大。不同类型的关系给企业带来的利益不同，企业对其采取的对策也应有所差异。鉴于客户关系的复杂性，不能只按照一种或两种标准进行分类。各企业可以根据管理决策的需要与本企业客户关系的具体情况选择分类的标准。

3）合理识别顾客价值

顾客价值定位的目的在于识别目标顾客的价值观，即顾客对价值的看法和定义。通过客户关系管理系统，可以将企业与顾客不同接触点上的信息整合起来，建立顾客信息数据仓库，着重于客户数据的采集和分析，通过对各个渠道的客户历史数据以及在线数据的采集和分析，协助企业更好地了解客户并将获得的客户知识运用到客户服务、市场营销、生产计划等各个方面。这一过程主要包括客户研究与客户挖掘、客户响应与交易记录、客户追踪与客户评价等内容。在这一过程中，要站在客户角度进行观察，从而发现他们想要获得什么，甚至是预测他们现在不想获得什么，但是将来却想要获得。同时，对客户进行差异分析。

4）评估价值创造能力

企业要提高提供给顾客的价值，除了分析其目标顾客的价值观外，还应明确本企业目前同竞争者相比在创造各种不同形式的价值上的表现如何。根据不同的价值形式对顾客重要性的高低和企业在实现这些价值形式上的表现进行分析，帮助企业改进自己的价值创造系统。

5）提升顾客价值策略

顾客感受到的价值和成本的内容和形式是多样的，因此创造客户价值的方法也是多样的。通过以下几种途径可以创造顾客的价值。

（1）产品、服务和技术。这是价值最基本的来源，是供给的本质。企业可以通过改进产品的质量、性能和价格，提供更全面、更高水平的服务，不断提高生产与服务的技术水平来增加顾客价值。但是各企业提供的核心产品和服务区别很小或没有区别。在这种情况下，如果企业不寻求新的价值创造和提高因素，则只能求助于价格来区分它们价值的高低。

（2）人员。员工在为顾客创造价值中起着极为重要的作用。即使核心产品和服务各方面都很出色，员工拙劣 CRM 也会赶走顾客，顾客与员工的互动影响了顾客对与互动有关的心理成本的估价；而且 CRM 的实施需要全体员工参与，市场营销人员并不是唯一的 CRM 人员，每个员工都有职责完成 CRM。这就要求员工站在顾客的角度，为发掘、提升顾客的价值而努力。营销人员提供顾客需求的产品并确保产品质量,售后服务人员应及时处理顾客的异议。

(3)业务流程。这是指企业向顾客提供产品和服务的流程与系统,良好的流程设计能为顾客提供便利,节省顾客的时间成本和心理成本,这会吸引大量把时间视为宝贵资源的客户。如果业务流程设计不当,复杂的程序、缓慢的反应速度常常会成为顾客抱怨的焦点。管理层应当从为顾客提供最大便利的角度出发来重新设计业务流程。

(4)客户支持。随时为顾客提供全方面的支持与帮助是为顾客增加价值,并将自己与竞争者区分开来的重要手段。一些公司通过提供全方位服务,减少了顾客的焦虑,降低了他们的时间成本、心理成本、精力成本,同时也增加了提供给他们的感知价值。

【案例3.11】"反"斗城客户关系项目

总部位于美国新泽西州的玩具"反"斗城是全球最大的玩具及婴幼儿用品专业零售商,售卖的产品多样,包括玩具、婴幼儿用品及儿童服装,至今在全球超过36个国家和地区开设有1 300多家店铺。

玩具"反"斗城的服务宗旨是与顾客建立长远关系,从婴儿出生开始,使父母在孩子的成长过程中都可以到玩具"反"斗城购买到合适的玩具,并希望其孩子的孩子都能继续成为公司的顾客,延续顾客对玩具"反"斗城的忠诚。为了善用数据库内的顾客数据并实现更密切的顾客联系,实现玩具"反"斗城的服务宗旨——延续顾客对玩具"反"斗城的忠诚,玩具"反"斗城于2002年实施了一个顾客关系项目,即建立长期顾客网络——星卡会员计划。只要顾客在任何"反"斗城店铺购物满200港元,便可申请成为会员并获得一张星卡,之后在店铺购物便可以用星卡累积分数,同时可享受折扣优惠。此外,"反"斗城星卡会员还可以在利丰其他连锁店享受优惠。同时,玩具"反"斗城与供应商合作推出优惠产品供会员购买,以吸引更多顾客加入会员行列。

通过这项星卡会员招募活动,玩具"反"斗城收集了更多的顾客数据,丰富了原有的数据库,日后可根据这些数据进行更多以顾客需求为中心的推广活动。例如玩具"反"斗城把店铺活动的消息及产品优惠资料直接寄给或发电子邮件给顾客,拉近了店铺与顾客间的距离。星卡会员计划亦为供应商提供了多种好处,例如,通过会员通信、广告、店内宣传海报及产品目录,供应商产品可以获得更多的宣传机会,玩具"反"斗城亦会根据各供应商的产品特色与顾客层,针对合适的顾客向他们进行重点推广。

实施会员制度增强了店铺与顾客的联系,而星卡的积分优惠可以回馈给顾客的方式提高了顾客的忠诚度,保持了稳定的客源。玩具"反"斗城的星卡会员计划已连续3年(2005年、2006年、2007年)于Asian Marketing Effectiveness Awards中获得"亚洲最佳会员计划"(Best Brand Loyalty Marketing Campaign)的殊荣。至2007年底,玩具"反"斗城的星卡会员人数,在亚洲已突破100万。

资料来源:利丰研究中心.供应链管理——香港利丰集团的实践[M].北京:中国人民大学出版社,2009.

案例分析：宝洁公司与沃尔玛的双赢策略

宝洁公司（P&G）与沃尔玛公司（WalMart）很早就开始合作了，但是它们的合作关系一开始并不十分融洽，沃尔玛的创始人曾经感慨地说，宝洁公司是最难打交道的公司。在宝洁与沃尔玛的对抗关系中，一个普遍的现象就是利润僵局。比如宝洁的帮宝适婴儿尿布，一个单位的生产成本是 0.9 美元，卖给沃尔玛是 1 美元，然而沃尔玛按照它的"天天平价"的定价策略，坚持认为卖给消费者的正确价格是 0.85 美元。当其他零售商效仿沃尔玛也将价格定为 0.85 美元时，出于竞争，沃尔玛又将价格降到 0.83 美元。当所有零售商在这种情况下都遭遇负利润时，它们会对宝洁公司施加压力，要求降价。而宝洁公司的利润受损，将导致该产品的停产，双方利益在这一利润僵局中都受到了损害，看似简单的数学问题，如图 3.8 所示，就像是一个魔咒，让宝洁与沃尔玛的管理者们进退两难。

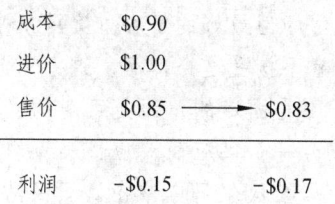

图 3.8　宝洁和沃尔玛公司的利润僵局

宝洁在赚钱，但沃尔玛在亏钱；沃尔玛想要更便宜的价格，但宝洁不想降价，所以它们陷入僵局。这样的利润争端在各类产品中都会发生，从去污剂到肥皂及其他许多消费品领域。当纸尿布的买卖双方互相争斗的时候，这个关系就演化成了一个很大的风险。没有共同愿景，缺乏交流，所有的一切都是为了价格，而且完全没有共同的平台去以建设性的方式解决问题。那宝洁和沃尔玛能走出这样的价格困境吗？

困境解码

（1）交易不透明。交易市场中普遍存在着交易不透明化的现象，一方面供价有可能不统一，比如一个彩电在上海的销售价格可能是 12 900，而在南京就变成 13 900，这是供价不统一的问题；另一方面，可能存在其他一些费用问题和分工不明确的问题。

（2）激烈的竞争。中国市场是一个竞争非常激烈的市场，整个零售业因为市场的需要，有时需要做一些促销，零售产品的市场价格就完全地降下来了，市场价格的长期下降会削弱零售商的利润，使它们没办法生存，所以零售商就会要求制造商降价。长此以往，价格就一直往下降，最后就是两败俱伤。

（3）自我的竞争策略。这个算术题不是一个简单的财务或者数学问题。当沃尔玛在说，我的消费者认为你的尿不湿只值 0.85 美元的时候，它并不是只为消费者着想，而是想卖得比它的竞争对手更低。在这个过程中，它愿意承担利润的损失，它认为损失利润并不是最不利的事，但是不让它卖得比它的竞争对手低，那才是最不利的，那样它将失去很多潜在的顾客，失去很多销售机会。所以，在这个过程中，宝洁或是其他任何一个供应商，如果意识到了沃尔玛的竞争策略相对于沃尔玛本身的发展所具有的意义，你就必须认真看待它。这本身跟你的成本已经没有关系了，也不是你任何通过成本计算能计算出来的。

（4）企业经营原则的兼容性。宝洁和沃尔玛都是很大的企业，都有自己的经营原则与企业文化。它们会让自己公司的全体员工努力去执行它的原则，从而从形成一种习惯，这种习惯不易改变。

执行方案视角
1. 通过物流、成本以及品牌效应

（1）一个非常简单的解决思路就是让供应商必须要想尽办法去降低成本，而采购商、零售商必须想办法去提高这个零售价，0.83这个价格在行业里面是不是合理？在执行具体方案时要把采购的结构透明化，并降低生产成本和物流成本。

（2）生产和销售是流通环节的两个组成部分，不管是生产商还是零售商，都应各尽其责，做好自己的事情，这是最重要的一点。在这个过程中，大家经常沟通，像国美和西门子的合作一样，达到一个真正共赢的阶段。

（3）企业所有服务的对象不是局限于两个企业之间，真正的胜败实际上取决于消费者。如果我们把真正的消费者考虑到中间的话最好的解决方案就出来了。因为消费者不接受这个零售商，零售商就会失败，如果消费者不接受这个产品，这个产品的生产商也就没有前途。

（4）算数里边的这些数值，不是固定的，而是可变的，那么双方在谈判过程中该如何看待这些数字呢？比如宝洁，它作为一个供应商，应该强调自己的品牌效应，而不应该简单的在这些价位上面做一个拉锯战。那么沃尔玛应该在认同保洁产品的这个品牌效果的同时，来跟它谈一些在结构成本上的一些改变；比如说宝洁也可以在自己的产品上面做一些改进，使沃尔玛来认可它的这些功能，并提高一些零售价。

2. 达到共同盈利、双赢的目的

（1）如果一包帮宝适有20片，那么生产商在生产时再加5片的边际成本是很低的。如果生产商再加5片尿不湿，然后将卖给零售商的价格提高到1.25美元。因为没有其他的生产商生产这种25片包装的尿不湿，这可能就是解决问题的方法。

（2）对宝洁的产品进行信息系统分析，如果宝洁的价格降得甚至比0.9美元更低的话，沃尔玛就可以采购宝洁更多别的产品，沃尔玛可能会承诺：如果你这东西降价了，会带动别的产品的销售，你的整体效应在没有降价和降价之后会有很大的区别。这也是谈判过程中一个非常典型的运用方式。

实际上，沃尔玛帮助宝洁降价的目的是在帮助宝洁销售，也是帮助同柜产品的销售；同时，零售商也会考虑在这种情况下，怎么提供附件的销售，怎么提供服务的销售，这样双方都会盈利。

决策解码
随着时间流逝，沃尔玛和宝洁经过谈判、协商，极大程度地扭转了局面。要使沃尔玛出售的帮宝适婴儿尿布，从每单位17美分的亏损扭转到盈利状态不是一蹴而就的事情，宝洁分了3个步骤去做。

（1）宝洁建议沃尔玛再购进大一号的婴儿尿布，卖给沃尔玛的进价跟小一号的产品一样，还是1美元，这样沃尔玛就可以定价为0.95美元，每卖出一个单位的大号尿布，只损失5美分。

（2）宝洁主动进行大的品牌促销，沃尔玛也在货架上突出大尺寸的产品，这种组合销售只是第一步。

（3）宝洁和沃尔玛再通过一些共同的努力，使宝洁公司的盈利状态得以保持，而沃尔玛也获得利润并稳步增长。

案例评析

如图3.9所示,单单看这个公式,会觉得宝洁还是卖1美元,沃尔玛卖0.95美元,在账面上来讲,赔了0.5美元,但是在电子交易上面我们看到的是利润。一个公司是否能存活是看现金流,而现金流就包括库存,消费者买走的是库存,双方库存成本就降低了,库存成本降低现金就成为活动资金,虽然看到的现金是负利润,可现金流却周转得很快。

$$
\begin{array}{ll}
\text{进价} & \$1.00 \\
\text{售价} & \$0.95 \\
\hline
\text{利润} & -\$0.05
\end{array}
$$

图3.9　宝洁和沃尔玛公司的利润僵局

当零售商和供应商把它们自己视为一个企业,各自优化自身决策,就会出现很多交易问题,会在程序、利润、促销或货架空间问题上形成拔河。如果它们考虑企业该如何与消费者建立一种长期的业务,共同制定决策,那往往会更好。当向对方敞开大门,就会发现合作的巨大潜力,能远远超越单纯保护自己的地盘。沃尔玛销售大包装降低了自己的成本,也降低了供应商的生产成本,双方都是在不停地调整过程中发现协调、合作的优势与利益。

沃尔玛与宝洁从相互对立的关系向合作伙伴关系转变,这种新型的伙伴关系的成功经验是:

(1) 接近于了解合作伙伴,建立信任关系。
(2) 共创未来愿景,更有效地解决小问题。
(3) 视合作利益为解决方案的基础。
(4) 建立共识、记录、同意和确认的流程,防止合作倒退。

资料来源:James K Sebenius. Ellen Knebel, Negotiating the P&G Relationship with Wal-Mart[J]. Harvard Business Review, January 16, 2007.

注　释

1. A partnership is a tailored business relationship based on mutual trust, openness, shared risk and shared rewards that yields a competitive advantage, resulting in business performance greater than would be achieved by the firms individually.

2. Gartner Group:全球最具权威的IT研究与顾问咨询公司,成立于1979年,总部设在美国康涅狄克州斯坦福。其研究范围覆盖全部IT产业,就IT的研究、发展、评估、应用、市场等领域,为客户提供客观、公正的论证报告及市场调研报告,协助客户进行市场分析、技术选择、项目论证、投资决策。为决策者在投资风险和管理、营销策略、发展方向等重大问题上提供重要咨询建议,帮助决策者作出正确抉择。

思考题

1. 简述供应链合作伙伴关系的类型,并分别举例说明。
2. 风险分担、利益共享的供应合同有哪些类型?请解释其含义。
3. 如何正确选择供应商关系类型?
4. 建立供应链合作伙伴关系有哪些风险?需要注意哪些问题?

第4章 供应链视角下的采购与供应管理

本章介绍采购与采购管理的发展趋势，供应链视角下的采购管理特点，阐述早期供应商参与、供应商开发策略。学习本章旨在了解供应链视角下的采购与供应管理特点，理解供应链视角下的采购与供应管理特点，掌握战略采购策略。

4.1 采购与采购管理的发展

4.1.1 传统采购与现代采购

采购是所有企业的基本活动之一，它是以合法且合理的方式从外部资源市场获取资源的活动。专业的采购活动要符合5个合适原则：合适的质量、合适的数量、合适的价格、合适的时间、合适的供应商。

随着全球经济一体化进程的深入，采购职能也随之发生深远的变化。一方面，随着企业的兼并、重组的加剧，企业的规模向着取长补短和强强联合的方向，向着扩大自身市场份额和利益最大化的方向迅速发展。另一方面，大多数中小企业在扩张中，从片面追求多元化、多角化的盲目扩张，走向专业化和细分市场的道路。由于这种专业化和集成化的发展，企业内部供应战略也从原来大而全，企业或集团内部自给自足向着外包、外购的方向发展。这促进了采购组织的发展，同时也对采购技术及采购人员提出了更高的要求。传统采购与现代采购的比较，如表4-1所示。

表4-1 传统采购与现代采购的比较

方　面	传统采购	现代采购
结　构	• 垂直的、多级的、面向功能的	• 水平的、较平稳的、并且设计到自我管理团队和交互管理关系 • 采购作为集成供应链的一部分
步　骤	• 基于纸张的单据、文件 • 慢速的、高成本的 • 所有的采办经过理性程序采购	• 基于电子信息技术的应用 • 快速的、低成本的 • 大大强调基于中心引导的用户采办
采购的考虑基点	• 仅仅是价格 • 不能生产什么就采购什么	• 购置和使用的总成本 • 分包或外包非核心业务
组织背景	• 多渠道货源充足 • 本地的或本国的 • 很少采用联合采购	• 减少基本供应商 • 全球组织货源 • 增加采用联合采购的机会

续表

方　面	传统采购	现代采购
供应商关系	• 短期的关系 • 相逆的关系 • 赢-输谈判 • 对信息有所保留	• 长期的关系 • 合作和伙伴 • 赢-赢谈判 • 共享信息
质量和技术规范	设计和质量的采购规范 收货时商品的检验	设计和质量的供应商规范 供应商资格证明
库存和前置期	为确保安全，富余量很高	由于及时系统的要求，富余量很低，这就消除了占地成本和多余库存过时等原因造成的浪费
采购工作的表现	评估主要是依据价格的差异和成本节约	评估主要基于作为供应链一部分的增值业务活动

资料来源：（英）肯尼斯·莱桑斯，（英）迈克尔·吉林厄姆著. 采购与供应链管理[M]. 鞠磊等译. 北京：电子工业出版社，2004.

4.1.2　采购的演变

采购代表人类文明关系发展的一个阶段，它使人们通过贸易交换而不是征服、掠夺或占据的方式来获得想要的东西。尽管采购的历史悠久，但高效采购的重要性在20世纪中叶后才得到广泛承认。学者从不同角度对采购的演变过程进行了阐述。

Reck 和 Long 对采购在组织中的战略角色中起什么作用进行调查时，提出了采购发展的4阶段模型，如图4.1所示。

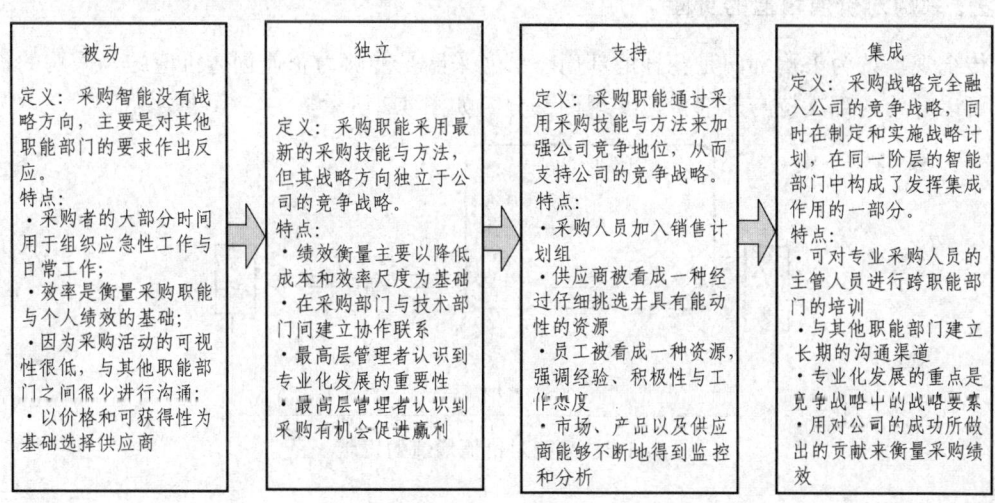

图 4.1　采购功能发展的 4 阶段模型

资料来源：Reck, R. F., Long, B, Purchasing a competitive weapon, Journal of Purchasing and Material Management, 1988, 24(4): 3-12

4.1.3 采购的重要性分析

1．采购是一个合乎逻辑的降低成本的领域

最能节约开销的地方往往都在开销最大的地方。面对日益激烈的市场竞争如何降低企业生产经营成本，成为企业特别是制造企业面临的一项挑战。采购成本是制造企业最重要的成本之一，以制造业的平均水平而言，购买物料成本一般占企业销售收入的55%，而服务行业物料成本一般占企业销售收入的30%。制造业中不同行业的物料成本与总销售收入的比重，如表4-2所示。

表4-2 制造行业物料成本与总销售收入的比重

行　　业	物料成本/总销售收入
石油和石化行业	76%
汽车行业	70%
木材加工业	61%
纺织业	59%
食品制造业	59%
机械行业	50%
电气设备行业	49%
计算机与电子行业	44%

资料来源：Stephen H Russell.

2．采购对价值增值的贡献

传统观点认为采购部门是花钱的部门，其实采购是能够为企业创造价值的。采购的价值增值可以分为内部支持与外部价值实现两部分，如图4.2所示。

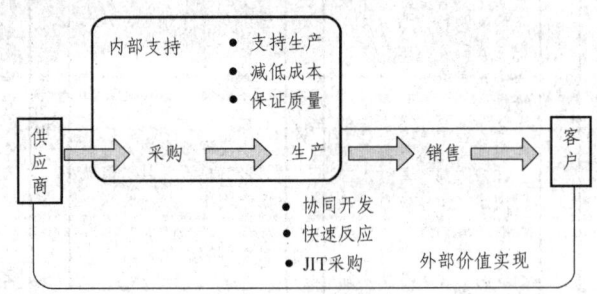

图4.2 采购对价值增值的贡献

【案例4.1】"反"斗城采购策略与供应商选择标准

亚洲玩具"反"斗城从世界各地千余家工厂或供应商购入玩具产品，约有50%的产品不会在其他零售商内发售。随着近年美国玩具厂商在中国内地设厂，玩具"反"斗城的采购基地亦随之转向内地，这反映了中国内地已成为全球最重要的玩具采购中心。

"反"斗城要求每一家店的上架产品达到8 000个品类（Toy Box除外），这些产品涉及的品目包括婴儿/学前玩具及用品、女孩玩具、男孩玩具、运动玩具、电子及木制的教育类玩具、户外娱乐用品、图书、电子游戏机等。由于品种类繁多，采购及供应方法呈现多元化特征。

（1）直接从内地的工厂采购（许多内地工厂的产品不能在内地销售，100%出口）。

（2）从内地玩具生产商的当地分销商或供应商处采购产品。

（3）从授权的内地OEM[1]工厂购买产品。

（4）要求厂家单独生产玩具"反"斗城的自有品牌玩具。

"反"斗城要求所有供应商必须符合有关产品质量和工厂运作条件的国际安全标准，同时，还要接受不定期的工厂检验。亚洲玩具"反"斗城的自有品牌产品会运到约29个国家发售，需要符合每个国家的安全要求，因此所有产品都会做全球安全测试，大部分均已由检验质量和安全性的检验机构确认，而且许多产品均比国际标准要求高。至于其他品牌的产品，亚洲玩具"反"斗城的政策是供应商提供的产品必须符合欧盟或美国安全标准，如EN71、ASTM或CE。

此外，所有供应商必须符合"反"斗城关于童工、非强迫劳动工、良好的工作环境、不歧视、工资按小时支付、人权及工厂检验等全球供应商必须履行的商业行为规范。

资料来源：利丰研究中心.供应链管理——香港利丰集团的实践[M].北京：中国人民大学出版社，2009.

3．采购是利润创造源

采购能够对企业的利润水平产生很大的影响。企业的利润是企业销售收入减去总成本：

$$利润 = 销售额 - 总成本$$

一方面，采购通过提高企业产品的质量，确保交货的及时性，缩短产品上市时间，引入成功开发新产品的关键技术，并通过价格弹性使市场营销活动具有更大的灵活性，从而实现企业净收入的最大化，因此，采购有助于增加企业的销售收入。另一方面，采购与供应管理对所有权总成本（Total Cost of Ownership, TCO）的关注对节约企业支出起到了重要作用。因此，采购可以称为"利润创造源"。

4．利润杠杆效应

采购节约所带来的利润杠杆效应（Profit-leverage Effect）可以通过减少购买成本而增加利润来衡量。某生产型企业年度销售额1亿美元，采购费用6 000万美元，占销售额的60%；利润额1 000万美元，即税前利润率为10%。

假设企业通过履行更好的采购职能，将采购成本减少10%，采购费用减少600万美元。在采购中每节约一元钱意味着一元的新利润。因此，该企业的利润增加了600万美元，利润提高了60%。这个例子中，采购成本降低10%将导致利润提高60%，杠杆率是6，如图4.3

所示。相比之下,要增加这 600 万的税前利润,单靠增加销售额来实现,至少需要 6 000 万美元的销售额。在很多企业中,相对于采购,销售已经受到了更多重视,所以要靠增加 60% 的销售量来实现利润增加 60% 是很难的。

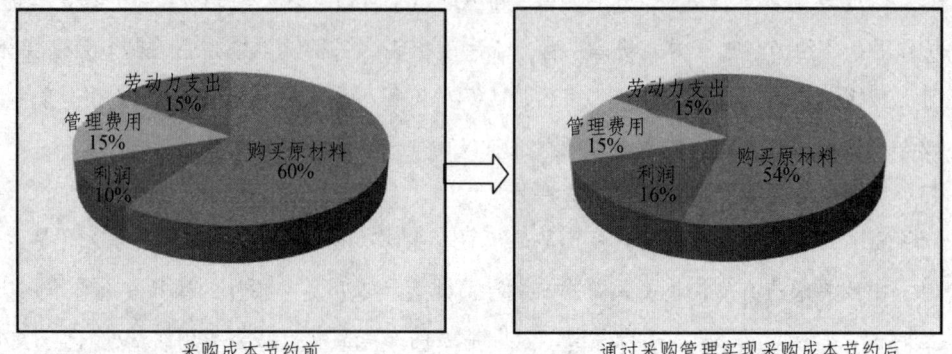

采购成本节约前　　　　　　　通过采购管理实现采购成本节约后

图 4.3　利润杠杆效应

5．提高资产回报率

由于采购能够增加企业的销售利润,又能减少企业的支出,因此它对企业的投资和资产回报率产生重大影响。投资回报率(Return on Investment,ROI)是指通过投资而应获得的价值,是企业从一项投资性商业活动的投资中得到的经济回报。投资回报率计算公式如下:

$$投资回报率 = \frac{净利润}{投资总额}$$

该公式可以转换为:

$$投资回报率 = \frac{净利润}{销售收入} \times \frac{销售收入}{投资总额}$$

该公式也可以表示为:

$$投资回报率 = 利润率 \times 资产周转率$$

图 4.4 给出了一个企业的例子。该企业的总采购成本占销售收入的 60%,存货占投资总

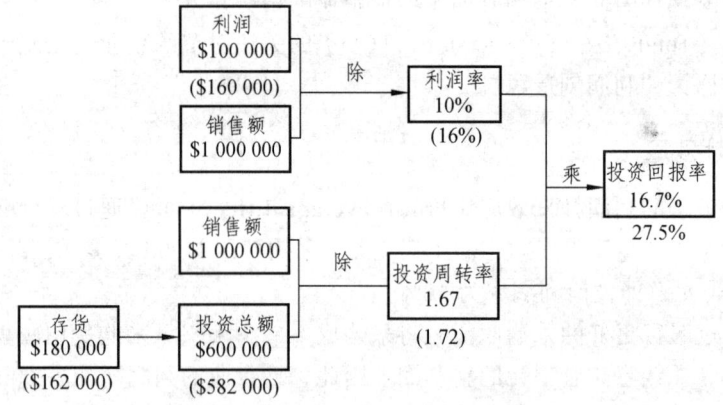

图 4.4　影响投资回报率的基本要素之间的关系说明图

额的 30%。该企业通过好的采购管理实现了采购成本下降 10%。一方面，通过利润杠杆效应可以使利润率提高更大的比例；另一方面，存货资产总额也将减少 10%，即投资额中的流动资产降低，这就提高了投资周转率，两者的乘积就是一个更大的比例。图中括号内的数字显示的是采购成本减少 10% 后的结果。最终该企业的投资回报率从 16.7% 提高到了 27.5%，增长了近 65%。

4.2 供应链采购与供应管理

4.2.1 采购与供应链管理

供应链是由一系列的节点企业构成的。在这个链上，每个节点企业对下一级的业务活动或职能而言就是供应方。采购是供应链管理中非常重要的一个环节，是外部供应商和内部顾客（为外部顾客提供产品和服务）之间的重要媒介。供应链的概念使得采购不再被认为是一个单独离散的职能，而是集成的供应链中的一项业务活动。

由于供应链始于发现、选择和管理能够有效提供物料、设备和服务的供应商，所以采购与供应管理就成为供应链管理的核心和灵魂。国际贸易组织（World Trade Organization，WTO）所属的国际贸易中心（International Trade Center，ITC）提出的供应链视角下国际采购与供应链管理的过程模型，如图 4.5 所示。

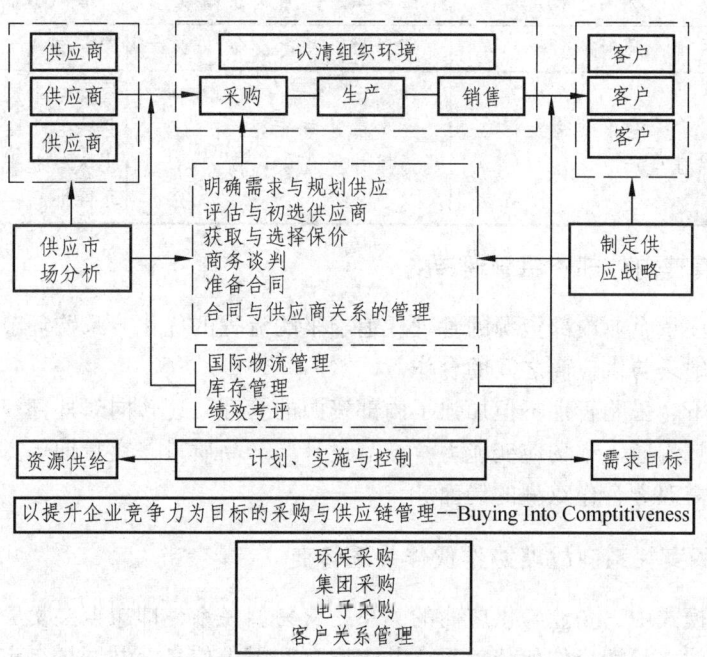

图 4.5 供应链视角下的国际采购与供应链管理过程

4.2.2 供应链视角下采购与供应管理的特点

传统采购通过利用供应商的多头竞争，侧重交易过程的低价格购买。而供应链采购，通过与供应链上游供应商有效地同步化运作,保障需求资源的可获取性,带来企业采购行为的变化。与传统采购相比,供应链视角下的采购与供应管理有以下特点:

1. 从为库存而采购到为订单而采购的转变

21世纪市场竞争加剧、产品极大丰富、顾客需求的多样化极大地推动了生产方式的变革,相应的采购行为也跟着变化。传统的采购,采购的目的单一,为了补充库存,保证供应,即为库存而采购。采购部门并不关心企业的生产过程,不了解生产进度和产品需求的变化,因此采购过程缺乏主动性,采购部门制订的采购计划很难适应需求的变化。供应链管理下,采购活动是以订单驱动方式进行的,制造订单的产生是在用户需求订单的驱动下产生的。不同生产方式对应的采购特点,如表4-3所示。

表4-3 不同生产环境对应的采购特点

生产方式	按库存生产 (Make to Stock)	按订单生产 (Make to Order)	按订单设计 (Make to Design)
时间	20世纪20年代—20世纪70年代	20世纪70年代—20世纪末	21世纪
作业方式	流水线	机群式或按工艺特点	现场作业
生产特点	产品导向	工艺导向	项目或设计导向
产品特点	规模化、标准化程度高	品种多、质量要求高	单件小批量、设计要求
竞争优势	低成本、及时交货	高质量、按时交货	专有技术及制造安装
采购特点	成批、标准化采购,采购重点是保证生产	分类采购与管理,采购重点是选择并优化供应商	战略采购,与供应商协同开发,在产品设计初期,供应商就参与进来,保证模块部件的可得性

2. 从采购管理向外部资源管理转变

传统的采购注重企业内部资源的管理,追求采购流程的优化、采购环节的监控和与供应商的谈判技巧,缺乏与供应商之间的合作。

供应链视角下,采购管理不但加强了内部资源的管理,还转向对外部资源的管理。即加强与供应商在信息沟通、市场应变能力、产品设计、产品质量、交货期等方面的合作,实现了超前控制,供需双方合作双赢的局面。

3. 从一般买卖关系向战略协作伙伴关系转变

传统的采购模式中,企业与供应商的关系是交易型关系,即短期买卖关系。在供应链视角下,与供应商建立长期合作伙伴关系,共享库存和需求信息,共同抵御市场风险,共同研究制订降低成本的策略,把相互合作和双赢关系提高到全局性、战略性的高度。

【案例4.2】OK便利店协助供应商升级

OK便利店1951年创立于美国得克萨斯州,是美国最大的便利店经营商之一。1985年利丰集团取得OK便利店在中国香港的特许经营权。从2001年起，利丰进一步取得了OK便利店在中国内地的专营权，以及在菲律宾、泰国、马来西亚和新加坡的特许经营优先权。

为寻求更高效率和更低成本的运营模式，OK便利店除了建立高效的物流体系，实施灵活、快速反应的配送策略外，还与供应链中的企业紧密合作，建立长久互惠的伙伴关系。OK便利店制定了一个供应商伙伴计划（Partnership Supplier Program，PSP），通过与供应商共享资源，分担风险与成本，建立长久信任关系，提高供应链整体运作效率，形成长久的竞争优势。OK便利店首先确认每个产品类别中的主要供应商，然后定期与供应商举行业务会议，互相交流市场和产品类别信息，通过分享资源令双方都能提升销售额及市场份额。OK便利店要求供应商提供竞争性价格和确保货品准时供应，而供应商会获得营销优惠和货架展示服务作为回报运用供应商伙伴计划所获得的益处，如表4-4所示。

表4-4 运用供应商伙伴计划所获得的益处

OK便利店	供应商
更高的销售和收入	更高的销售和收入
有竞争力的价格和边际利润	产品获得更多促销
有竞争力和稳定的采购价	产品获得更佳的货品展销位置
有竞争力的贸易协议	更快交付
确保产品的供应	更高的合作透明度

为了协助供应商升级，OK便利店也注重与其他供应商合作提高伙伴便利服务（Partnership Convenient Services，PCS），表4-5中4家公司均与OK便利店合作，在店内提供合作形式的服务。

表4-5 与OK便利店合作提供便利服务的4家公司

公司	合作形式
AEON信贷财务（亚洲）有限公司	特定OK便利店内安装招财柜员机，提供顾客现金透支服务
快图美（远东）有限公司（Fotomax (F. E.) Limited）	顾客可在特定OK便利店放下光盘或胶卷，第二个工作日取回
八达通卡有限公司（Octopus Cards Limited）	OK便利店为顾客提供八达通卡的自动增值及电子付款服务
易办事（EPS）	顾客只要到OK便利店以"EPS易办事"付款购物，便可即时使用"EPS提款易"提取现金，亦可以"EPS易办事"缴付账单

资料来源：利丰研究中心.供应链管理——香港利丰集团的实践[M].北京：中国人民大学出版社，2009.

4．注重采购商品的社会责任环境

据统计，全球超过200家跨国公司已经制定并推行公司社会责任守则，要求供应商和合约工厂遵守劳工标准——SA8000标准的认证（即社会责任国际标准认证），安排公司职员或委托独立审核机构对其合约工厂定期进行现场评估，即工厂认证或验厂。

此外，环保也是现代采购的发展趋势。企业开始主动确保其供应商都符合环保规定，并且具有支持可持续发展的系统和战略。达到ISO14000标准已经成为最基本的要求。

> **【案例4.3】** 从20世纪90年代开始至今，已经有包括耐克、阿迪达斯、迪斯尼、通用电气等超过50家公司在中国开展社会责任审核，部分公司还在中国设立了劳工和社会责任事务部门。
>
> 一些出口企业还深有感触地说，如今不搞好劳工标准（包括工人的年龄、工人的工资、加班时间、食堂和宿舍条件等），简直没有办法和大公司做生意。目前，中国出口到欧美国家的服装、玩具、鞋类、家具、运动器材及日用五金等产品，都受到劳工标准的限制。
>
> 资料来源：牛文琪. 对我国企业社会责任建设的思考[J]. 集团经济研究，2007（10Z）：11-12.

4.3 战略采购策略

4.3.1 战略采购的内涵

Rech和Long（1988）提出采购四阶段模型，指出采购经历了4个发展阶段：被动反应阶段、独立职能阶段、支持阶段和集成阶段。在前两个阶段，采购没有战略性，属于传统采购；在支持阶段和集成阶段，采购被赋予了战略使命。因此，战略采购（Strategic Sourcing）是采购管理发展的高级阶段。

目前尚未形成学术界公认的战略采购概念，较为流行的是Carr和Smeltzer（1997）提出的战略采购（Strategic Sourcing）定义，他们认为战略采购是一个计划、评估、实施和控制战略性和操作性采购决策的过程，目的是指导采购部门围绕提高企业竞争能力开展采购活动，以实现企业的长期目标。战略采购着眼的是建立并提高采购方对供应方的影响力，创造新价值或降低整个供应链的总成本，驱动供应方技术革新和产业升级，提升供需双方甚至多方总体的效能，决定并维护与供应商的关系层级和合作路线。

在功能层面上，战略采购意味着采购职能要与企业的战略规划相结合：采购职能参与企业战略制订、开发与企业整体战略相一致的采购战略、进行特定的采购战略决策；在能力层面上，战略采购意味着在企业战略指导下的整合供应商的能力、创造供应链的能力，其根本目标是获取企业竞争所需的资源。

4.3.2 早期供应商参与策略

早期供应商参与（Early Supplier Involvement，ESI）是指在产品设计初期，选择建立了伙伴关系的供应商参与新产品开发小组。通过让供应商早期参与到新产品开发及持续改进中，供需双方都可以从中受益。

一方面，供应商可以很好地了解制造商的需求、企业文化及决策方式，这些都能够帮助它们更有效地达到制造商的预期需求。另一方面，制造商也可以比较清楚了解供应商的质量、技术发展蓝图，适宜的库存管理计划，从而更容易抵御供应链的不确定性。这些战略帮助企业彼此很好地进行沟通，实现知识共享，改善决策水平并提高双方的绩效水平。新产品设计中的早期供应商参与使得制造商可以开发多种解决方案并从中选出最合适的部件、材料和技术并从设计评估中接受帮助。早期供应商参与是为了满足供应商管理高级阶段的要求，是建立真正的伙伴供应商关系的必要条件，是产品设计、采购和开发之间联系的重要纽带，也是企业技术创新的成功要素。

早期供应商参与不仅有利于采购方，也有利于供应商，为双方建立长期稳定的合作关系创造了条件。

1．采购方的优点

从采购方的角度来看，早期供应商参与至少具有如下3方面优点：

（1）缩短产品开发周期。统计结果表明，早期供应商参与的产品开发项目，开发时间平均可以缩短30%～50%。

（2）降低开发成本。一方面供应商的专业优势，可以为产品开发提供性能更好、成本更低或通用性更强的设计；另一方面由于供应商的参与，还可以简化产品的整体设计。

（3）改进产品质量。供应商参与设计从根本上改变了产品质量。一是供应商的专业化水平提供了更可靠的零部件，能够改进整个产品的性能；二是由于零部件可靠性的增加，避免了随后可能产生的设计变更而导致的质量不稳定。

2．供应商的优点

早期供应商参与也有利于供应商自身，主要表现在如下2方面：

（1）竞争的优越性。早期参与开发的供应商，凭借其作业技术的优势，自然比其他同类供应商更能得到客户的认可。

（2）研发的有效性。早期参与客户的产品开发，能使具有技术优势的供应商进一步提高自己的开发水平，从而保持领先或独特的地位。同时，也使自己的研发成果直接获得效益和效果。

【案例4.4】早期供应商参与（ESI）起源于20世纪40年代的日本汽车制造业。1949年，Nippondenosn公司从丰田汽车公司分离出去而成为第一级（First-tier）电子元件供应商。Nippendenosn公司的电子工程师直接加入丰田汽车公司，帮助设计汽车的零部件，开创了供应商早期参与的先河。在随后的20年中，丰田发展了"精益生产"的方式，其中就包括大量的供应商早期参与的做法。这些做法逐渐被其他汽车厂商效仿。

据统计研究表明：1998年日本汽车行业实施ESI的比例即已达到30%，美国和欧洲则分别为7%和16%。

资料来源：蒋键．供应商参与创新与制造商创新绩效相关关系实证研究[D]．杭州：浙江大学，2004.

马文建．协同产品开发中供应商早期参与时机、模式与策略研究[D]．重庆：重庆大学，2008.

Francis Bidault, et.al. The drivers of cooperation between buyers and suppliers for production innovation [J]. Research Policy 1998, 26: 719-732.

根据供应商职责从最小到最大的顺序，供应商的集成层次可以分为：

（1）无责任（None）：供应商不参与设计，物料和分装（Subassembly）根据用户规格和设计而定。

（2）白箱（White Box）：集成程度为非正式，采购方在设计产品和说明书时向供应商咨询，但没有正式的合作。

（3）灰箱（Grey Box）：正式的供应商集成，由采购方和供应商的人员组成合作小组，共同从事研发。

（4）黑箱（Black Box）：采购方给供应商提供一套有关要求，供应商独立设计开发要求的部件。

当然，供应商早期参与新产品的研发，将同时面临技术风险、市场风险、关系风险。而且，早期供应商参与的实施也面临一些障碍和问题，比如双方缺乏相互信任合作的基础、知识产权问题的冲突、过高估计供应商的研发能力等。

4.3.3 供应商开发

1．供应商开发内涵

供应商开发（Supplier Development）是指采购组织为帮助供应商提高运营绩效和供应能力以适应自身的采购需求而采取的一系列活动。

大多数企业已经意识到它们在价格、质量、时间以及服务上的竞争力依赖于它们的供应商在供应链中做出贡献的能力。很多情况是买方不能找到一个愿意（或是能够）满足需求的世界级供应商。此时，就需要进行供应商开发或反向营销。

供应商开发/反向营销的核心是要求企业像对待自己的客户一样对待供应商，不是供应方说服采购方来采购它们的产品，而是采购方主动向供应方提供机会。反向营销认为制造企业为了某件产品将过多的精力花费在合格的供应商的选择上是不明智的，企业应该将精力放在供应商的能力与发展潜力上，而不仅仅是关注供应商现有的产品组合，这样一旦企业有需求，供应商就能够提供任何企业所需要的产品。供应商关系管理是反向营销的核心，建立友好合作的供应商关系是企业反向营销战略成功的基础。反向营销不是一种技术，而是一种采购和供应管理的新理念，是供应商关系管理发展的必然趋势。

供应商选择有个前提：至少存在一家合意并情愿的供应商。采购方的重要决策之一，便是谁是最佳供应商。然而，不存在合意供应商的情况依然存在。此时的采购方可能就要自行创造一个供应源。在一般的供应商选择中不会遇到某种程度的主动采购情形，即反向营销或发展供应商情形。与传统方式不同的是，采购行为始于积极主动的采购方，如图 4.6 所示。在正常的市场条件下，采购方对供应商的营销策略作出反应。在反向营销中，是采购方而不是供应方主动出击，积极地报出合同价格、条款、条件等。采取主动出击要求采购方必须在运营和战略两个方面充分理解组织的短期和长期需求。此外，采购方必须理解和评估供应商满足这些需求的能力，以便制造一种双赢的方案。这便是术语"反向营销"被用作为供应商开发的同义词的原因。在 CAPS 研究《开发世界级的供应基地》中，供应商开发定义为"采购方组织和供应商组织在成本、质量、交付、产品上市时间、技术、环境责任、管理能力和财务可行性等领域联合改进供应商绩效和能力方面所做出的努力"。

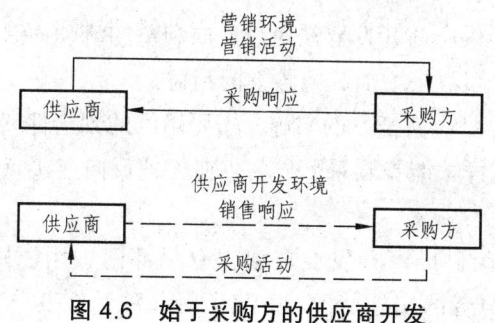

图 4.6 始于采购方的供应商开发

2．反向营销/供应商开发的原因

1）内部原因

（1）采购方知道某些能使采供双方受益而供应商并不了解的事情。这种互惠可能限于特定订单，或者是一些影响深远的方面，如技术、财务、管理制度、技能或质量水平；营销效果的削弱；利用长期预测、提供更平稳的制造工艺、使存货最少等。

（2）传统方式下通常由营销方推动的营销—购买过程存在缺陷。当供应方和采购方已经进入正常的买卖关系，也经常发现不了存在于它们之间的所有商机。出现上述情况可能是由于销售人员和采购人员的专业能力、销售人员缺乏主动性以及采购者不善寻根问底等原因。

（3）反向营销能保证找到可靠的未来供应源。如果采供关系建立之后仍然存在重大差异，那么，不良后果将远远超过不建立这种关系所带来的问题。例如，某供应商由于地理位置、有限的广告、缺乏销售网点、分销商或代理处等原因无法覆盖整个市场。许多供应商有多条产品线，其中有些产品占有供应商更多的管理、销售精力。供应商很难始终顺应时代潮流。另外，从产品或服务的推出到被采购方发现之间也存在时间上的滞后。通过积极弥补上述缺陷，采购方才能有效改善整个运作过程。而反向营销能够使采购方发现那些之前尚未引起人们注意的未来事项。如果采购职能的作用是不仅满足现有需求还要顺应未来需要，那么，反向营销就能保证找到可靠的未来供应源。

2）外部原因

促使采购方主动开发未来供应商的外部原因有以下3个：

（1）技术原因，新产品、新材料、新工艺的飞速发展使企业营销也随之复杂和开放。

（2）国际贸易的发展扩大了供应商范围，形成了采购方主动开发外国供应源的需求。地处不发达国家的分公司最迫切需要完成、也是最重要的任务就是发展供应商的问题。

（3）从供应链中萃取竞争优势的现代管理理念要求采购方主动和供应商联系，根据自己的期望发展供应源。

3．反向营销/供应商开发的本质特征

（1）双向沟通。在反向营销/供应商开发中，信息的反向流动是首要的，只有在采购方和供应方之间建立起广泛的信息交流和信息共享，才能使采购方与供应方建立真正的联系。

（2）合作。一般来说，竞争是市场的普遍现象，而竞争的反面就是合作。合作的建立有赖于采购方和供应方的信息、利益的双向流动，如果只是通常的一方向另一方让渡利益，那是不可能建立起真正的合作联系的。

（3）双赢。反向营销/供应商开发旨在通过反向利益的流动而建立双赢的局面，而不是通过损害其中一方或多方的利益来增加其他各方的利益。

（4）思维。反向营销/供应商开发的实施，需要思维的创新性。从不可能处发现可能，从传统中寻找突破，只有这样才能找到采购方与供应方的反向连接点，才能确定各项反向营销策略。

（5）控制。反向营销/供应商开发要求建立专门部门，用以跟踪顾客、分销商、供应商及营销系统中其他参与者的实施状况。由此了解各种动态变化状况，及时采取措施消除流动中的不稳定因素。因此，有效的反馈机制，也是反向营销/供应商开发成功的必要条件之一。

【案例4.5】 2012年12月12日，总部位于美国西雅图的星巴克宣布全球第6个亚洲第1个咖啡种植者支持中心在云南普洱正式投入运营。通过咖啡种植者支持中心，星巴克加强了与种植社区的联系，确保了星巴克高品质咖啡供应链的不断完善。

星巴克通过专业化的农艺团队对咖啡农进行种植支持，还配备专业的质量团队对咖啡的品质和供应链进行有效的监督和管理。比如提高本地咖啡初加工技术，改变当地在进行去皮时采用的发酵手段，建设符合国际标准的水物理脱皮装置，防止发酵过程对咖啡品质的损害；在后期的初加工中，星巴克在整个流程和技术上都将提供相应的技术服务。更为重要的是建立了可持续发展的团队，为云南引进了星巴克独有的"咖啡和种植者公平规范"。

随着星巴克在云南建立咖啡种植者支持中心和咖啡初加工工厂，一方面使星巴克完成了全产业链的覆盖，巩固了其在中国的发展。另一方面也给云南咖啡产业带来了新的发展机遇。星巴克希望通过与云南咖啡种植农的紧密合作，致力于减少在咖啡种植过程中对当地环境造成的不良影响，同时进一步提高当地农民及其家庭的生活质量。举例而言，国际咖啡主要生产国的生产成本为12~13.5元/kg，而云南目前平均成本在10元/kg以下。农户自营种植成本在8元/kg，具有种植成本低的优势；当地农民也获得了较好的经济效益。

资料来源：小宁. 星巴克：从种子到杯子[J]. 商业价值，2013（3）：96-96.

案例分析：西门子的供应商管理策略

背景介绍

作为全球领先的电子和电气工程公司，西门子高度重视采购工作，并且在全球采购市场扮演着举足轻重的角色。全球经济一体化的发展使西门子不可能在本企业或本土内生产出所需要的全部零部件。因此，选择并管理好散布于世界各地的供应商是大型跨国企业保证质量和信誉的关键。供应商与西门子合作能在很大程度上提升它们的价值。西门子对采购的质量要求非常高，对供应商的要求也非常高。如果能够与西门子建立长期的业务联系，对于供应商来讲是非常有益的，因为与什么样的公司合作能够反映出该供应商是一个什么样的水平。

1. 管理理念：供应商是伙伴而不是对手

供应商管理是整个供应系统管理的基础。供应系统由原材料供应商、生产商、经销商和最终用户组成，每一个环节既是上一个环节的用户，又是下一个环节的供应商。供应系统的所有环节组成了广泛意义上的全体供应商联盟，共同努力来击败真正的竞争者——其他供应系统联盟，而不是在供应系统内部相互竞争，消耗内力。

西门子公司在其供应商管理战略中明确提出"Your success is our success, our success is your success（你们的成功就是我们的成功，我们的成功就是你们的成功）"的口号，将传统意义上企业与供应商之间的那种短期的、松散的、互为竞争对手的关系转变为长期的、紧密的、互为合作伙伴的关系。西门子将与供应商的关系放在经营战略的高度来考虑是有其实际原因的：原材料、零部件的采购成本包括对服务的需求已经超过公司年销售收入的50%，而且这种成本上涨趋势还在继续，若不及时采取措施降低成本、提高质量，将无法在竞争中立于不败之地。因此，西门子提出供应商管理的目标就是与所有供应商结成战略合作伙伴关系，共同"在中国市场上具有竞争力"。

西门子的供应商管理战略包括管理目标、供应商的选择、供应商的评估和供应商的发展4方面。整个战略内容层层深入、目标明确，可操作性强。其供应商管理过程如图4.7所示。

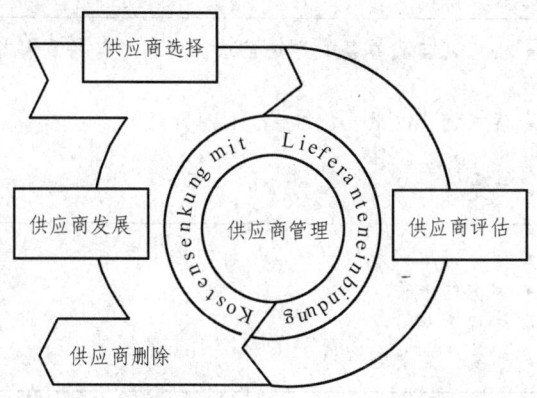

图4.7　供应商管理过程

2. 管理目标

在供应商管理的目标上，西门子公司有以下两大目标：要求各级供应商必须不断地改进工作，降低运费，缩短订货时间，及时送货；而且还必须通过ISO质量认证体系的认证，达到西门子的质量标准和世界级的质量标准，尽量降低失误率。供应商还必须与西门子签订严格的质量保证协议。

生产方面的目标：要求各级供应商必须不断地改进工作，降低运费，缩短订货时间，及时送货，并安排运输前的仓储。

质量保证方面的目标：供应商必须通过ISO900×质量保证体系认证，并且达到西门子的质量标准及世界级质量标准，尽量降低失误率，并与西门子签订严格的质量保证协议。

为实现上述目标，西门子对现有的三大类100多个原材料零部件供应商进行严格的评估和筛选，留下其中的40余佼佼者作为基本供应商，并着手与其中的数家建立战略合作伙伴关系，共谋发展。

3. 供应商的选择

一个好的供应商是确保供应物料的质量、价格和交货期的关键。供应商管理中供应商的选择至关重要。与其他大型公司一样,西门子从全面质量管理的角度出发,在每一个零部件上注重选择个数有限的可靠供应商,甚至是单一的供应商,以便发展合作关系。

3.1 西门子在供应商选择方面具体目标

与供应商发展高标准的信任与合作关系,把买卖关系从对手、胜利者—失败者、契约—讨价还价的关系改变为合作的、团队型关系,使彼此能为对方考虑;

与供应商建立一种能促进其不断降低成本、提高产品质量的契约关系;与供应商达到长期共识、彼此在物流流程的高度一体化下同步展开业务;与供应商之间开放沟通渠道,实现信息共享、共担风险、共享利益;使供应商参与到产品的设计和创新过程中,使每个供应商确实感觉到"西门子的用户就是我的用户、让用户满意是我应尽的责任"。

3.2 西门子供应商选择的步骤

西门子供应商选择的步骤,如表4-6所示。

表4-6　西门子供应商选择步骤

阶　段	任　务	结　果
1. 准备	• 供应商自我答复的详细记录(概括的与特别补充的) • 确定询价的报表、结构、材料、范围 • 确定对话伙伴 • 确定日程	获得供应商的询价
2. 询价	• 向从供应商分析中挑选出来的供应商询价 • 询价的进行 • 日程监督 • 回复问题的解释	获得供应商的报价
3. 报价分析	• 供应统计 • 供应日期的协调 • 分析 • 潜力评估(以及其他)	有潜力供货商排名
4. 风险分析	• 风险评估(评分) • 风险分析(政治方面、货币方面、地理方面) • 必要时采取下列措施(供货商的拜访、部门后续措施等)	风险平衡后的供货商排名
5. 合作伙伴的选择	• 费用位置的评估与风险评估 • 范围确认 • 确定潜在的供应商(先前的供货商的职责范围)	找出谈判的供货商

在供应商选择的准备、询价、报价分析阶段,要涉及与供应商的谈判,谈判不是一味压价,而是基于对市场和自身的充分了解和长远预期的协商。战略采购的成功执行极大程

度上依赖于基于事实的谈判能力。表 4-7 是西门子与供应商成功谈判的过程、相关任务及其结果。

表 4-7 西门子与供应商谈判过程

阶 段	任 务	结 果
1. 谈判战略的确定	• 来自报价的反映和目标价格设定 • 资源战略 • 来自供货商管理的资料 • 谈判步骤 • 多轮磋商 • 确定合同形式	得出谈判战略
2. 谈判准备	• 谈判战略的协调 • 确定时间、地点、参与者、框架、谈判材料、合同形式	组建战略组织
3. 谈判	• 谈判进行 • 谈判内容：价格、数量、合同形式等 • 谈判战略的调整	得出谈判结果
4. 资源战略的变化	• 调整优先供应商名单 • 供货商职责范围的确定 • 分配	分配资源
5. 合同	• 确定合同 • 制订附件 • 签名 • 范围/地区的交流	签订合同
6. 信息	• 信息传送和分配 • 数据（价格、供货材料）的更新	得到最新数据

为了实施基于事实的谈判，西门子采购部专门设置了一个营销团队，负责吸引和挖掘潜在的供应商。他们的一项主要职能就是使西门子成为潜在供应商的一个更有吸引力的客户。这个团队由业务范围内有经验的人员组成，这些人来自于采购、设计和财务部门。以特定的行业和供应商分析为指导，为这个团队提供有关成本驱动方面的丰富知识，还有挖掘每一个潜在供应商的专有能力。

为了使西门子和供应商谈判成功，这个团队根据来自报价的反应和目标价格设定以及供应商管理的资料来确定谈判战略，做好谈判准备并进行谈判，然后调整优先供货商名单并确定供货商的职责范围，接着与供应商签订合同，最后将信息发布给工人。

营销团队还需要考虑这样一些问题：怎样选择供应源？能否依赖单一的供应源？能不能基于原材料价格做出索引？合同的执行周期为多久？是否要为了获取全球资源而进行全球采购？为了建立选择供应商的标准，需要根据哪些因素来进行打分？该团队还需要分别依据各个公司的具体情况来识别每种商品的关键因素。这些考虑因素都是必须引起重视的，因为在投标的评估阶段就投入较多的时间和精力,可以从很大程度上减少问题的发生。另外,在整个过程中,采购团队与未来的供应商之间的沟通也非常重要,只有充分的沟通才能确保供应商完全理解西门子的需求。

4. 供应商的评估

供应商的选择依赖于对供应商的全面评估,因此供应商的评估也可以看作供应商选择的核心环节。西门子供应商评价体系是整个供应商管理体系的基础。西门子对供应商的评估分为以下4个环节:① 对于所有业务领域和经营范围的重要供应商进行评估;② 统一的评估范畴以及评估标准;③ 西门子统一的供应商分级;④ 在西门子范围内的供应商评估系统上公布评估结果。

通过这4个环节,以期达到以下3个目的:① 跨领域找到最好的供应商;② 加强供应商发展的基础;③ 通过需求整合改善谈判地位。

评估方法:要求做到定量化。评价潜在供应商,有些因素是可以数量化的,如价格;有些只能定性并需要判断才能确定,如技术竞争能力。为了选择满意的供应商要采用合适的方法来帮助分析判断,如打分法即是一种高效并相对实用的方法,尽量将各种因素数量化。虽带有一定程度的主观性,但促使厂家需考虑不同因素标准的重要性(权重),并系统评价供应商的条件。对现有的、有往来记录的供应商评估采用打分法效果最佳。评估的每一部分满分为100分,再将各个部分按权重细化,从不同侧面考核供应商,最后选定的供应商一定是总分最高的一个。

评估组织:由熟悉情况的有关部门专门人员组成。西门子由采购部、技术部、生产部和质保部联手组成评估小组,按公司制定的评价体系和评价标准进行,这个标准是西门子所属同一个事业部的全球同类企业的统一标准。例如,我的这个用户隶属于西门子输配电部,在世界各地有8个生产同一产品的企业,它们由纽伦堡总部专门人员,从欧洲、南美洲、北美洲到亚洲层层推进,使用同一的评价标准和体系对供应商进行评价和选择。对每一个现实的和潜在的供应商严格打分,进行内部交流及比较结果,以得出共同的结果作为供应商选择的依据。

4.1 供应商评估标准

西门子由采购部、技术部、生产部和质保部联手组成的评估小组制定了正规的评价体系和评价标准,从价格、质量、后勤服务和技术服务等方面对每一个现实和潜在的供应商进行严格的打分、内部交流及结果比较,将结果作为选择供应商的依据。

(1)技术能力的评估。

技术水平是供应商选择的基础,包括:

① 供应商是否为行业内的佼佼者、领导者。众所周知,西门子是世界电器行业从工业电器到家用电器的"leader",根据供应链彼此依存的理念,必然要求比竞争对手的更为优秀的供应商。

② 供应商是否有对质量不断深入研究和发展的历程及实力。供应商技术和设计能力的完善、测试手段的完备是改进和发展产品性能的保障,尤为重要的是其对研发部门的重视程度和投入,这是西门子产品不断升级换代的要求。

(2)价格和成本评估。

评价内容包括价格行为及政策、降低成本的努力、适应市场和西门子要求的能力及服务和支持方面的表现等方面,如表4-8所示。

表 4-8 价格及成本评估

评估方面	评估目的
价格行为及政策	以现行的市场价格水平和两年来各供应商的价格走向为基准,兼顾付款条件打分
降低成本的努力	鼓励激发西门子在生产过程中的成本,并进一步削减整个供应链的运作成本,加强整体竞争力
适应市场和西门子要求的能力	避免有财务问题的供应商对整个供应链的危害,同时考虑供应商生产能力和国际化的水平
合作服务和支持	考察其销售人员素质及上层领导者对与西门子建立长期合作关系的认识

西门子并不是以考虑采购物资的价格为采购的出发点,而是结合供应商的各种情况以及公司的需求等各方面,考虑供应链总成本最小化就是一种具体表现。表 4-9 是供应链总成本最小化评估中采购成本的层级及所占分值。

表 4-9 供应链总成本最小化评估中采购成本的层级及所占分值

层 级	所占分值
层次 1	采购(价格/成本)100 分
层次 2	总成本以及价格 50 分
层次 3	预先设定的目标 20 分,对于所提出目标价的反应(新产品新项目)20 分,Open-Book-政策 10 分

总成本以及价格是指与供应商约定的价格以及总成本。总成本包括遵守价格以及采购的附加成本、额外成本(由于错误供货,质量缺陷,因为供货风险而产生的较高的库存成本等),对于供应商提出的涨价也要进行评估。

在第 3 层次的标准,必须就具体业务进行制订,对预先设定的目标以以下标准进行打分,如表 4-10 所示:

表 4-10 预先设定目标的评分条件及打分标准

评分条件	打 分
始终能够遵守约定价;除非有合同约定,从不提出涨价的要求	20 分
一般能够遵守约定价;除非有合同约定,很少提出涨价的要求,然后就遵守评估的价格并作为合理的价格执行	15 分
大多数情况下能够遵守约定价;有时提出涨价的要求,不努力试图达到目的。价格保持或超过评估水平	10 分
很少能够遵守约定价,经常提出涨价的要求。价格保持或超过评估的水平	5 分
绝大多数情况下不能遵守目标价,提出不合理的涨价要求和/或因为不良的企业状况产生明显的供货困难	0 分

（3）质量评估。

质量评估是从质量性能、质量体系和对质量重要性的认识及合作服务和支持方面的表现考虑，如表4-11所示。

表4-11 质量评估

评估项目	评估内容
质量性能	包括以往到货材料的质量情况和质量与价格的相关性等方面
质量体系和对质量重要性的认知	供应商通过了哪些国际质量认证并审核其有效性，以及供应商对于通过国际质量认证的态度
合作和支持	主要是对发生质量问题情况下的反应和处理速度,提供紧急服务及必要的免费服务方面的主动性及有关人员提供技术支持的能力

（4）后勤考察。

后勤考察主要是交货方面的评估。为了减少库存，西门子正在努力推行包括减少批量、频繁和可靠的交货计划、压缩运转周期、采购高质量供应物料的准时采购制。根据不同材料及零部件各自的特点，西门子生产活动的物流准时、畅通。

4.2 供应商评级

通过对采购、质量的要求和供应商物流及技术的评估，西门子将供应商分为4个等级：首选的、可接受的、受限制的和要剔除的。然后在不同的供应商等级上分配采购量，确定询价及伙伴关系，如表4-12所示。再推导、商定以及更新评估结果，最后在西门子的供应商评估系统上公布评估结果。

表4-12 西门子对待不同等级供应商的策略

供应商等级 策略	首选供应商 （90~100分）	可接受的供应商 （70~89分）	受限制的供应商 （50~69分）	剔除的供应商 （<50分）
采购量	上升	根据不同资源战略	减少	尽可能快地减少
询价	每次	根据需求	在被选出的情况下	从不
战略伙伴关系	是	可能	不是	不是

对那些可以接受型供应商，西门子要根据材料需求的实际情况，与之保持一定的供货关系，并将其视为可能的战略伙伴关系，帮助其建立自我优化目标，作为防范供货危险的必要手段。而对于受限制型的供应商，已经不再适宜进一步发展关系，采取保守合作的态度，降低采购量并不再考虑与之长期发展关系。对最后一类供应商，西门子采取的是尽快终止合作的策略。

5. 供应商类型及发展战略

供应商评估后的第一步是明确战略，紧接着制定发展供应商的战略决策，包括西门子及供应商的自我完善、积极的发展与供应商的关系以及剔除那些不合格的供应商。

供应商目标明确的自我完善是供应商发展的主导战略，因此西门子非常重视供应商的自我完善，图4.8是一个西门子供应商管理目标约定的简化例子。

```
目标约定
————————————————
评价结果：72分：可接受的
主要成绩：良好的技术状况
主要缺陷：相对于市场竞争的价格劣势，
         特别差的供货可靠性
• 建议的发展措施：
• 自我完善
一般管理费用的优化（通过西门子的咨询）
（参见措施表）
预期的改进（到下一次评估）：
• 评分80分
• 成本下降潜力：300.000德国马克

时间计划：10.2003
————————————————
参与者：
————————————————

| 日期 | 供应商签字 | 采购签字 |
————————————————
```

图 4.8 供应商管理目标约定

经过严格的评估，西门子将所有的供应商分为4类，即良好型供应商、可接受型供应商、受限制型供应商和终止型供应商。根据评估结果为所有供应商提出具体的改进目标，然后对供应商有针对性地改进项目，讨论活动或咨询，最后有针对性地剔除不合格的供应商，对供应商成本情况以及效率情况系统地改进。

被评为良好型供应商的是西门子将要与之发展为战略伙伴的供应商，寻找到这样一个供应商也是西门子整个供应商管理战略的灵魂所在。西门子的思路是尽量提高向其采购的数量，定期进行政策透明的沟通，并随时邀请其参加有关新产品的研制，以便听取和吸收宝贵意见。同时在必要时向此类战略伙伴提供适时的培训与技术支持，还可以考虑帮助关键零部件厂建立自己的供应商管理体系，使西门子从源头就获得比其他竞争对手更具优势的供应体系，真正做到"双赢"，利益共享，责任共担。

互赢理念在战略采购中是不可或缺的因素，西门子非常注重与供应商的双赢。事实上，很多经验表明，只有跟供应商双赢，只有让供应商也赚到钱，给它大批量足够的技术支持、培训，才能双赢，才能使双方企业都有更好的发展。为此，西门子公司建立了供应商评估、激励机制，与供应商建立长期的合作关系，确立互赢的合作基准。

西门子从以下3点实施与供应商的双赢。

（1）找出与具体情况相关形式支持的供应商积极的发展需要。

培养与供应商积极的发展关系并维持此关系更好的发展，需要很多与具体情况相关的支持，西门子对供应商的支持包括以下5个方面：

① 西门子专家就措施制定以及更新的支持，比如聘请联机专家，以实现电子数据交换的连接。

② 供应商讨论活动，比如与供应商进行设计-成本讨论活动、Kaizen讨论活动。

③ 供应商培训，比如进行电子商务培训。

④ 共同的项目，比如在共同的小组中实现物流上的连接，进行供应商过程优化或者环节优化。

⑤ 为供应商优化或者环节优化委派顾问,比如进行供应商成本优化。

在这 5 个支持项目中,供应商的潜力是逐渐增强的,而西门子提高给供应商的费用也逐渐增多。在具体情况下,供应商的开发潜力与西门子的费用支持必须相称。

(2) 利用供应商的创造性。

企业和供应商本身就是一个相互依存的关系,利用供应商的创造性,可以同它们一起降低成本并且提高生产力,在互赢的合作中找到平衡。西门子充分认识到了这一点,并遵循以下原则:

① 对于降低成本和提高生产力的共同的积极性都应给予重视。
② 所有供应商都可以参与。
③ 成功的供应商有更大的机会成为西门子长期的伙伴。
④ 对于参与以及成果进行评估。
⑤ 不动用供应商的盈利,只统计降低成本的措施。

根据以上原则,西门子达到了提高生产力、降低原料成本和改善供应商关系的目的,为公司带来了良好的经济效益。

(3) 与供应商取得双赢的 7 个程序。

西门子与供应商取得双赢的 7 个程序如下:

① 明确目标。提出改进的建议的数量以及供货量中节约的百分比。短期目标设定为在第一年中更新的建议,长期目标设定为 3 年内完成数额为 20% 的成本节约。
② 对于西门子的作用,表现为将多种成本降低成果联系起来。
③ 对于供应商的推动,表现为有更多的采购量和更好的供应商评估结果。
④ 简单的物流,这是每个供应商想要实现的目标。
⑤ 快速的处理建议,第一次回应距目标评估日期大于 14 天。
⑥ 明确决定途径,表明评估人有更新权限和更新责任。
⑦ 快速以及不断更新,包括产品、程序、价格的明显改变。

西门子与供应商为了达到双赢的目标,在合作过程中不断交流沟通。西门子通过对供应商潜力的评定、成本评定以及准备好加工、开发、物流、质量更新的条件,以期获得成本降低和生产力的提高。供应商通过对产品优化、物流优化、质量保证、程序的优化和生产工艺的优化,以期获得良好的评估结果以及更多的采购量。

6. 西门子供应商管理的良好运用实践

西门子在选择供应商时注重在详细的对比中确定供应商管理的良好运用实践,比如,在供应商评估方面,西门子对克莱斯勒、惠普和 IBM 建立了统一的评估标准,然后对所有供应商进行清楚透明的评估,并将供应商评估和供应商开发明确的联系在一起,发现与惠普合作有 6%~8% 的成本节约,与 IBM 合作有 3% 的成本节约。在供应商发展方面,西门子选择了本田、惠普和克莱斯勒,作为供应商评估的结果,一贯地和分级地进行,为供应商的自我改进提出目标,通过内部咨询机构向重要供应商咨询程序问题以及成本下降问题,最后坚定地剔除不良的供应商。在供应商选择方面,西门子在全球范围内对于所有品牌(通用汽车、欧宝、绅宝等)进行统一的选择程序,并举行每周一次的有 150 人参加的电话会议。在降低与供应商相关的成本方面,西门子运用一些程序来降低供应商成本,同时供应商也会为程序以及产品提出成本下降措施的建议。

西门子的供应商管理战略，特别注重与供应商的共同发展，实现双赢。其管理理念"Your success is our success, our success is your success（你们的成功就是我们的成功，我们的成功就是你们的成功）"是西门子与其供应商关系良好发展的驱动力。在竞争十分激烈的今天，只有让你的供应商也获利，获得成功，才有可能培养供应商的客户忠诚度，使其更好地为你服务，取得长足的良好发展。

资料来源：温丹. 以西门子公司为例的企业供应链管理探析[D]. 北京：对外经济贸易大学，2014.

熊伟. 供应链延迟策略应用研究——以西门子公司为例[D]. 广州：中山大学，2012.

西门子官方网页：http://www.siemens.com

注　释

1. OEM，即 Original Equipment Manufacturer（原始设备制造商）的缩写，它是指一种"代工生产"方式，其含义是品牌拥有者不直接生产产品，而是利用自己掌握的"关键的核心技术"，负责设计和开发、控制销售"渠道"，具体的加工任务交给别的企业去做的方式。这种方式是在电子产业大量发展起来以后才在世界范围内逐步形成的一种普遍现象，戴尔、惠普、IBM 等国际上的主要大企业均采用这种方式。

思　考　题

1. 简述供应链视角下的采购管理特点。
2. 简述早期供应商参与策略的思想。
3. 简述供应商开发/反向营销的基本思想。

第5章 供应链库存管理与控制

本章主要介绍库存的定义、作用和类型,梳理库存控制的基本知识,以及供应链库存控制方法。通过本章的学习,掌握库存控制的基本原理和方法,理解供应链管理库存策略。

5.1 库存的类型与作用

5.1.1 库存的基本概念

库存(Inventory)是以支持生产、维护、操作和客户服务为目的而存储的各种物料,包括原材料和在制品,维修件和生产消耗品,成品和备件等。

从狭义的角度看,库存仅仅指的是在仓库中处于暂时停滞状态的物质。

从广义的角度看,库存则表示用于将来目的、暂时处于闲置状态的资源。这里包含两层含义:首先,资源停滞的位置,可以是在仓库里、生产线上或车间里,可以是在非仓库中的任何位置,如汽车站、火车站等类型的流通节点上,甚至也可以在运输途中;其次,资源的闲置状态可由任何原因引起,而不一定是某种特殊的停滞。资源闲置的原因大体有:主动的各种形态的储备、被动的各种形态的超储和完全的积压等。

5.1.2 库存的作用

1.库存的积极作用

(1)缓冲作用。库存最主要的作用就是在供给与需求之间起缓冲作用。库存有利于解决供应与需求之间的变化和的不确定性问题,如图5.1所示。

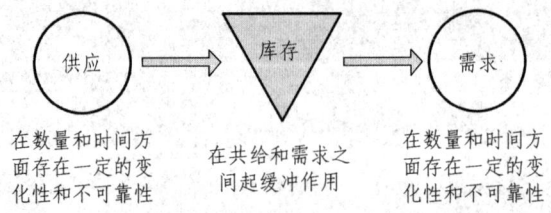

图 5.1 库存的缓冲作用

(2)服务水平。库存有利于缩短订货至交货周期,提高物料的可得性,可以避免向客户送货延迟的情况,从而在客户服务、客户满意度以及客户认同价值等方面得到提高。

（3）获得价格优势。持有库存可以降低订货成本，或通过大批量订货而受益，还可以在采购物品价格较低时进行采购。大规模运输与整车运输会带来运输的经济性，通过持有库存可以降低运输成本、提高运输效率。

2．库存的消极影响

由于持有库存涉及很多方面的成本与费用，存在多种风险，因此库存并不是越多越好。库存的相关费用包括以下几方面：

（1）库存系统运营成本。库存的运营成本主要包括仓储成本，如果是租借仓库，体现为仓库的租金。如果是自有仓库或合同仓库体现为建造仓库的固定投资的摊销费用。库存越高，仓储面积越大，仓储成本也越高。此外，运营成本还包括仓库中的设备投资成本和日常运行费用（水、电、人工等）。

（2）资金成本。资金成本指库存占用资金的成本。库存占用了大量可用于其他投资的资金，因为保持库存而丧失了其他投资的机会，也就是资金的机会成本（Opportunity Cost）。如果这里的资金是通过借款获得的，还应包括借款的利息支出。

（3）变质、丢失与废弃成本。库存在存储期间有损坏的风险，可能变质、报废或丢失。例如食品过期、时尚品贬值、存放过程中破损、失窃等等。

（4）保险和税收。保险和税收也构成库存成本的一部分，也取决于持有的库存量。

此外，库存的消极影响还体现在库存会掩盖管理问题。库存就像水平面，掩盖了企业的很多问题，当库存降下去的时候，问题就显现出来了。图 5.2 和图 5.3 所示，把库存比作湖泊的深度，暗礁代表各种问题，库存水平降低，问题就会如暗礁露出水面，问题才会得到重视从而得到解决。

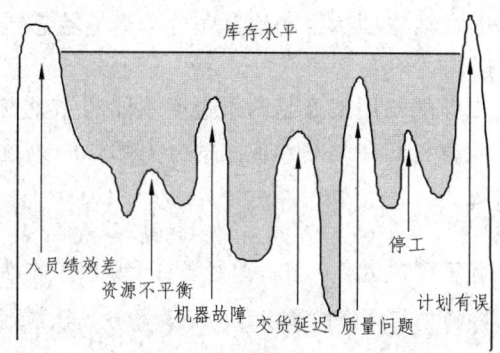

图 5.2　库存掩盖问题就像"湖泊淹没了暗礁"

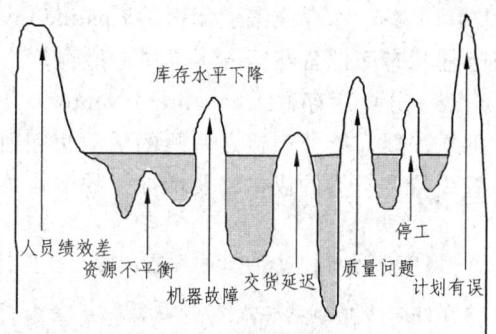

图 5.3　库存降低暴露问题

5.1.3　库存的类型

库存在供应链中存在着以下几种形态，如图 5.4 所示：

（1）原材料库存（Raw Material Inventory）：为了生产加工产品，通过采购和其他方式取得和持有的原材料、零部件的库存。

（2）在制品库存（Work-in-process Inventory, WIP）：处在由一种状态转换为另一种状态过程中的半成品库存。

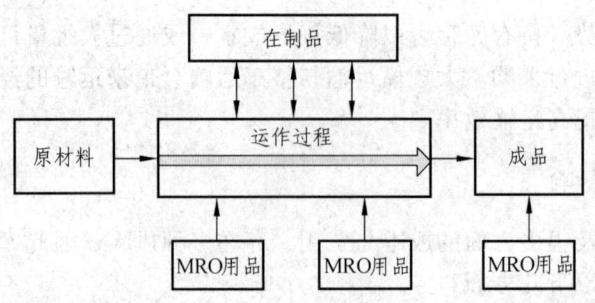

图 5.4 库存在供应链中的类型

（3）成品库存（Finished Goods Inventory）：已经制造完成，准备发往客户的产成品库存。

（4）维护、修理及运营用品库存（Maintenance/Repair/Operation Inventory，MRO）：用于维护、修理和保养设备设施，保证正常运营的非生产物料，这些物料可能是用于设备保养、维修的备品备件，也可能是保证企业正常运行的相关设备，耗材等物资。

另外，根据库存的用途，库存还可以分为以下的形式：

（1）周期库存（Cycle Inventory）：在正常的经营环境下，为满足日常运作需要而建立的库存。周期库存是为满足连续补货期间的平均需求而储存的必要库存。周期库存产生原因在于，大批量的生产和采购有利于供应链的某个环节获得规模经济，从而降低成本。

（2）安全库存（Safety Inventory）：通常被闲置一旁以应对需求（Demand）与供给（Supply）上的不确定性，是一项以备不时之需的存货。

（3）预期库存（Anticipation Inventory）：应对未来所期望的需求形成的库存。季节性库存（Seasonal Inventory）就是一个很好的例子。受季节供应约束的，如农产品，在收获时节囤积以供全年之用。预期库存的原因包括罢工、天气变化、短缺或涨价传言等。

（4）在途库存或渠道库存（Pipeline Inventory）：尚未到达目的地，正处于运输状态或等待运输状态而储备在运输工具中的库存。

（5）分离库存（Decoupling inventory）：分离库存的功用就像是两个进度不同的作业点之间的缓冲器，能使连接点两侧的活动相互独立。原材料、在制品和成品的分离库存的数量与位置由持有它们的成本以及增加了的作业柔性决定。

【案例5.1】对糕饼商来说，当一台搅拌器制作面团的速度比前一个组合饼干原料工作站的速度快5倍的时候，糕饼商就可能会去持有那些预先组合好的原料作为分离库存，让搅拌器能够以理想的速度来运转。

5.2 库存管理与控制的基本原理和方法

5.2.1 库存管理与控制的内涵与目标

库存管理与控制（Inventory Management and Control）指与库存物料的计划与控制有关的业务。它有别于仓储管理，是供应链中资金占用管理的体现，有效的库存管理和控制能够帮助提高供应链的存货资金的流转速度和加快资金回报。

库存管理与控制的两个关键考核指标是客户满意度和库存周转率。提高库存周转率既可以实现现金的快速周转，又可以提高盈利能力，也就是提高资产回报率。因此，库存管理的根本目的就是要提高库存周转率，从而达到企业的财务运营目标，特别是现金流运作。库存周转率就是库存的周转效率，公式如下：

$$库存周转率 = \frac{物料成本}{平均库存}$$

库存周转率与现金流之间的关系如图 5.5 所示。提高库存周转率可以实现现金的快速周转。

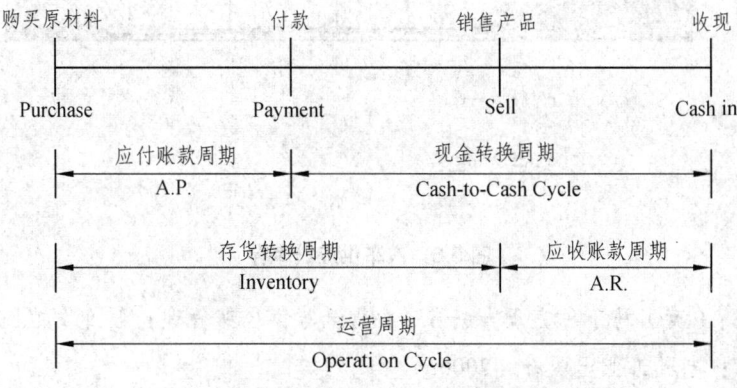

图 5.5　库存周转率与现金流之间的关系

【案例 5.2】某企业预计今年的年度总销售额为 1 亿元，物料成本占总销售额的 60%，也就是一年要采购总价值 6 000 万元的物料，剩下的 4 000 万元是管理成本、劳动力成本与利润。财务总监表示，今年只能拿出 500 万元的现金用于采购物料、半成品和成品的库存周转。那么，采购经理或仓库主管必须算一算：今年的库存周转率必须要达到多少次才可以既保证供应又不拖欠供应商的货款？

已知该企业平均应收账款（Account Receivable，AR）周期是 60 天；平均应付款（Account Payable，AP）周期是 50 天。那问题就变成了企业应该持有多少天的库存（Days of Supply，DOS）？

$$C2C = AR + DOS - AP$$
$$500 = (60 + DOS - 50) \times 6\ 000 / 365$$
$$DOS = 20 \text{ 天}$$

也就是说，平均库存持有量不超过 20 天，年库存周转率必须超过 365/20 = 18.25 次。

资料来源：程晓华. 制造业库存控制技巧[M]. 北京：中国物资出版社，2007.

供应链库存管理的目标是在合适的地点、合适的时间拥有合适数量的库存，从而在满足客户服务水平的同时使系统成本最小。遗憾的是，在复杂的供应链中，管理库存一般很困难，同时还可能对顾客服务水平和供应链的系统成本产生重大影响。

【案例5.3】汽车制造业是"准时制"和"精益"思想的发源地,但为了做到准时制生产,可能把成本转移到供应链的其他地方了,比如迫使上游供应商和下游客户持有一定量的库存。2004年对西欧汽车市场的分析表明,如果汽车装配商要保持零库存,那么它所在的供应链上游和下游就不得不持有大量库存。图5.6显示了供应链中从供应商到代理商的库存水平。

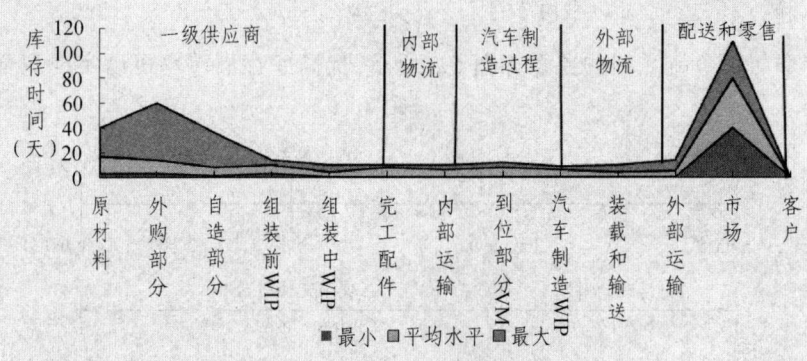

图5.6 汽车供应链库存

资料来源:(英)马丁·克里斯托弗著. 物流与供应链管理:创造增值网络[M]. 何明珂等译. 北京:电子工业出版社,2006.

5.2.2 库存管理与控制的内容

库存管理与控制涉及库存相关决策的内容主要包括3个方面:在何处保持库存、保持多少库存和保持何种库存。

1．在何处保持库存

客户需求和不同的响应策略对供应链何处持有库存都有影响。不同类型供应链对成本、弹性、服务水平、响应时间等的不同要求,库存在供应链上有不同的设置。如果要求及时响应客户与高服务水平,库存应设在更靠近供应链下游的地方,接近最终客户。如果客户的最大前提是降低成本与更高的柔性以及专门定制,就应在更靠近供应链上游的地方持有库存,如图5.7所示。

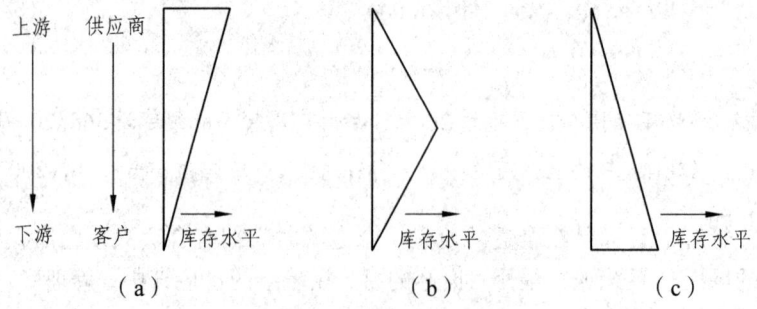

图5.7 库存在供应链中的位置

在何处持有库存的另一个决策就是集中库存（Centralized Inventory）与分散库存（Decentralized Inventory）的问题，也意味着风险分担（Risk Pooling）的概念。风险分担是指汇集不同地点的需求，需求的变动性将减少。这是因为当需求处于随机状态时，某些客户高于平均水平的需求可能被另一些客户低于平均水平的需求所抵消。风险分担所起的作用可以用平方根法则（Square-root Rule）来估算。

影响风险分担作用的因素分析如下：

（1）不同地点需求相关性越低，风险分担所起的作用越明显。

（2）需求变异系数越大，风险分担作用越明显。

$$变异系数 = \frac{标准差}{平均需求}$$

（3）高价值的物品，风险分担作用更明显。

集中库存（Centralized Inventory）将所有的库存及控制等职责都集中在一个中心地点进行。集中库存具有更高的可得性，对库存的控制也更容易，数据透明性高，但会影响对市场的反应速度。

分散式库存（Decentralized Inventory）对库存进行分散化管理。由于接近市场，可以迅速对市场需求做出反应，但分散式库存容易出现断货现象，而且构建成本较高，容量有限。

集中式库存和分散式库存有着不同的优缺点，在考虑设置哪种库存时，一般考虑以下5个因素：

（1）安全库存。从分散化向集中化系统转变时，安全库存会减少。减少的数量依赖于一些参数，包括变异系数和不同市场之间的需求相关度。

（2）服务水平。当集中式和分散式库存拥有同样的总安全库存时，集中式库存的服务水平较高，而服务水平的提高依赖于变异系数和不同市场之间的需求相关度。

（3）管理费用。一般来说，分散式库存中的管理费用较高，规模经济程度较小。

（4）顾客提前期。由于分散式库存距离顾客更近，因此响应时间通常更短。

（5）运输成本。运输成本的影响依赖于具体情况。一方面，当增加仓库数量时，出库运输成本（从仓库向顾客交货的运输成本）会减少；另一方面，入库运输成本（从工厂运输产品到仓库的成本）会增加。

【案例5.4】下列两个系统（如图5.8所示）在相同的库存条件下，哪个有较高的服务水平？

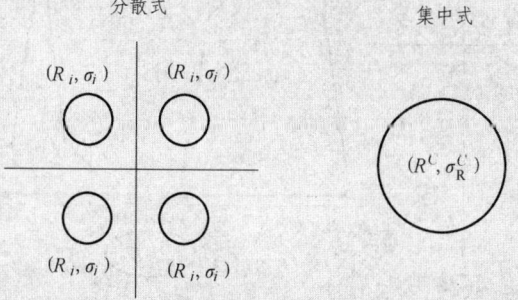

图5.8 分散式与集中式系统

$$R^C = \sum_{i=1}^{k} R_i, \quad \sigma_R^C = \sqrt{\sum_{i=1}^{k} \sigma_i^2 + 2\sum_{i \neq j} \text{cov}(i,j)}$$

协方差公式如下：$\text{cov}(i,j) = \rho \sigma_i \sigma_j$

式中，ρ 是相关系数，如果 $\rho=1$，那么两个时期的市场需求呈完全正相关；如果 $\rho=-1$，那么两个时期的市场需求呈完全负相关；如果 $\rho=0$，那么两个时期的市场需求呈不相关。

2．保持多少库存

库存的水罐模型可以很好描述库存的原理，如图 5.9 所示。当供应输入速度与需求速度不一样，便需要一个水罐来储存水，以保证所需要的速度供水。当供应速度快于需求时，水罐中的水位（库存）便会上升；当需求速度快于供应速度时，水位（库存）便会下降。如果能够使供应速度与需求速度相匹配，水位（库存）便会降至最低。

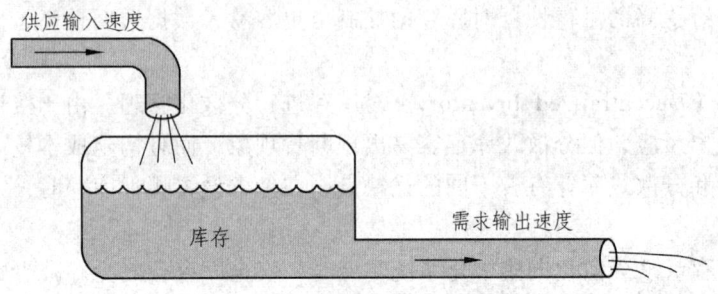

图 5.9　库存水罐模型

3．保持何种库存

库存占用大量的资金，库存的种类越多，库存管理就越复杂，库存管理决策就越困难。因此，尽可能将需求标准化，将用户定制化和专用品种数量减到最少，可以减少库存的废弃成本和仓容的浪费。采用延迟策略也可以有效实现减少库存的品种数量。图 5.10 形象展示了延迟策略对减少库存品种数量的影响。

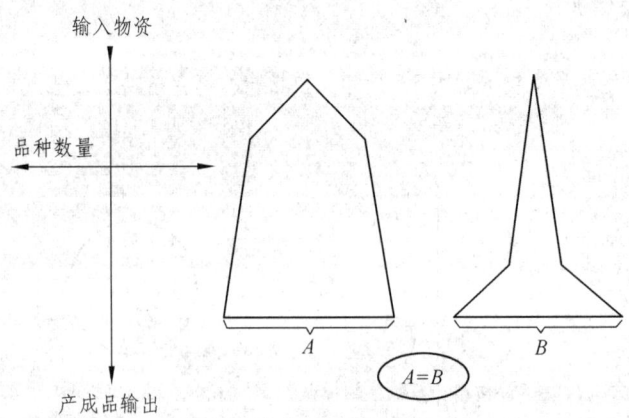

图 5.10　供应链品种漏斗

【案例 5.5】 某服装企业生产的某种男士休闲裤，包括 6 种腰围，6 个裤长，3 种颜色。那么该企业生产的该种休闲裤的成品库存有 6×6×3 = 108 种型号，可以满足 108 名不同顾客的需求。但如果服装生产企业将裁剪裤长的生产环节推迟到销售环节，即裤长留有足够长度，在销售时根据顾客的实际需求来裁剪裤长，那么由于延迟策略的实施，企业生产的休闲裤成品库存只有 6×3 = 18 种型号，但同样可以满足 108 名顾客的不同需求。

5.2.3 库存的分类管理

1．ABC 分类法

ABC 分类法（Activity Based Classification）最初来源于人口管理理论。意大利经济学家维弗雷多·帕累托（Vilfredo Pareto）在研究人口理论时发现，占人口极少比例的人口却拥有占财富总数极大比例的财富，而占人口极大比例的人口却只占财富总数极少比例的财富。即所谓的"关键的少数与次要的多数"理论，后来这个理论被应用于多个领域。

库存物品按品种和占用资金的多少，分为特别重要的库存（A 类）、一般重要的库存（B 类）和不重要的库存（C 类）3 个等级，如表 5-1 所示。ABC 分类可以使企业更好地进行预测和现场控制，以减少安全库存和库存投资。

表 5-1　库存的 ABC 分类

类别	物品特点	品种比例	占用资金比例
A	品种少、占用资金多	5%～15%	60%～80%
B	品种中、占用资金中等	20%～30%	20%～30%
C	品种多、占用资金少	60%～80%	5%～15%

高价值的 A 类库存需要实行最严格的库存控制，要经常对其库存进行检查，确保不发生缺货。简而言之，对于 A 类库存，要以更多的关注和更好的系统保持高服务水平，而不是高库存水平。

低价值的 C 类库存，与 A 类产品正相反。可以减少管理这类库存所花费的时间，库存水平可以保持高水平，因为库存成本很低，可大批量订货。

B 类库存属于次重点管理对象，库存水平介于 A 类和 B 类库存之间。

2．SKU 层面的库存管理

最小存货单元（SKU，Stock Keeping Unit）是库存中最小的可单独定义的库存产品单元。对某种物品，当其品牌、型号、配置、等级、花色、包装容量、单位、生产日期、保质期、用途、价格和产地等属性与其他物品存在不同时，可称为一个 SKU。比如不同尺寸容器所装的同一种涂料包装，都是一个单独的 SKU，不同的 SKU 物品的库存管理是不一样的。

ABC 分析不足以解决同一产品组中不同存储单元的差异问题，为此，应当在 SKU 层次制定库存管理政策。根据变化性和价值对 SKU 进行分类，使 SKU 层次的库存政策能够反映供应风险和并增加盈利。

3．对供应定位模型中不同物品的库存管理

供应定位模型（Supply Positioning Model）以矩阵的方式对采购的物品进行分类。横轴是支出大小定位，按照帕累托的 20/80 法则对支出的大小进行划分；纵轴是影响、机会和风险（Impact Opportunity and Risk，IOR）的综合定位，其划分原则较为复杂，会根据企业总目标和对供应市场分析之后加以确定。影响程度高低取决于企业总目标，风险与机会程度来自于对供应市场的分析。

根据这两组要素的划分可以得出下面 4 种分类：① 常规物品（Routine）：低支出、低 IOR；② 瓶颈物品（Bottleneck）：低支出、高 IOR；③ 杠杆物品（Leverage）：高支出、低 IOR；④ 关键物品（Critical）：高支出、高 IOR。

确定安全库存水平时，除了需求和提前期以及库存价值外，还应该考虑库存物品的供应风险，以及该物品的缺货对企业的影响。因此，供应定位模型中的 4 类物品，库存管理方法不同，具体如图 5.11 所示。

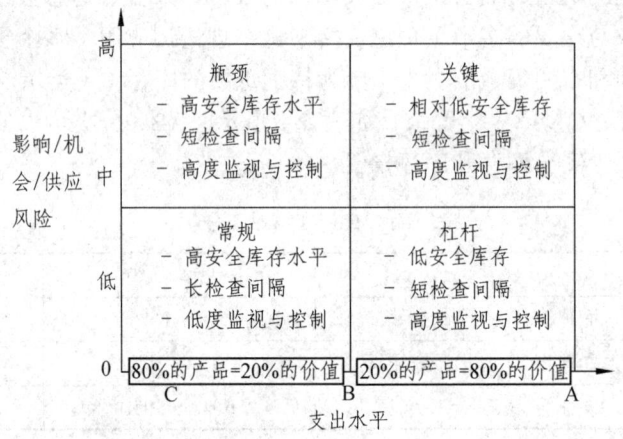

图 5.11　供应定位模型中不同物品的库存管理

5.3　库存基本模型

5.3.1　单周期库存与多周期库存模型

根据对物品需求的重复次数可将物品分为单周期需求与多周期需求。单周期需求即仅仅在比较短的一段时间内或库存时间不可能太长的需求，也被称作一次性订货问题。圣诞树问题和报童问题都属于此类问题。单周期需求出现在下面两种情况：① 偶尔发生的某种物品的需求；② 经常发生的某种生命周期短的物品的不定量的需求。第一种情况，如由奥运会组委会发行的奥运会纪念章或新年贺卡；第二种情况，如易腐物品（如鲜鱼）或其他生命周期短的易过时的商品（如日报和期刊）等。

多周期需求则指足够长的时间内对某种物品的重复的、连续的需求，其库存需要不断地补充。多周期需求问题普遍存在。

对单周期需求物品的库存控制问题称为单周期库存问题，对多周期需求物品的库存控制问题称为多周期库存问题。

1．单周期库存模型

单周期需求的库存控制关键在于确定订货批量。由于预测误差的存在，根据预测确定的订货量和实际需求量可能不一致。如果需求量大于订货量，就会失去潜在的销售机会，导致机会成本（缺货损失）。另外，若需求量小于订货量，所有未销售出去的物品将可能以低于成本的价格出售，这种损失称为陈旧（超储）成本。为了确定最佳订货量，需要考虑各种由订货引起的费用。由于只发出一次订货和只发生一次订购费用，所以订货费用为一种沉没成本，它与决策无关。库存费用也可视为一种沉没成本，因为单周期物品的现实需求无法准确预计，而且只通过一次订货满足。所以即使有库存，其费用的变化也不会很大。因此，只有机会成本和陈旧成本对最佳订货员的确定起决定性作用。在单周期库存模型中，确定最佳订货量可采用期望损失最小法、期望利润最大法和边际分析法。

1）期望损失最小法

期望损失最小法就是比较不同订货量下的期望损失，取期望损失最小的订货量作为最佳订货量。已知库存物品的单位成本为 C，单位售价为 P，若在预定的时间内卖不出去，则单价只能降为 S（$S<C$）卖出，单位超储损失为 $C_o = C-S$；若需求 d 超过存货，则单位缺货损失（机会损失）$C_u = P-C$。设订货量为 Q 时的期望损失为 $E_L(Q)$，则取使 $E_L(Q)$ 最小的 Q 作为最佳订货量，则 $E_L(Q)$ 的计算如下：

$$E_L(Q) = \sum_{d>Q}[C_u(d-Q)]p(d) + \sum_{d<Q}C_o(Q-d)p(d) \tag{5-1}$$

式中，单位超储损失 $C_o = C-S$；单位缺货损失 $C_u = P-C$；Q 为订货量；d 为需求量；$p(d)$ 为实际需求量为 d 时的概率；S 为预定时间卖不出去的售价；P 为单价；C 为单位库存成本。

【案例5.6】按过去的记录，新年期间对某商店挂历的需求分布如表5-2所示。已知：每份挂历的进价 C 为50元，售价 P 为80元。若在1个月内卖不出去，则每份挂历只能按 S 为30元卖出。求：该商店应该进多少挂历为好。

表5-2 某商店挂历的需求分布率

需求 d（份）	0	10	20	30	40	50
概率 $p(d)$	0.05	0.15	0.20	0.25	0.20	0.15

解：设该商店买进 Q 份挂历，当实际需求 $d<Q$ 时，将有一部分挂历卖不出去，每份过量订购造成的超储成本为 $C_o = C-S = 50-30 = 20$（元）；

当实际需求 $d>Q$ 时，将有机会损失，订货不足造成的缺货损失为

$$C_u = P-C = 80-50 = 30（元）$$

期望损失计算结果如表5-3所示，得出最佳订货量为30份。

表 5-3 期望损失计算表

订货量 Q	实际需求 d						期望损失（元）
	0	10	20	30	40	50	
	0.05	0.15	0.20	0.25	0.20	0.15	
0	0	$(80-50) \times 10 = 300$	$(80-50) \times 20 = 600$	$(80-50) \times 30 = 900$	$(80-50) \times 40 = 1200$	$(80-50) \times 50 = 1500$	855
10	$(50-30) \times 10 = 200$	0	$(80-50) \times 10 = 300$	$(80-50) \times 20 = 600$	$(80-50) \times 30 = 900$	$(80-50) \times 40 = 1200$	580
20	$(50-30) \times 20 = 400$	$(50-30) \times 10 = 200$	0	$(80-50) \times 10 = 300$	$(80-50) \times 20 = 600$	$(80-50) \times 30 = 900$	380
30	$(50-30) \times 30 = 600$	$(50-30) \times 20 = 400$	$(50-30) \times 10 = 200$	0	$(80-50) \times 10 = 300$	$(80-50) \times 20 = 600$	280
40	$(50-30) \times 40 = 800$	$(50-30) \times 30 = 600$	$(50-30) \times 20 = 400$	$(50-30) \times 10 = 200$	0	$(80-50) \times 10 = 300$	305
50	$(50-30) \times 50 = 1000$	$(50-30) \times 40 = 800$	$(50-30) \times 30 = 600$	$(50-30) \times 20 = 400$	$(50-30) \times 10 = 200$	0	430

2）期望利润最大法

期望利润最大法是比较不同订货量下的期望利润，取期望利润最大的订货量作为最佳订货量。设订货量为 Q 时的期望利润为 $E_p(Q)$，则取使 $E_p(Q)$ 最大的 Q 作为最佳订货量，则 $E_p(Q)$ 的计算如下：

$$E_p(Q) = \sum_{d<Q}[C_u d - C_o(Q-d)]p(d) + \sum_{d>Q} C_u Q p(d) \tag{5-2}$$

式中，单位超储损失 $C_o = C - S$；单位缺货损失 $C_u = P - C$；Q 为订货量；d 为需求量；$p(d)$ 为实际需求量为 d 时的概率；S 为预定时间卖不出去的售价；P 为单价；C 为单位库存成本。

【案例 5.7】已知条件同案例 5.2，不考虑缺货损失（机会损失），期望利润计算结果如表 5-4 所示，得出最佳订货量为 30 份。

表 5-4 期望利润计算表

订货量 Q	实际需求 d						期望利润（元）
	0	10	20	30	40	50	
	0.05	0.15	0.20	0.25	0.20	0.15	
0	0	0	0	0	0	0	0
10	$(80-50) \times 0 - (50-30) \times (10-0) = -200$	$(80-50) \times 10 = 300$	$(80-50) \times 10 = 300$	$(80-50) \times 10 = 300$	$(80-50) \times 10 = 300$	$(80-50) \times 10 = 300$	275

续表

订货量 Q	实际需求 d						期望利润（元）
	0	10	20	30	40	50	
	0.05	0.15	0.20	0.25	0.20	0.15	
20	$(80-50)\times 0 - (50-30)\times 20 = -400$	$(80-50)\times 10 - (50-30)\times(2-10) = 100$	$(80-50)\times 20 = 600$	$(80-50)\times 20 = 600$	$(80-50)\times 20 = 600$	$(80-50)\times 20 = 600$	475
30	$(80-50)\times 0 - (50-30)\times 30 = -600$	$(80-50)\times 10 - (50-30)\times(30-10) = -100$	$(80-50)\times 20 - (50-30)\times(30-20) = 400$	$(80-50)\times 30 = 900$	$(80-50)\times 30 = 900$	$(80-50)\times 30 = 900$	575
40	$(80-50)\times 0 - (50-30)\times 40 = -800$	$(80-50)\times 10 - (50-30)\times(40-10) = -300$	$(80-50)\times 20 - (50-30)\times(40-20) = 200$	$(80-50)\times 30 - (50-30)\times(40-30) = 700$	$(80-50)\times 40 = 1\,200$	$(80-50)\times 40 = 1\,200$	550
50	$(80-50)\times 0 - (50-30)\times 50 = -1\,000$	$(80-50)\times 10 - (50-30)\times(50-10) = -500$	$(80-50)\times 20 - (50-30)\times(50-20) = 0$	$(80-50)\times 30 - (50-30)\times(50-30) = 500$	$(80-50)\times 40 - (50-30)\times(50-40) = 1\,000$	$(80-50)\times 50 = 1\,500$	425

3）边际分析法

如果增加一个产品订货能使期望收益大于期望成本，那么就应该在原订货的基础上追加一个产品的订货。当增加到第 Q 个产品时，如果下式成立：

$$P(D)\cdot C_u > (1-P(D))\cdot C_o \tag{5-3}$$

式中，单位超储损失 $C_o = C - S$；单位缺货损失 $C_u = P - C$；Q 为订货量；$P(D)$ 为需求量为大于等于 D 时的概率。

随着订货量的继续增加，$P(D)$ 便随之下降。在某一点上，$P(D)$ 可以使式（5-3）的两个期望值相等，此时临界缺货概率如式（5-4）所示：

$$P(D^*) = \frac{C_o}{C_o + C_u} \tag{5-4}$$

【案例 5.8】某酒吧每日购进新鲜啤酒，日需求近似正态分布，均值为每日 200 L，标准差为每日 10 L。每升啤酒的购入价格为 2 元，出售价为 8 元。当日卖不出即报废。

每日购入量多少最为有利？

$$P(d > Q^*) = \frac{C_o}{C_o + C_u} = \frac{2}{2+(8-2)} = 0.25$$

临界缺货概率 0.25，临界服务水平为 0.75，查正态分布表可知，$z = 0.675$。

最佳订货量 $R = 200 + 0.675 \times 10 = 206.75$ L

2．多周期库存模型

多周期库存模型是指重复性订货，其库存需要不断补充的模型。

1）连续检查库存控制系统——（r，Q）策略

工作原理：连续不断地监视库存余量的变化，当库存余量下降到某个预定数值——订货点r（Reorder Point）时，就向供应商发出固定批量的订货请求，一般订货量为经济订货批量EOQ，经过一段时间，我们称之为提前期（Lead Time，LT），订货到达补充库存，连续检查库存控制系统，如图 5.12 所示。

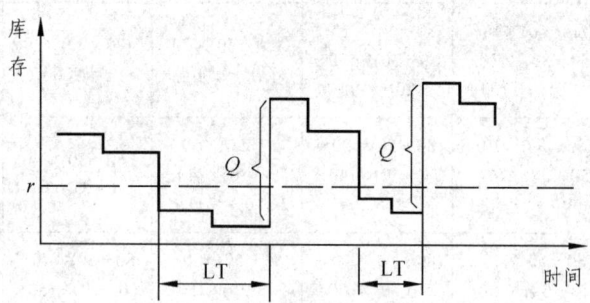

图 5.12 连续检查库存控制系统

特点：要发现现有库存量是否到达订货点r，必须随时检查库存量，这样就增加了管理工作量，但它使库存量得到严密的控制。因此，适用于重要物资的库存控制。

2）定期检查库存控制系统——（t，S）策略

工作原理：每经过一个固定的时间间隔t，发出一次订货，订货量为将现有库存补充到一个最高水平S，定期观测库存控制系统，如图 5.13 所示。

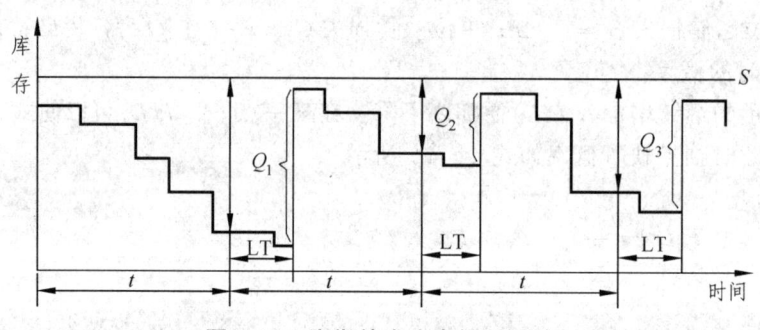

图 5.13 定期检查库存控制系统

特点：不需要随时检查库存，简化了管理，也节省了订货费用，但不论库存水平降得多还是少，都要按期发出订货。因此，适用于稳定的、可持续预测的需求且价值低、小批量的物品。

3）最大最小系统——（s，S）策略

工作原理：最大最小系统实质仍是一种固定间隔期系统，只不过它需要确定一个订货点S。当经过时间间隔t时，如果库存降到s及以下，则发出订货；否则，经过时间t时再考虑是否发出订货，订货量等于最高库存水平S和库存余额的差值。最大最小系统如图 5.14 所示。

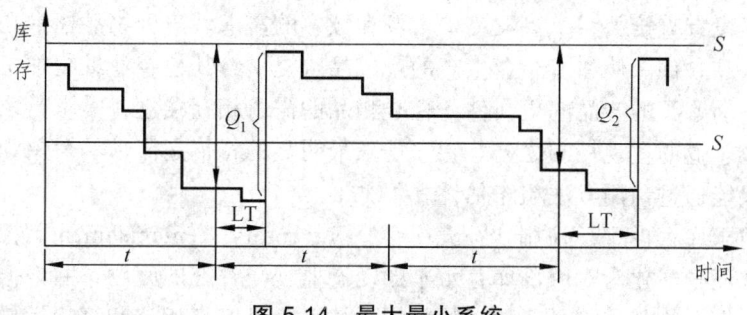

图 5.14 最大最小系统

特点:最大最小系统由于不一定在每次检查时都订货,故订货次数较少,从而可节省订货费,但若检查期很长时,最大最小系统和定期检查库存控制系统没有区别。另外,最大最小系统的安全库存可能较大。因此,适用于不用持续性订购的物品。

4)库存被逐渐补充时的 EOQ 模型

在某些情况中,库存的补充不是瞬时的,而是在一定时期中分批到货,库存补充是逐渐补充的。只要库存供应速度 R_s 高于内部及外部用户的需求速度 R_d,库存的数量便会增加。在以上假设条件下,库存量变化的库存状态如图 5.15 所示。

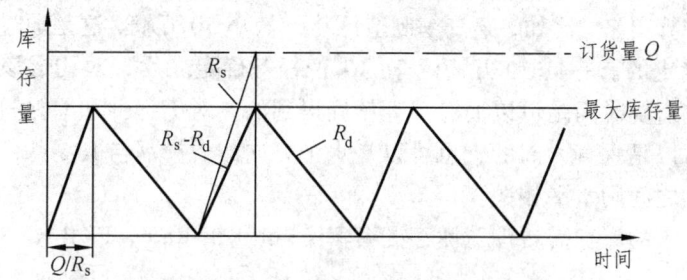

图 5.15 逐渐补充库存的库存示意图

这种逐渐补充库存的方式中,EOQ 模型变为:

$$Q^* = \sqrt{\frac{2CD}{H\left(1 - \frac{R_d}{R_s}\right)}} \qquad (5\text{-}5)$$

式中,Q^* 为最优订货量;C 为单位订货成本;D 为一定时期内的需求数量;R_d 为需求速度;R_s 为供应速度;H 为单位持有成本。

5.3.2 独立需求与相关需求库存模型

按需求是否与其他物品需求有关,可以分为独立需求与相关需求。独立需求库存和相关需求库存是两类不同的库存问题。

1.独立需求库存模型

独立需求(Independent Demand)是指对某种物料的需求量和需求时间与其他物料的需

求量和需求时间没有直接关系，只取决于市场和顾客的需求。这种物品通常是即将销售给顾客的产成品或备品备件。例如，企业生产的产成品、提供给其他企业继续加工的半成品、提供给顾客维修以前购买的产品的更换件，这类物品的需求相互独立，需求量取决于市场，需求的变化独立于企业的主观控制之外。独立需求最明显的特征是需求的对象和数量的不确定性和随机性，只能通过预测方法粗略估计。

对于独立需求库存模型，采用"补充库存"（Inventory Replenishment）控制机制，将不确定的外部需求问题转化为对内部库存水平的动态监视与补充的问题，并根据历史统计数据预测未来某一时期的物料需求量，依据物料需求情况来确定订货点和订货批量，通过保持适当的库存水平来保证对外界随机需求的恰当服务水平。库存管理最主要的任务就是根据需求进行补货，独立库存模型的两项任务是确定何时补充（When）以及每次补充多少货物（How much）。

2．相关需求库存模型

相关需求（Dependent Demand）又称为非独立需求，是指某些物料的需求在时间和数量上依赖于其他物料的需求。原材料、毛坯、零部件的需求来自制造过程，是相关需求，可以按产品结构、产量和交货期计算得到。相关需求依附于独立需求，可根据独立需求的需求量和需求时间精确计算出来。比如，某汽车制造厂年产汽车 30 万辆，这是通过预测市场对该产品的独立需求来确定的。一旦 30 万辆汽车的生产任务确定之后，对构成该种汽车的零部件和原材料的数量和需要时间是可以通过计算精确得到的，对零部件和原材料的需求就是相关需求。相关需求可以是垂直方向的，也可以是水平方向的。产品与其零部件之间垂直相关，与其附件和包装物之间则水平相关。

另外，相关需求的库存需要注意库存配套率（Full Kits Rate，FKR）。

5.3.3 静态与随机需求库存模型

1．静态库存控制模型（Static Inventory Management Model）

库存静态模型有两个前提假设：需求率和订货提前期都被视为确定的，这只是一种理想情况。这种静态库存控制模型不考虑安全库存。

2．随机需求的库存控制模型（Inventory Management Model under Random Demand）

在现实生活中，需求率和提前期都是随机变量。需求率和提前期中有一个为随机变量的库存控制问题，就是随机型库存问题。

为确定一定的服务水平（缺货风险）和安全库存，需要知道需求的概率分布情况。一般说来，正态分布、泊松分布和负指数分布是常见的描述需求的函数形式。图 5.16 表示的是提前期内需求近似服从正态分布的情况。

合理的安全库存水平由以下两个因素决定：① 需求与供应的不确定性；② 预期的服务水平。需求与供应的不确定性增加，需要的安全库存水平也会相应提高。随着期望的服务水平的提高，需要的安全库存也相应增加。

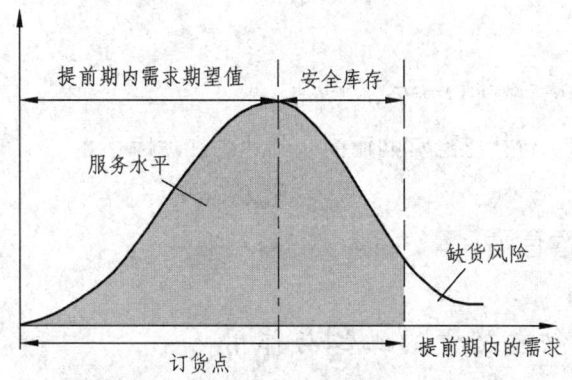

图 5.16 需求呈正态分布情况下的服务水平

1）连续检查库存控制系统中考虑安全库存的订货点

为减少提前期内的缺货风险，要持有安全库存，此时，对于随机型连续检查库存系统，其订货点的计算方式为：

订货点 = 提前期内的期望需求 + 安全库存

若需求和提前期随机变化时都呈正态分布，需求平均值为 $\bar{d}$，其标准偏差为 σ_d，订货提前期平均值等于 $\overline{LT}$，其标准偏差为 σ_{LT}，z 是特定服务水平所对应的平均值的标准偏差的数值。

① 对于需求可变，提前期不变的情况，订货点为：

$$R = \bar{d} \cdot LT + z\sqrt{LT}\sigma_d \tag{5-6}$$

② 对于提前期可变，需求不变的情况，订货点为：

$$R = d \cdot \overline{LT} + zd\sigma_{LT} \tag{5-7}$$

③ 对于需求和提前期都变化的情况，订货点为：

$$R = \bar{d} \cdot \overline{LT} + z\sqrt{\overline{LT}\sigma_d^2 + \bar{d}^2\sigma_{LT}^2} \tag{5-8}$$

2）定期检查库存控制系统中考虑安全库存的订货量

定期检查库存系统中，只在特定的时间进行库存盘点，订货量每期都在变。定期检查库存系统必须防备提前期与下一个订货周期的缺货。因此，两种系统比较来说，定期检查库存系统比连续检查库存系统所需的安全库存大。

定期检查库存系统，其设置的安全库存，不仅要防止检查间隔期的缺货，还要防止提前期缺货，其安全库存为：

$$S = z\sigma_{T+LT} \tag{5-9}$$

式中，T 为检查间隔期；LT 为提前期；z 为是特定服务水平所对应的平均值的标准偏差的数值。

定期检查库存系统的订货量计算方法是：

订货量 = 最大库存量 − 现有库存量
　　　 = (检查间隔期期间需求 + 提前期期间需求) + 安全库存 − 现有库存量

即

$$Q = \bar{d} \cdot (T+\text{LT}) + z\sigma_{T+\text{LT}} - I \tag{5-10}$$

式中,现有库存量 I 包括已经订购而尚未到达的在途库存。

5.4 供应链库存管理

5.4.1 库存在供应链中的地位与作用

供应链库存管理的目标服从于整个供应链的目标,通过对供应链上的库存进行计划、组织、控制和协调,将各阶段库存控制在最小限度,从而削减库存管理成本,减少资源闲置与浪费,使供应链上的整体库存成本降至最低。与传统库存管理相比,供应链库存管理不再是作为维持生产和销售的措施,而是作为一种供应链的平衡机制。供应链库存管理不是简单的需求预测与补给,而是要通过库存管理改善客户服务,提高收益水平。

在供应链中持有周期库存是为了利用规模经济以降低成本。降低周转库存的关键在于削减订货批量。削减订货批量而不增加成本的关键是减少每次订货的固定成本。可以通过降低固定成本本身,或集中对多种产品、多个客户、多个供应商送货,来达到减少固定成本的目的。

在供应和需求不断变化的情况下,安全库存有助于供应链向顾客提供较高水平的产品可获得性。持有安全库存是为了防止需求超出预期数量,或者补货的到达比预期的要迟。安全库存受需求不确定性、补货提前期、提前期变动性和期望的产品可获得性水平等的影响。如果供应链能够减少需求变化、缩短补货提前期并减小提前期的波动,需求的安全库存就会降低,产品可获得性水平也会提高。还可以通过实体库存聚集,也可以通过库存的虚拟聚集来实现安全库存的下降,具体手段有:信息集聚、基于需求总量的专门化库存策略、产品替代策略、使用零部件通用性和延迟产品差异化策略。

库存在供应链中的地位与作用如图 5.17 所示。

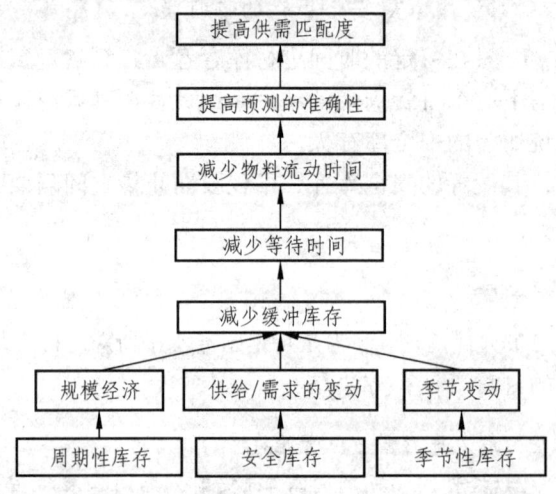

图 5.17 库存在供应链中的地位与作用示意图

5.4.2 多级库存管理

库存遍布供应链各个环节,这些库存很少是相互独立的。供应链某一环节和最终顾客之间的所有库存被称为级库存(Echelon Inventory)。供应链中每一级的级库存等于该级的现有库存加上所有下游库存(下游意味着接近客户)。因此,管理整个多级(Multi-echelon)供应链的库存而不是各个环节独自管理库存十分重要。

1. 多级周转库存管理

在一个多级供应链中,各环节在进行批量决策时缺乏协作会导致高成本和更大的周期性库存。多级系统的目标是通过协调供应链各环节间的订货行为降低总成本。

在多级供应链中,通过整数补货策略实现同步,可以降低周期库存和订货成本,如图 5.18 所示。如果跨越两个环节的整数补货策略是同步的,分销商就可以对它供应给下一环节的货物部分地实施越库(Cross-docking)配送运作。图 5.18 显示了当零售商的订货频率不高于分销商的订货频率(每两周或四周)时,分销商利用越库配送进行发货的情况。如果零售商的订货频率(每周订货)高于分销商,则有一半的订单实施越库配送,而另一半订单由库存予以补充。在上述策略下,每一环节的再订货间隔期都为某一基本再订货间隔期的倍数。实现整数补货策略同步化,能推动供应链中越库配送策略的应用。

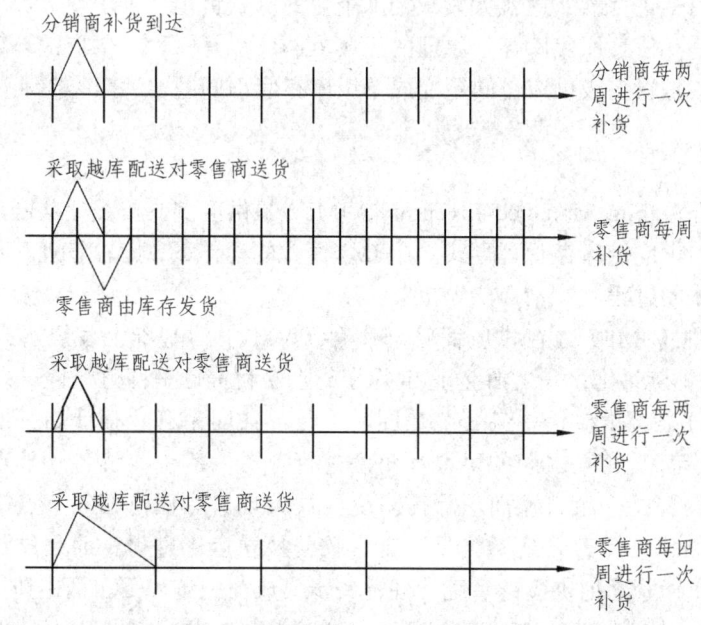

图 5.18 整数补货策略图解

2. 多级安全库存管理

多级供应链所有环节的安全库存水平是相互关联的。在多梯级的情况下,任何一级的安全库存水平应该基于下一级安全库存水平来确定。比如分销商在确定安全库存水平时,应该基于它所供应的所有零售商持有的安全库存水平。零售商持有的安全库存越多,分销商需要的安全库存就越少。如果零售商降低它们的安全库存水平，分销商就必须增加安全库存以确保对零售商的定期补货。

如果供应链的所有环节试图管理它们的梯级库存，弄清楚库存在各个环节间是如何分配的就十分重要。多级供应链中的库存决策必须考虑不同环节安全库存的持有水平。如果持有库存的成本很高而且顾客可以容忍延期供应，那么最好在远离终端客户的供应链上游设置更多的安全库存，以获得聚集收益。如果持有库存的成本很低且顾客对时间非常敏感，那么最好在接近最终顾客的供应链下游设置更多的安全库存。

5.4.3 供应链库存管理策略

1．供应商管理库存

供应商管理库存（Vendor Managed Inventory，VMI）是将管理和补充库存的责任从客户方转向供应方。相对于按照传统用户发出订单进行补货的传统做法，供应商管理库存策略下，顾客不再需要主动向供应商订货，而是把销售情况、商品的利用率或消耗率等信息与供应商共享。利用这些信息，供应商就可以更好地计划和安排原材料采购、生产及产品的配送，顾客也能更容易更可靠地获得产品。供应商还能降低安全库存量，提高资产利用率。

对客户而言，在降低库存量的同时，缺货的风险也降低了。在某些情况下，客户在商品被销售前甚至不用支付货款，这就大大减轻了企业的资金负担。供求双方都可以从中获益。供应商管理库存是"信息取代库存"原理的经典范例，也是一种在供应链环境下的库存运作模式，本质上，它是将多级供应链问题变成单级库存管理问题。

2．联合库存管理

联合库存管理（Joint Managed Inventory，JMI）是供应链成员企业共同制订库存计划，并实施库存控制的供应链库存管理方式。在 JMI 模式的运作下，库存管理不再是独立运作过程，而是一个整体的过程。

联合库存管理（JMI）是在供应商管理库存（VMI）的基础上发展起来的，可看作是VMI 的进一步发展与深化，是上游企业和下游企业权利责任平衡且风险共担的库存管理模式。联合库存管理强调供应链中各个节点同时参与，共同制订库存计划，使供应链过程中的每个库存管理者都从相互之间的协调性角度进行考虑，使供应链各个节点之间的库存管理者对需求的预期保持一致，从而消除需求变异放大现象。任何相邻节点需求的确定都是供需双方协调的结果，库存管理不再是各自为政的独立运作过程，而是供需连接的纽带和协调中心。联合库存管理把供应链系统管理进一步集成为上游和下游两个协调管理中心，库存连接的供需双方从供应链整体的观念出发，同时参与、共同制订库存计划，实现供应链的同步化运作，进而部分地消除了由于供应链环节之间的不确定性和需求信息扭曲现象导致的供应链的库存波动。

实现联合库存可借助第三方物流（Third party Logistics，TPL）具体实施。把库存管理部分功能代理给第三方物流公司，使企业更加集中于自己的核心业务，增加了供应链的敏捷性和协调性，提高了服务水平和运作效率。

3．协同式供应链库存管理

20世纪90年代末，一种面向供应链的策略的协同计划、预测和补货计划（Collaborative Planning Forecasting & Replenishment，CPFR）开始应用。协同计划、预测和补货计划（CPFR）是一种协同式的供应链库存管理技术，它能在降低销售商的存货量同时，增加供应商的销售量。中华人民共和国国家标准《物流术语》中，CPFR被定义为：应用一系列的信息处理技术和模型技术，提供覆盖整个供应链的合作过程，通过共同管理业务过程和共享信息来改善零售商和供应商之间的计划协调性，提高预测精度，最终达到提高供应链效率，减少库存和提高客户满意程度为目的的供应链库存管理策略。

零售商与制造商之间大规模应用CPFR的4种最普遍的情形，如表5-5所示。

表5-5 4种常见的CPFR情形

CPFR情形	供应链中的应用领域	应用的行业
零售活动协同	经常促销的渠道或种类	除了实施每日低价策略的所有行业
配送中心补货协同	配送中心或分销配送中心	药品、硬件、杂货业
商店补货协同	向商店直接送货或零售配送中心向商店送货	大宗批发店、俱乐部商店
协同分类计划	服装和季节性产品	百货商店、专业零售

1）零售活动协同

零售活动协同要求双方确认合作中的品牌和产品最小库存单元（SKU）。双方还必须共享详细的活动信息，如活动开始时间、活动持续时间、价格点、广告及陈列战术等。当发生变化时，零售商必须更新信息。然后进行针对活动的预测，并共享此信息。这些预测再变成计划订单和交货安排。当活动开始进行时，监控销售量以确认任何变化或例外情况，这些变化和例外情况由双方多次协商解决。宝洁公司与许多合作伙伴，如沃尔玛公司，它们已完成某种形式的零售活动协同。

2）配送中心补货协同

配送中心补货协同可能是实践中最常见，也是最容易实施的协同形式。在这种情形中，贸易双方协同预测配送中心的出货或配送中心对制造商的期望需求。这些预测被转化为配送中心向制造商下的订单流，这些订单在一定时间期限内被承诺或锁定。此信息可以让制造商将这些订单纳入将来的生产计划，并根据实际需求生产相应的订单。因此，它降低了制造商的生产成本，也降低了零售商的库存和缺货数量。

配送中心补货协同相对较容易实施，因为它需要的是综合预测协同，而不是需要共享详细的POS数据。因此，它通常是协同的开始。随着时间的推移，这种形式的协作可以扩展到供应链的所有存储点，从零售商货架到原材料仓库。

3）商店补货协同

在商店补货协同中，贸易伙伴在商店POS预测基础上进行协同。这些预测然后转化为一系列商店订单，这些订单在一定期限内得到承诺。这种形式的协作比配送中心的协作较难实施，特别是当商店较小时。商店补货协作对于较大型商店，如好事多（Costco）会员仓储零售商而言较容易实施。商店协作的好处包括制造商有更明晰的销售数据，提高了补货准确度，提高了产品供给水平并减少了库存。这种协作对于新产品和促销来说更为有益。制造商和供应商可以使用此信息来提高运作。

4）协同分类计划

时装及其他季节性产品的需求满足季节性模式。因此，这些产品的协调计划只有一个季节周期，并在季节交替时进行。由于需求存在季节性，因此预测对历史数据依赖较少，而更依赖于对行业趋势、宏观因素和顾客品位的协同分析。在这种协作形式中，贸易伙伴共同开发分类计划。它的输出是样式/颜色/尺寸的计划采购订单。在时装表演上，双方会展示样品，并制订最终商品决策。而这份计划订单在时装表演前就已经以电子方式共享了。计划订单有助于制造商采购那些提前期较长的原材料并安排产能。当产能具有相当的柔性能够生产多种产品并且原材料对于不同的最终产品而言有一些共性时，这种协同形式最有用。

案例分析：安富利（AVNET）的库存难题

安富利（AVNET，以下简称 A 公司）成立于 1955 年，经过几十年的发展，现已成为全球最大的电子元件及计算机产品经销商，并成功进入全球财富 500 强。A 公司代理着 500 多家全球电子元件供应商的产品，经销半导体、连接器、无源器件和机电元器件及计算机产品。A 公司全球客户包括 Cisco、爱立信、IBM、HP、DELL 等 10 余万家，在亚洲、美洲和 EMEA（欧洲、中东和非洲）共有 18 家分销、编程和增值服务中心。亚洲区是 A 公司旗下的运营机构，其总部位于新加坡，在亚太地区设有 38 家销售机构。自 1995 年以来，A 公司在亚太地区完成 12 项重大并购，使其业务遍及中国、印度、韩国、澳大利亚、新西兰以及东南亚国家。

在 A 公司的众多分公司中，成都分公司主要为川渝两地的电子制造及设计企业提供服务，本案例主要是对 A 公司的成都分公司的库存管理进行分析。由于在电子元件分销行业中，供应商控制了整个产业的上游，而现有的购买者的能力相对有限，因而此行业的竞争异常激烈。如果 A 公司希望继续保持其竞争优势，就必须不断根据市场情况调整自身的运作情况，而其中的库存管理则是需要着重考虑的环节之一。

1. A 公司的业务范围及其特点

A 公司的主营业务是分销，其地位属于供应链的中间环节。在供应链中 A 公司成都分公司和上下游企业的关系如图 5.19 所示。从图中可以看出，在电子元件分销行业中，A 公司属于比较关键的一环，上游的企业需要将生产出来的货物交由 A 公司进行销售，下游的生产厂家需要由 A 公司提供原材料进行生产。如果 A 公司出现问题，整个电子元件分销供应链就会陷入困境。因而 A 公司良好的运营对供应链的正常运作有着重要的作用。

A 公司凭借其独特的分销模式赢得了市场，而这种独特的分销模式又与 A 公司的整个运作模式（包括库存管理）紧密联系，下面对 A 公司的特点进行分析：

（1）自身资源与行业情况结合，拥有独特的供应链环节优势。

A 公司是全球运作的分销商，众多而良好的上下游客户资源，使得 A 公司具备了第一时间接收元器件市场信息的条件。正是由于有这样的需求和独特的优势，作为连接元器件供应商和厂商之间的桥梁，A 公司才能将自己变成全球元器件供应链条中的一个关键中枢。

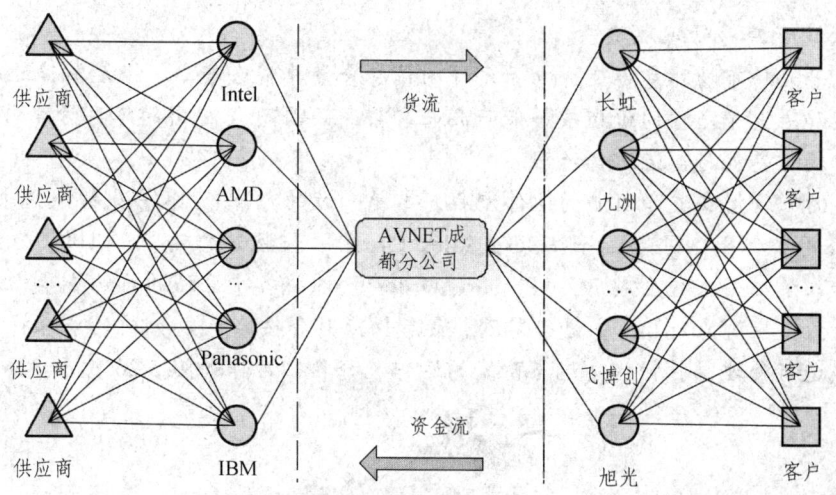

图 5.19 A 公司成都分公司和上游及下游企业的关系示意图

（2）产品与服务结合，为客户提供"一站式"服务。

A 公司能组织其全球的供应商资源，按照 BOM（Bill of Material，采购物料清单）为生产商提供一揽子物料服务。除此之外，A 公司还具备十几亿美元的现货库存，能将客户需要的电子元器件进行全球调配，从而为客户降低了一定的风险。同时，A 公司的信息系统与一些元器件供应商连通，可以有效地评估市场信息，为厂商、CM（Contract Manufacturer，合同制造商）进行预测备货，全面处理厂商的库存信息。

（3）独特的分销模式，为客户提供独特的增值服务。

A 公司主要提供 3 方面的增值服务：一是核心分销业务，主要进行半导体等电子元件的销售，并协助元件制造商将产品销售到其自身能力不能及的更广阔的 OEM 市场。二是设计服务（Avnet Design Services），主要承包客户的设计工程服务，包括统包设计、客户集成电路设计及知识产权再利用。这项服务补充了客户的内部设计资源，为客户减少了昂贵的工程开发工具投资，并缩短了产品面世的时间。三是整体服务，也叫综合物料服务（IMS，Integrated Material Service），主要是为需要外包物料管理等非核心业务的客户服务。在理想状态下，通过 A 公司的 IMS 服务，其可以将自身的仓库建到生产商的生产线旁边（此时仓库称之为 in-plant 仓库），从而大大方便了客户，能够实现零库存的目标。

从整个供应链的角度看，A 公司的单一元器件价格未必是最低的，但其增值服务的效益却大大降低了供应链上的成本，为客户提供了独特的分销服务。

（4）拥有强大的技术资源。

A 公司在其凤凰城总部运用了 SAP 系统，控制着其全球 2 000 多个仓库的一举一动。在信息系统的指挥下，整个 A 公司正常有效地运转，订单的履行，元器件的配拣、包装等，完全是自动化的操作。A 公司的产品是通过 UPS 等公司送货的，其差错率控制在 0.1% 以下。通过信息系统，A 公司客户看到客户的需求预测，查询仓库的供货情况。而且由于此系统能把全世界所有客户对某种产品的订单汇集到一起，供应商可以根据总体需求量筹备生产，并将产品发送到 A 公司的各大仓库，大大节省了采购时间。

除了以上 4 点，A 公司还具有财务能力强、人力资源丰富、人员本土化等特点，这些特点也是 A 公司的竞争优势，这些优势使得 A 公司在竞争激烈电子元件分销行业获得了市场。

2. A 公司的库存管理现状

由于电子元件市场瞬息万变,电子元件的信息含量非常密集,一个元器件的规格含有多种参数,再加上电子元件的价值较一般产品而言较高,因而 A 公司的库存管理内容复杂。

(1)货物信息流与商流运作流程。

A 公司的货物信息流和商流的运作流程基本是一致的。首先,客户先按照需求进行订货,然后由 A 公司成都分公司产生一个 SO(Sales Order),即区域订购量;其次 SO 经由公司的信息系统传入总公司系统生成 PO(Procure Order),即将各个区域的订购量集中生成总的采购量,然后向供应商(如 Intel)进行采购;最后供应商会按照 A 总公司的要求将货物发送到指定的区域进行处理。货物信息流与商流的运作流程具体运作如图 5.20 所示。

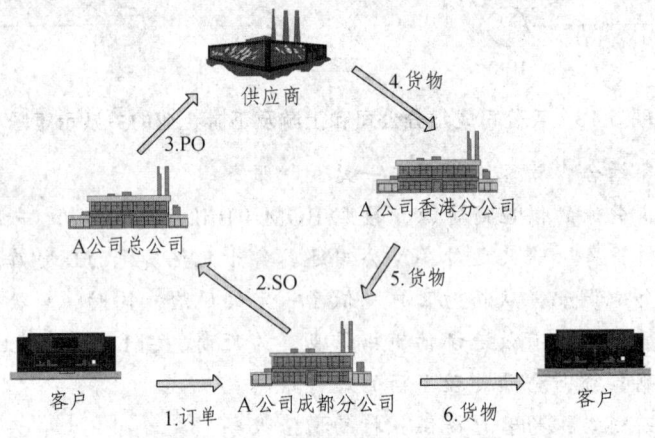

图 5.20　货物信息流与商流运作流程

(2)物流运作流程。

由于中国的具体情况,A 公司并没采用将其自身的仓库建到生产商的生产线旁边的模式,即 in-plant 仓库模式。针对中国大陆区域的业务,A 公司在香港和深圳地区建立保税仓库,并按照不同的结算方式分别对 A 公司的货物进行处理。A 公司的结算有美元和人民币两种方式,以美元结算的客户,货物按照 CIF 的方式进行处理。CIF(Cost, Insurance and Freight)是国际贸易中装运交货的术语,指成本加保险费加运费的方式,按此术语成交,由卖方安排货物运输和办理货运保险,但卖方并不承担保证把货送到约定目的地港的义务,货价的构成因素中包括从装运港至约定目的地港的通常运费和约定的保险费。故当客户与 A 公司以美元进行结算的时候,A 公司的货物全部由香港保税仓库提供,A 公司只负责从香港空港到成都空港的运输过程,而从成都空港运至客户的需求地以及报关等手续则由客户自行负责。当客户与 A 公司以人民币结算的时候,A 公司负责报关和运抵客户的工作,一些货物由香港保税仓库直接空运并由陆运至客户处,一些客户由香港保税仓库由陆运过关至深圳保税仓库,并从深圳装船运输至客户处。A 公司的物流具体运作如图 5.21 所示。

(3)库存管理。

A 公司的库存管理可分为 3 类:专用件的管理、通用件的管理和存储器管理。专用件主要是一些专用的主芯片,如长虹和海尔的 32 寸液晶电视的主芯片,一个是用 MSTAR6M69,另外一个是用 MTK8222。这种专用件是根据设计而定制的,不能随便更换,具有特殊性,针对性强,产品的生命周期稍长等特点。目前 A 公司考虑到其专有及运作的特点,专用件是交

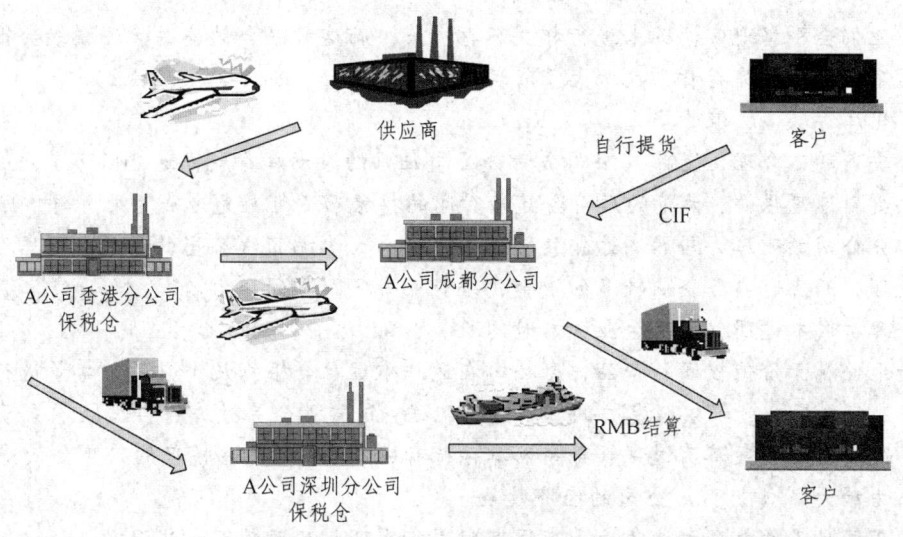

图 5.21 物流运作流程

由销售人员进行管理；通用件主要是一些市场上较为普遍的器件，如上面长虹和海尔液晶电视的主芯片虽然不同，但它们的三段稳压管是一致的。这种通用件是可以在不同的客户中流通的，故 A 公司将这种通用件的库存管理交由市场人员负责，市场人员可以将所有客户的需求加起来，然后按照总的订单量进行采购和销售；存储器是介于专用件和通用件之间的元件，它具有通用件和专用件的特点，而且价格变换非常快。为了进行灵活管理，A 公司采用市场人员和销售部门结合的方式进行库存控制。即当价格低时，市场人员可先按照总的订购量将货品采购回来，然后分给不同区域的销售人员进行处理，如果没法判断市场情况，则只能由销售人员按照实际情况的订单进行购买。

（4）库存成本。

A 公司成都分公司的库房中的积压物资较多，公司库存成本偏大，电子元件的管理较困难。

（5）库存周转率。

库存周转率是评价库存管理的重要数据之一，库存周转率越大，说明资金使用效率越高，库存管理工作越有成效。由于电子元件的特殊性，电子元件分销企业必须保持较快的库存周转，目前 A 公司近 3 年的平均库存周转率在 1.5 次/月，相当于备有 6 个星期的库存。

（6）死库存。

死库存同样是评价库存管理的重要数据，死库存越少，说明资金占有量越少，库存管理工作良好。A 公司的死库存波动较大，占据了公司大量的资金，极大地影响了公司的正常运作，从而严重影响了公司的经济效益。因而改善死库存较大的状况，减少死库存量是 A 公司在库存管理中需要解决的问题。

3. A 公司库存管理中存在的问题

从 A 公司的库存管理现状中可以发现其在库存管理中存在的问题如下：

（1）库存决策不合理。

A 公司通用件和专用件的库存决策分别由市场人员和销售部门负责，而存储器的库存决策则由市场人员和销售部门共同负责。实际运作中，市场人员和销售部门对市场存在着不同的认识，他们会根据现实情况来进行相关库存决策，而这种混合的库存管理模式会很容易造成冲突，不仅增加了库存量，也加大了管理的难度。

（2）死库存较多，浪费严重。

库存决策的不合理，使得A公司成都分公司每月的滚动库存就高达200万美元，由于电子元件的更新速度很快，大量的库存会随着时间的推移而不可避免地成为死库存，据统计A公司成都分公司的死库存居然高达销售额的12%，大大影响了A公司的利益。死库存过高不仅难以处理，而且会占据企业较多的资金，给企业带了沉重的压力。

（3）库存成本过高，占用企业资本时间长。

电子元件属于价值较高的产品，A公司在运作中往往会根据几个月的订单量进行大批量采购，采购完成后会分批按照客户的需求进行配送，这样就会导致库存占据A公司资金较长的时间，而且A公司死库存过高，会导致库存持有成本过高。这些情况的产生会使得A公司资金链压力加大，减少了A公司的经济效益。

（4）不同种类的电子元件库存由不同部门进行管理，库存管理方法混乱。

目前A公司的专用件是交由销售人员进行管理，通用件是交由市场人员进行管理，而存储器采用市场人员和销售部门结合的方式进行管理。3种种类的电子元件库存基本都有各自的管理方法，整个公司的库存管理缺乏统一性，管理方法比较混乱。

（5）需求预测不准确。

在实际运作中，A公司电子元件采购决策分别由市场人员和销售部门负责，无论是销售部门还是市场人员，对不同类型的元件的处理都是按照订单或经验进行的。在电子元件的供应链中同样存在着牛鞭效应，A公司这种仅按订单进行预测的方法不可避免地存在着较大的误差。

从以上问题可以看出，死库存较多是A公司库存管理中存在的主要问题；库存预测不合理，库存管理方法混乱，需求预测不准确既是A公司库存管理中存在的问题，也是导致死库存出现的部分原因；而库存成本过高则是死库存较多的直接结果。因此，采取有效的方法减少死库存，能有效地减少甚至避免以上问题的产生。

4. A公司库存管理问题产生的原因

A公司库存管理中出现的问题是多种因素导致的结果，既有内部的原因，也有外部的原因。

1）A公司库存管理问题产生的内因

（1）A公司在电子元件供应链中缺少话语权，使得其采购周期过长，最终导致库存数量的增加。

在电子元件供应链中，链主是制造电器元件的制造商。A公司处于供应链的中游，起着链接上游制造商和下游需求商的作用，在供应链中的话语权较弱。这样就使得A公司在采购方面不得不遵循链主的供应时间，无形中导致采购周期的延长，从而最终使得A公司不得不保持大量的存货以应对客户的需求。

（2）A公司库存管理方式混杂，管理方法存在弊端。

A公司由销售部和市场人员负责的分散式管理虽然符合当前A公司的运作情况，但从长远看仍然存在着弊端。因为无论是销售部门还是市场人员，对不同类型的元件的处理都是按照订单或经验进行的，这样存在着较大的误差；其次A公司进行库存工作的人员都兼有其他类型的工作，他们缺乏相关的库存专业知识，对库存的管理缺乏专业性，不利于进行高效的库存管理。这些缺乏专业性的行为，很容易给企业带来不必要的损失。

（3）A公司库存量的控制是依据经验进行的，缺少有效的库存控制方法。

A公司采购的电子元件市场瞬息万变，其信息含量非常密集，一个元器件的规格含有多种参数，看不到参数表就很难做出采购决策。当企业面对的是几种元器件的库存时，还能按照一定的经验和方法来进行控制，而当这种元器件的库存种类达到上万种的时候，要想找到一种有效的库存控制方式就变得相当的困难。A公司的市场人员和销售部门的库存控制方法难以达到满意的效果。

（4）A公司的预测方法不准确，导致采购量过多。

A公司利用信息系统来处理订单量，在订单完成后由总部进行全球采购而订单中的库存量是由客户定的，客户需要提供3个月份的库存订单，A公司按照第1个月100%、第2个月70%~80%、第3个月50%~60%的量进行供应，A公司进行月月滚动库存。从中可以看出，A公司缺乏对电子元件供应链牛鞭效应的考虑，单纯根据客户的订单进行采购是不准确的。而且A公司元器件的库存种类达到上万种，客户对每一元器件又将按照要求选择供应商，每一种元器件的市场变化都有着不同的趋势，要想对每一种元器件进行预测就变得相当困难。A公司不得不将其分类，并采用不同的预测方法进行库存控制，但是收效甚微。

2）A公司库存管理问题产生的外因

（1）电子元件供应链可变因素过多，牛鞭效应明显。

电子元件的供应链涉及众多的企业，每个企业都有自身的利益，各自都存在利益博弈现象，要进行供应链的整体控制非常困难。而且电子元件受多种因素的影响，很多因素都会引起不规则的购买倾向，供应链上的牛鞭效应明显且不可消除，A公司库存过多或过少都会对企业带来较大的影响，不可避免地产生库存管理问题。

（2）电子元件需求波动大，难以进行控制。

A公司的产品大类较多，而每一种又可根据用户对参数或元器件供应商的不同要求进行细分。由于电子元件市场的特点决定了其受影响因素较多，预测难度大，从而导致了对元器件的需求波动较大。

（3）客户需求多变，难以应对即时的要求。

客户对电子元件的需求是按照自身情况的预测得出的，这样的预测数据难免掺杂着错误的信息，而当客户意识到这种错误的信息时，客户会对元器件库存量进行修改，可是这个时候A公司已经完成了相关的库存准备，要按照客户的预测并在要求的时间内进行库存量修改已经成为无法完成的事情。这种需求的波动性给A公司的库存管理带来了很大的麻烦。

（4）企业违约现象严重。

由于市场变化过快，一些生产厂家来不及做出反应，很多电子元件来不及组装成相关电子产品进入市场就成为废品。在这种情况下，企业将已订的产品退订而进行的赔偿往往小于其将这些产品制造成成品后的损失，所以一些企业经常违约，并将这些库存交给A公司进行处理。这样就大大影响了A公司的正常库存，使库存管理变得混乱，而且这些电子元件失去了本区域的市场，已经成为死库存，要对这些库存进行处理是一件非常困难的事情。

从上面的分析可以看出，A公司库存管理出现问题的原因是多样的。而其中库存量控制无效、库存管理方法不当、预测不准确、供应链上可变因素过多是造成A公司死库存过多的主要原因，A公司需要着重解决。

资料来源

陈军. A公司库存管理研究[D]. 电子科技大学, 2009.

王莹. 安富利在华布阵——访安富利电子元件部亚洲总裁黄建雄[J]. 电子产品世界, 2005（17）: 137.

姚钢. 安富利: 将本土IC推向全球[J]. 电子设计技术, 2007（1）: 130.

孙俊杰. 安富利: 继续加大亚洲投入[J]. 电子经理世界, 2007（1）: 33-34.

任苙萍. 安富利强强整并综效彰显 深耕中国电子元器件分销市场[J]. 电子与电脑, 2006（12）: 32-34.

思考题

1. 什么是库存？库存控制的内容是什么？
2. 库存的类型有哪些？
3. 库存的基本模型有哪些？
4. 什么是供应商管理库存？

第 6 章 供应链环境下的生产计划与控制

本章介绍生产计划与控制系统的框架与演变,供应链管理环境下生产计划与控制系统的特征。介绍不同生产类型的运营管理策略。通过本章学习,旨在理解大规模定制、准时制生产和精益生产的基本思想及其计划与控制系统。理解计划与控制系统的设计。

6.1 供应链管理环境下的生产计划与控制

6.1.1 现代生产/运营管理的特征

20 世纪 90 年代以来,随着全球制造、敏捷制造、虚拟制造等先进制造模式的出现和市场竞争环境的快速变化,以及以动态联盟为特征的新的企业组织形式的出现,使原有的企业生产组织和资源配置方式发生了质的变化。生产管理的新思想和新方式不断出现,像计算机集成制造系统(Computer Integrated Manufacturing System,CIMS)、并行工程(Concurrent Engineering,CE)、精益生产(Lean Production,LP)、准时制(JIT)生产等在实际生产中逐步得到推广和应用。现代生产/运营管理具有以下特征:

1. 生产管理范围扩展

在制造业内部,生产的概念与过去有很大的不同。生产系统在以市场为导向的同时,已将其功能向上游延伸扩展到战略制定、产品创新设计乃至与资源的供应合为一体。日本的本田公司就把供应商的活动视为其生产系统的有机组成部分加以控制和协调。生产系统的后延是指企业的生产职能已扩展到产品销售和售后服务方面,把为用户安装、维修和培训当作企业生产活动的重要组成,甚至许多企业已把本企业产品的使用场所视为本企业生产系统的空间延伸,在那里完成产品的制造改进。

生产概念的扩大,使生产管理(Production Management)研究的导向和内容发生了很大的变化。人们在继续研究制造业的生产管理问题的同时,已经开始把服务业的问题作为生产系统的一个重要方面加以研究。将凡是有投入(Input)——转换(Transformation)——产出(Output)的组织的活动都纳入其研究范围,不仅包括工业制造企业、而且包括了服务业、社会公益组织及市政府机构,运营系统如图 6.1 所示。特别是随着国民经济中第三产业所占比重越来越大,对其运营的管理日益重要,也成为运营管理(Operations Management)研究的重要内容。目前,许多更适用于制造业与服务业的新的生产与运营管理(Production and Operations Management)理论和方法不断被提出来,并应用于实践中。运营与供应链管理

（Operations and Supply Chain Management，OSCM）是对企业生产交付产品或服务的系统进行的设计、运作以及改进。

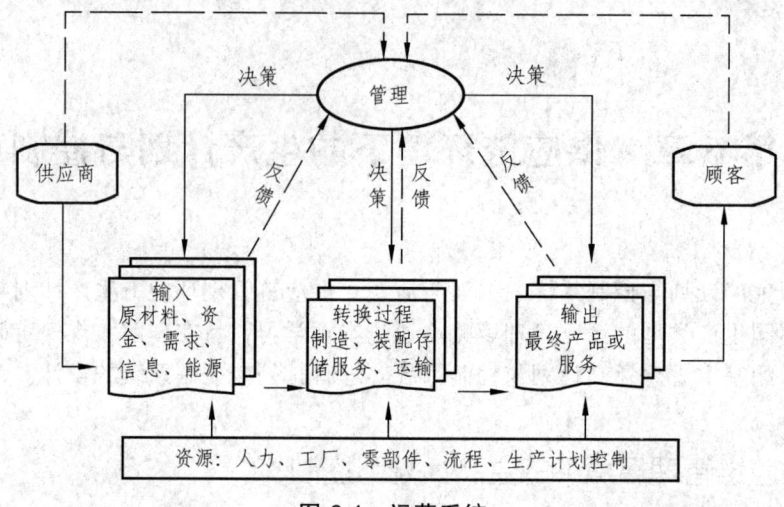

图 6.1 运营系统

【案例 6.1】投入（Input）——转换（Transformation）——产出（Output）运营系统的示例如表 6-1 所示。

表 6-1 运营系统示例

系统	输入	资源	转换过程	期望输出
汽车制造厂	钢材、发动机、零部件等	生产设备、工具、技术人员、	制造和装配	高质量汽车
航空公司	旅客	飞机、客服人员、驾驶员、机场及地勤人员等	飞向目的地	安全、准时到达终点
餐馆	顾客	食物、厨师和服务员、环境等	烹调食品、提供用餐服务	满意的顾客
百货商店	顾客	商品展示、存储、售货员	吸引顾客、销售商品	满意的顾客
咨询公司	情况、问题	咨询顾问、数据库	咨询	建议、办法、方案
大学	高中毕业生	教师、教室、实验室、图书馆等	传授知识和技能	受过高等教育的人
医院	病人	医生、护士、药品、医疗设施	医疗、护理	康复的病人

2．多品种小批量生产方式成为主流

制造业的生产方式经历了 3 个发展阶段：①用机器代替手工，从作坊形成工厂；②从单件生产方式发展到大量生产方式；③ 从大批量生产方式到多品种小批量的柔性、集成化、智能化生产方式。

一方面，在市场需求多样化面前，大量生产方式逐渐显露出其缺乏柔性，不能灵活适应市场需求变化的弱点；另一方面，飞速发展的电子技术、自动化技术，以及计算机技术等，从生产工艺技术以及生产管理方法两方面，使大量生产方式向多品种、小批量生产方式的转换成为可能。因此，大量生产方式正逐渐丧失其优势，生产管理面临着多品种、小批量生产与降低成本之间相矛盾的新挑战，从而给生产运作管理带来了从管理组织结构到管理方法上的一系列新变化。

3．计算机技术和现代化管理技术得到广泛运用

计算机技术给企业的生产经营活动，以及包括生产管理在内的企业管理带来了惊人的变化。计算机辅助设计（Computer Aided Design，CAD）、计算机辅助工艺过程设计（Computer Aided Process Planning，CAPP）、计算机辅助制造（Computer Aided Manufacturing，CAM）、物料需求计划（Material Requirements Planning，MRP）以及生产系统中出现的成组技术（GT）、柔性制造技术（FMS）等技术在企业生产以及企业管理中的应用极大地提高了生产和管理的自动化水平，从而极大地提高了生产率。近 20 年发展起来的计算机集成制造系统（CIMS）技术，使得企业的经营计划、产品开发、产品设计、生产制造以及营销等一系列活动有可能构成一个完整的有机系统，从而更加灵活地适应环境变化的要求。计算机技术具有巨大的潜力，它的应用和普及将给企业带来巨大的效益。但是，这种技术的巨大潜力在传统的管理体制和管理模式下是无法充分发挥的，必须建立在能够与之相适应的生产经营综合管理体制与模式，并进一步朝着经营与生产一体化、制造与管理一体化的高度集成方向发展。

6.1.2 生产计划与控制系统

计划与控制（Planning and Control）是企业管理的首要职能，统一指导着企业的各项经营生产活动。计划的实质是使企业如何通过制造和销售产品获取利润。控制的作用是使计划执行的结果不超出允许的偏差。计划与控制像人的神经中枢一样，协调企业各项生产经营活动以实现企业的战略经营目标。生产计划与控制（Production Planning and Control）系统有 5 个主要层次，如图 6.2 所示：

（1）经营计划（Business Plan，BP）：确定企业的经营目标和策略，为企业长远发展做出规划。经营计划是在企业高层领导主持下与市场、生产、计划、物料、技术与财务各部门负责人共同制定。

（2）销售与运作计划（Sales and Operations Planning，SOP）：是为了使企业的产品系列生产能够体现企业经营计划要求，配置可用的生产资源，以平衡销售或市场供应，形成的企业统一的计划。它有些近似于我国一些企业的综合计划，指导思想仍然是供需平衡。

决定所需资源并将其与可用资源进行比较的过程发生在计划的每个层次，该层次对应的长期能力计划是资源需求计划（Resource Requirements Planning，RRP）。资源需求计划是一种平衡需求的极其粗略的能力计划，主要是对比关键的资源消耗指标，不涉及工艺路线。

（3）主生产计划（Master Production Schedule，MPS）：是对最终产品的生产所做的计划。

它根据客户合同和预测,把销售与运作计划(SOP)中的产品系列具体化,确定出厂产品,起到了从宏观计划向微观计划过渡的承上启下作用。与主生产计划(MPS)相伴运行的是中期能力计划——粗能力计划(Rough-Cut Capacity Planning,RCCP)。粗能力计划通常只考虑关键资源是否可用。关键资源包括瓶颈作业、人工及关键物料(如稀缺的或提前期较长的物料)。一般仅考虑计划订单和确认订单,忽略在近期正在执行的和未完成的订单,也不考虑在制品库存。

(4)物料需求计划(Material Requirements Planning,MRP):根据 MPS 的需求,展开物料清单(Bill of Material,BOM),编制相关需求件的计划。与物料需求计划(MRP)相伴运行的是短期能力计划——能力需求计划(Capacity Requirements Planning,CRP)。能力需求计划(CRP)根据准备下达、已下达和未结订单的任务负荷,按时段核查所有相关工作中心的能力,有无超负荷或任务不足,能否满足需求计划。

(5)生产作业控制(Production Activity Control,PAC):是计划的执行层次,主要控制加工单的下达、控制加工件在工作中心加工的工序优先级、控制投入产出的工作量、控制加工成本。

此外,系统通过需求管理(Demand Management,DM)收集市场信息、预测客户需求、接收订单、确定具体的产品需求等。它同销售与运作计划(SOP)和主生产计划(MPS)相连接。

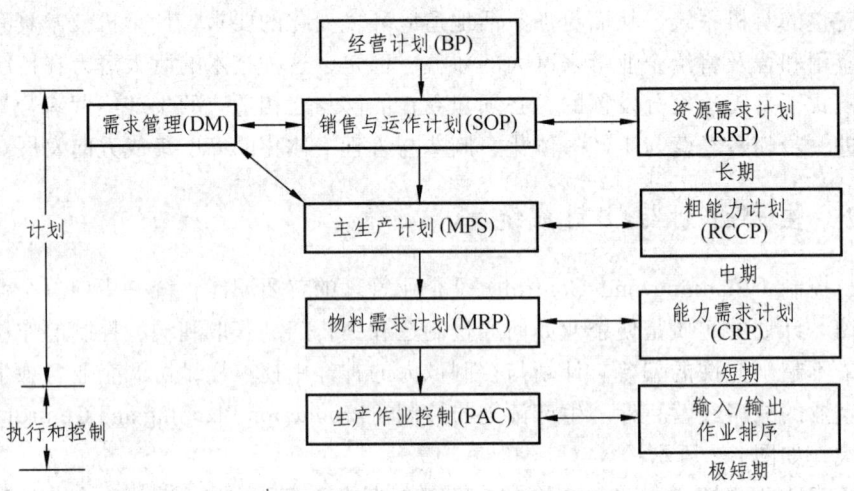

图 6.2 生产计划与控制系统框架

这 5 个层次中,商业计划(BP)、销售与运作计划(SOP)带有宏观规划的性质;主生产计划(MPS)是宏观向微观过渡的层次;物料需求计划(MRP)是微观计划的开始,是具体的详细计划;而生产作业控制(PAC)是进入执行或控制计划的阶段。采购作业虽同属执行层,但所涉及的是企业外部资源。通常把前 3 个层次称为主控计划(Master Planning),说明它们是制定和实现企业经营战略目标的计划层次。

6.1.3 供应链环境下生产计划与控制系统的特征

随着知识、技术和市场的变化,生产计划与控制系统也发生着改变,如图 6.3 所示。

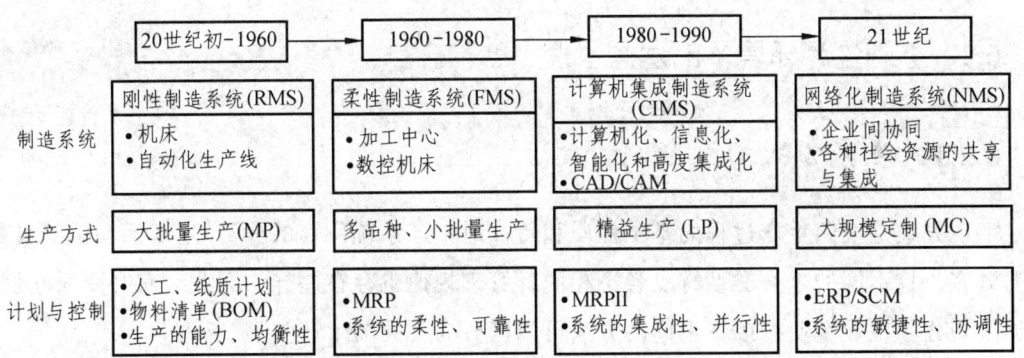

图 6.3 生产计划与控制系统的演变

产品更新换代加快，用户的各种需求不断增加。质量、价格、交货期这市场三要素的竞争越来越激烈。在激烈的市场竞争中，制造企业为了增强自身的应变能力，必须建立柔性化、集成化和智能化的生产模式。制造系统经历了从刚性制造系统（Rigid Manufacturing System，RMS）、柔性制造系统（Flexible Manufacturing System，FMS）、计算机集成制造系统（Computer Integrated Manufacturing System，CIMS）、网络化制造系统（Network Manufacturing System，NMS）的演变。生产方式也从大批量生产（Mass Production）发展到大规模定制（Mass Customization）。相应地生产计划与控制也发生了一系列的新变化，从基本计划系统，向物料需求计划（Material Requirement Planning，MRP）、制造资源计划（Manufacturing Resource Planning，MRP II）、企业资源计划（Enterprise Resource Planning，ERP）发展。MRP/MRP II/ERP/ERP II 特点汇总见表 6-2。21 世纪在供应链环境下，制造系统出现了网络化、虚拟化的趋势，通过联合设计生产计划与控制系统对供应链进行优化，能够在响应性、库存以及削弱牛鞭效应方面获得潜在优势。

表 6-2 MRP/MRP II/ERP/ERP II 特点汇总

计 划	MRP	MRP II	ERP	ERP II
起源年代	1965	1980	1990	2000
命名人	J.Orlicky	W.O.Wight	（GG 分析家）L.Wylie	（GG 分析家）B.Bond
环境	市场竞争加剧/计算机技术发展		经济全球化/互联网	
信息集成	物料信息集成	物流/资金流集成	供需链合作伙伴集成	
解决问题	销产供协同运作	财务/业务信息同步	合作竞争/协同商务	
核心思想	独立/相关需求优先级计划；供需平衡原则	管理会计模拟决策	供需链管理/敏捷制造/精益生产约束理论/价值链/业务流程重组	
推动机构	APICS	APICS	Garther Group Inc.	Garther Group Inc.
经典文献	*Material Requirement Planning*	*MRP II Standard System* 等	*ERP: A Vision of the Next-Generation MRP II Conference Presentation（1993）*	*ERP is Dead-Long Live ERP II*

资料来源：陈启申. ERP——从内部集成起步[M]. 北京：电子工业出版社，2005.

6.2 不同生产环境下的运营管理

6.2.1 生产方式的划分

生产方式是按照生产过程的基本性质和特征对生产系统所作的分类。生产活动错综复杂、种类繁多,且不同的生产类型特点各不相同,管理规律也存在差异,因此,有必要对它们进行类型划分。工业企业按以下不同的方法可以区分为不同的生产类型。

1. 按生产的连续程度可分为连续生产和离散生产

连续生产(Continuous Flow Production)又称流程式生产,是指从原材料投入生产以后,需要经过许多相互联系的加工步骤才能最后生产出产成品。连续生产的产品一般是企业内部其他工厂的原材料,产品标准化程度高,产品品种少,产品基本没有客户化。此类产品主要有石化产品、钢铁和初始纸制品等。连续生产的自动化水平一般都较高,单一产品的生产永不停止,机器设备一直运转,因此,连续生产的设备维护非常重要。连续生产的运营管理重点是安全性和可靠性。

离散生产(Discrete production)是指输入生产过程的各种要素是间断性地投入。离散生产的产品受消费者影响大,市场不稳定,产品构成较复杂,一般由很多零部件构成。产品生命周期较短,变化很快。相对于连续生产,离散生产的计划、组织与协调任务较重,运营管理比较复杂。离散生产可以进一步细分为单件生产、成批生产和大批量生产。

1)单件生产(Job Shop Production)

单件生产以小批量和定制生产形式为主,生产效率低而产品价格高,质量难以持续保证,服务的市场面狭窄,生产周期较长。产品对象基本上是一次性需求的专用产品,一般不重复生产。因此生产中品种繁多,生产对象不断在变化,而通常生产设备和工艺装备采用通用性的,且工作的专业化程度很低。例如,新产品试制、重型机械和专用设备的制造等均属于单件生产。

2)成批生产(Batch Production)

成批生产也叫多品种小批量生产,是在一定时期重复轮换制造多种产品的一种生产类型。例如,机床、机车、电动机和纺织机的制造属于成批生产。

3)大批量生产(Mass Production,MP)

大批量生产又被称作重复生产,是生产大批量标准化产品的生产类型。特点是产品产量大,一般采用专用设备重复地进行生产,专业化水平高。

根据产品品种、产量与生产过程连续性的直接关系,可以构成产品与生产过程的矩阵,如图6.4所示。

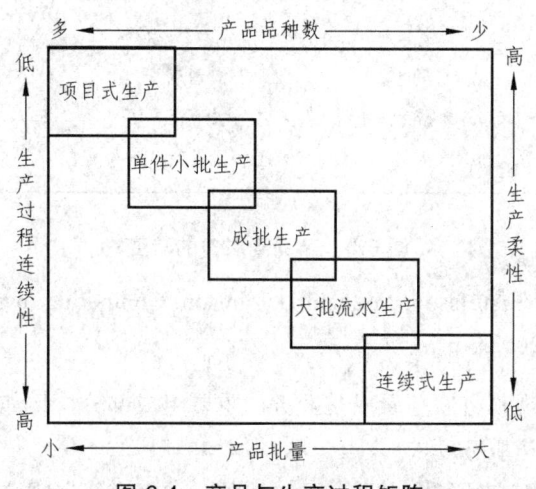

图 6.4 产品与生产过程矩阵

2．按定制的程度可分为现货式生产与订单式生产

现货式生产（Make to Stock，MTS）也称存货型生产、备货生产和按库存生产，是在对市场需求量进行预测的基础上，按已有的标准产品或产品系列，有计划地进行生产，生产目的是为了补充库存。现货式生产管理的重点是抓产、供、销之间的衔接，按量组织生产，通过成品库存随时满足用户需求，例如家用电器、标准件、汽车等的生产。

订单式生产（Build to Order）是根据用户提出的具体订单要求组织生产，生产出来的成品在品种、规格、数量、质量和交货期等方面有差异。订单式生产管理的重点是抓交货期；且由于按订单组织生产，所以基本无库存。订单式生产可进一步细分为以下 3 种方式：

（1）按订单装配（Assemble To Order，ATO），是指接到客户订单后，将已有的零部件经过再配置后向客户提供定制产品的生产方式，如汽车、个人计算机等。在这种生产方式中，装配活动及其下游的活动是由客户订货驱动的。

（2）按订单制造（Make To Order，MTO），是指接到客户订单后，在已有零部件的基础上进行变型设计、制造和装配，最终向客户提供定制产品的生产方式，大部分机械产品属于此类生产方式。

（3）按订单设计（Engineer To Order，ETO），接到客户订单后，按照订单的具体要求，设计能够满足客户特殊要求的定制化产品，从供应商的选择、原材料的要求、设计过程、制造过程以及成品交付等都由客户订单决定。按订单设计最大的特点就是支持客户化设计，从最大程度上满足了客户个性化的产品需求，因此在运营管理上面临更大的挑战。

3．按产业性质可分为制造业与服务业

制造是提供有形产品，服务则提供无形产品。目前，世界经济的重心已经从制造业转向服务业，全球竞争的焦点已经逐渐从产品转向服务。发达的现代服务业已经成为衡量一个国家和地区综合进步和现代化程度的一个重要标志。图 6.5 列出了由纯产品到纯服务的转变过程。这里的变化主要针对企业核心业务，从只生产有形产品的公司到只提供服务的公司。

纯产品	核心产品	核心服务	纯服务
食物产品	家用电器	酒店	教育
化工产品	数据存储系统	航空客运	医务咨询
图书出版	汽车	互联网服务供应	财务咨询
产品 →			服务

图 6.5 产品到服务的转变

资料来源：Anders Gustofsson, Michael D Johnson. Competing in a Service Economy. SAN Francisco: Jossey-Bass, 2003，p.7.

以产品为主的企业现都将服务看成是业务的重要组成部分。比如汽车生产商会向分销商的维修中心提供零件配送服务。

以服务为主的企业则必须结合有形产品。比如，一家有线电视公司必须向客户提供有线连接装置、维修服务以及高解析度的分线盒。

6.2.2 不同生产环境的响应策略

1．提前期与生产环境

根据对提前期的期望不同，应采取有差异的需求响应策略，提前期与生产环境的示意图，如图 6.6 所示。

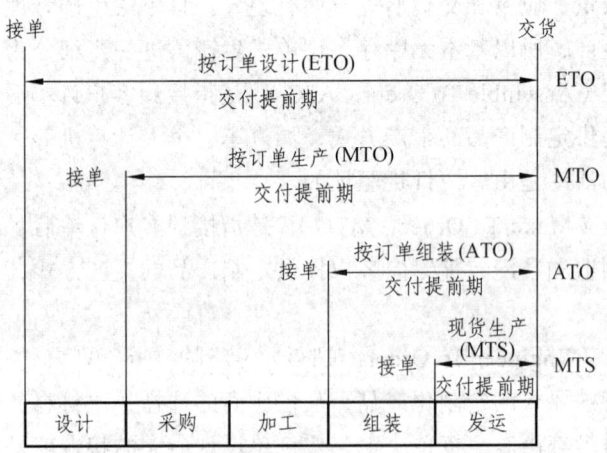

图 6.6 提前期与生产环境

现货生产（MTS），要求根据市场消耗反馈信息安排生产，产品完成后进入发运或入库环节，以此保障客户服务水平，即要求从发运环节开始响应客户需求。按订单组装 ATO 由于有各种变型的系列产品，因此主要根据订单按客户要求，配置可选项，即从装配环节开始响应客户需求；按订单生产 MTO 主要根据客户订单合同组织生产，要求从采购环节开始响应客户需求；按订单设计 ETO 需要根据客户要求进行专门的设计，即要求从设计环节开始响应客户的需求。不同的生产环境中客户订单分离点的位置不同，如图 6.7 所示。

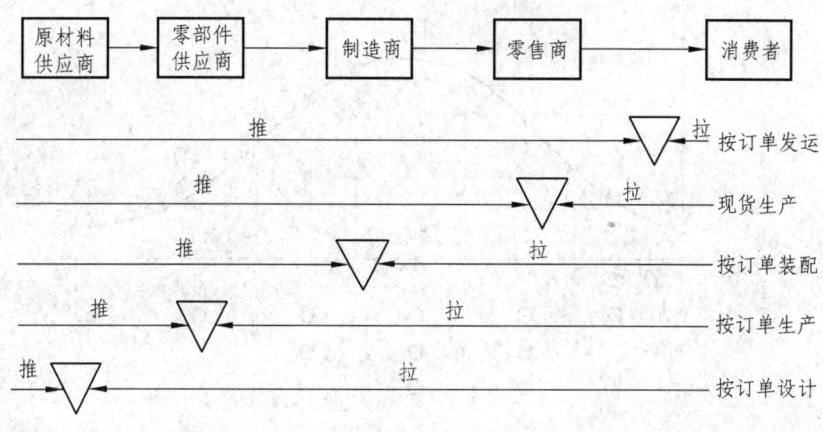

图 6.7 不同生产环境中的订单分离点

2．产品产量与种类的关系

企业生产产品的种类多少以及每种产品产量的高低，决定了相应的生产类型，进而影响着设备的布置形式以及运营管理特点。图 6.8 展示了产品产量与种类的关系。从图中可以看到，按订单设计 ETO 产品种类多，但产量低；现货生产 MTS 产品品种较少，产量高，生产计划安排详细精确。也就是说，传统的生产方式在满足产品种类和产量两方面很难兼顾，很难同时利用规模经济效应和范围经济效应。

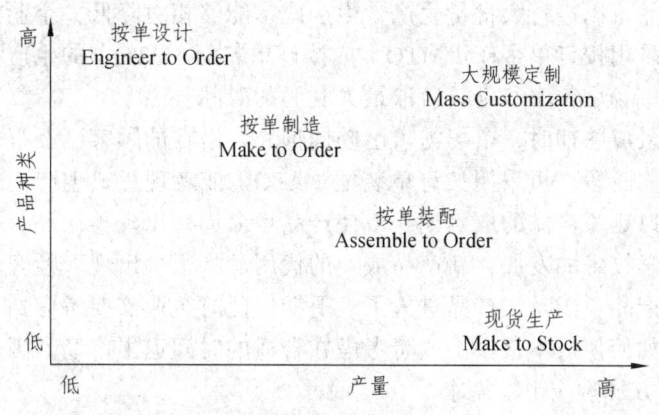

图 6.8 产量与种类的关系

新的市场竞争要求企业不但能提供优质的、满足客户特殊要求的产品，而且必须快速、及时和低成本。高效率低成本与多品种个性化是一个矛盾的事情，但在科学技术尤其是信息技术高度发达的今天，围绕解决这个矛盾的很多研究已经展开了，并且企业界大规模定制（MC）的实践与创新甚至超前于理论界的研究。大规模定制（MC）以类似于标准化和大批量生产的成本和时间，提供客户特定需求的产品和服务，同时利用了规模经济和范围经济效应。大规模定制（MC）作为一种新的生产模式，越来越受到企业界和学术界的重视。

3．产品的生命周期与生产环境

产品的生命周期可以划分为产品研发、市场进入、增长、成熟和衰退共 5 个阶段。与产品生命周期相对应的需求响应策略如图 6.9 所示。

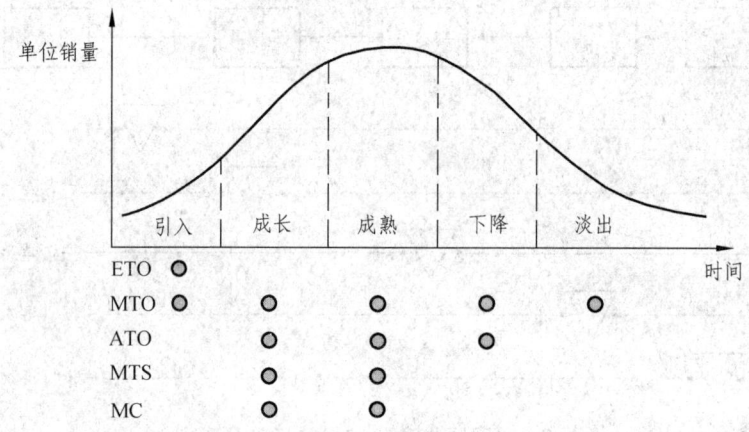

图 6.9 产品生命周期与生产环境

在产品进入市场的时期，顾客对产品还不了解，只有少数追求新奇的顾客可能会购买，销售量很低；同时在这一阶段，由于技术方面的原因，产品不能大批量生产，因而产品生产成本高，销售额增长也缓慢。换言之，在市场进入期，产品需求体现尚且不足，可以采用按订单设计（ETO）的方式来响应需求，以使市场尽快接受产品，缩短进入期，更快地进入成长期。

当产品生命周期进入增长期时，顾客对产品已经熟悉，大量的新顾客开始购买，产品市场逐步扩大；且产品可以进行大批量生产，生产成本能够相对降低，企业的销售额、利润都迅速增长。此时可采用按订单生产（MTO）或按订单装配（ATO）的生产方式对市场需求进行响应，以维持其市场增长率，延长获取最大利润的时间。

当产品生命进入成熟期时，市场需求已趋向饱和，潜在的顾客已经很少，销售额增长缓慢甚至下降。在这一阶段，可采用按订单装配（ATO）或者现货式生产（MTS）的生产方式来响应市场需求，以延长产品的成熟期，或使产品生命周期出现再循环。

但是，随着科学技术的发展，新产品或新的代用品将很快出现，顾客的消费习惯也会发生改变，转向其他产品。于是，产品进入了衰退期。此时企业需要考虑的不再是如何获取最大利润，而应当是如何使成本最小，或者考虑在合适的时间退出市场。因此，可以采用按订单生产（MTO）的方式响应市场需求。

6.3 现代生产/运营策略

6.3.1 大规模定制的计划与控制系统

1970 年美国未来学家阿尔文·托夫（Alvin Toffler）在 *Future Shock* 一书中提出了一种全新的生产方式的设想：以类似于标准化和大批量生产的成本和时间，提供客户特定需求的产品和服务。1987 年，斯坦·戴维斯（Start Davis）在 *Future Perfect* 一书中首次将这种生产方式称为大规模定制（Mass Customization，MC）。1993 年 B·约瑟夫·派恩（B·Joseph Pine Ⅱ）在《大规模定制：企业竞争的新前沿》（*Mass Customization：The New Frontier in Business Competition*）一书中写道："大规模定制的核心是产品品种的多样化和定制化急剧增加，而不相应增加成本；个性化定制产品的大规模生产其最大优点是提供战略优势和经济价值。"

传统的定制生产（Customized Production，CP）模式只能生产有限品种的产品，只能满足有限数量的极个别的顾客需求，因此存在企业规模相对较小、产品有限、生产周期长、成本高、质量不稳定等一系列问题。大批量生产（Mass Production，MP）模式为顾客低成本、高效率地提供了大量的商品，但企业对顾客日益扩大的多样化、个性化需求不能适应。大规模定制（MC）把大批量/大规模生产（MP）和定制生产（CP）有机结合起来，在不牺牲企业经济效益的前提下，满足单个顾客的需求。

大规模定制（MC）的基本思路是基于产品族零部件和产品结构的相似性、通用性，利用标准化模块化等方法降低产品的内部多样性，增加顾客可感知的外部多样性，通过产品和过程重组将产品定制生产转化或部分转化为零部件的批量生产，从而迅速向顾客提供低成本、高质量的定制产品。大规模定制模式通过定制产品的大规模生产，低成本高效率地为顾客提供充分的商品空间，迅速向顾客提供高质量的定制产品，使得客户获得更多的价值。同时，也使企业获得更多的盈利。

【案例6.2】松下自行车的大规模定制。松下自行车（National Bicycle）是日本松下的分公司，以Panasonic和National的商标销售自行车。多年来，松下自行车一直运作得很成功。但到了20世纪80年代中期，却陷入了困境。在日本，自行车仅仅是一种便宜的作为交通工具的实用性产品，也就是一种在价格低的情况下才能卖得出的商品。日本的劳动力成本很高，这使得松下自行车竞争不过便宜的韩国车和中国台湾车。

1986年，为改变这种状况，松下公司任命了一位新总裁，他从挖掘National可以利用的潜力开始着手。他认为National的潜力在于有制造和计算机方面的专业技术人才、训练有素的员工、松下这一强有力的品牌、9 000家代理商组成的营销网络。他还看到了National Bicycle有一条高盈利的产品线，也就是那些富有的顾客仅仅是为了娱乐而购买运动赛车。他认为National最好的希望是集中精力干这一部分细分市场，利用公司的力量去开发一条快速的供应链。

松下自行车把油漆、部件安装、调试等独立功能分别由生产厂的不同"模块"实施，把生产流程无缝隙地、基本上无成本地分解为独立的生产模块，并且开发出一个非常柔性化的自行车车架生产设备。设计了一个"松下订单系统"，安装在零售商处。在这个系统里，特制的一个机器可以测量顾客体重和身材、车架的合适尺寸、座位位置和横杆长度，从而确定适合该顾客的自行车规格。顾客在零售商那儿，从由规格、颜色、零部件等形成的几百万种组合中选出一种自行车，然后零售商把订单的信息实时传给工厂。在工厂，计算机辅助设计系统根据订单提供的信息就可明确具体技术细节，由电脑控制的设备和熟练的工人生产出自行车，两周后，自行车就可交付给顾客。

1991年松下自行车的定制业务开始盈利，在日本运动赛车市场的占有率由5%提高到了29%，并且绝大多数时间可以保证两周的供货期。

资料来源：[美]大卫·辛奇-利维，菲利普·卡明斯基，伊迪斯·辛奇-利维著. 供应链设计与管理：概念、战略与案例研究[M]. 季建华，邵晓峰译. 北京：中国人民大学出版社，2010.

大规模定制利用了规模经济与范围经济效应。规模经济是通过构件而不是产品获得的；范围经济是通过在不同产品中反复使用模块化构件获得的。定制化是通过能够被配置的众多产品获得的。产品多样性与成本的关系示意图，如图6.10所示。应对产品多样性的措施主要有以下几种：

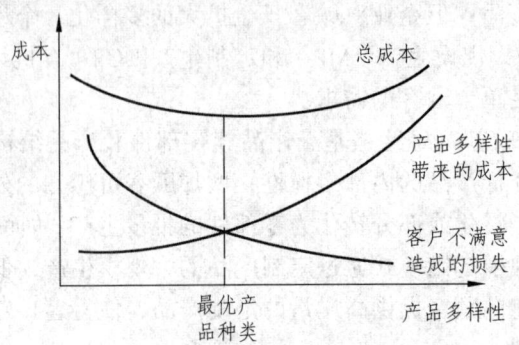

图 6.10　产品多样性与成本关系示意图

1．部件的通用化和标准化

通用化是指是指同一类型不同规格或不同类型的产品和装备中，用途相同、结构近似的零部件，经过统一以后，可以彼此互换的标准化形式。显然，通用化要以互换性为前提，互换性有两层含义，即尺寸互换性和功能互换性。功能互换性问题在设计中非常重要。例如所设计的柴油机，既可用于拖拉机，又可用于汽车、装运机、推土机和挖掘机等。通用性越强，产品的销路就越广，生产的机动性越大，对市场的适应性就越强。采用通用零部件或工艺以减少产品和工艺的复杂性，可提高在制品库存的柔性。

标准化是用标准产品替代一个产品系列，实现标准化的方法之一是建立特定顾客可能需要的几个备选方案。

【案例6.3】现在各品牌的笔记本电脑都是全球通用电源，说明书上都会标注电压的范围是110～240 V，在这之间的电压值，无需通过变压器进行转换，直接插上电源即可。这就是一个典型的电源装置标准化案例。

【案例6.4】汽车零部件通用化和标准化有利于提高整车的研发效率，缩短开发周期，降低采购成本，降低质量风险、整车厂的制造成本，简化装配工艺等。

但是，这种大规模的零部件通用化也会带来一定风险。由于零部件通用化前期需要企业大量市场试验验证、设计、反复测试，这种技术降成本需要控制因潜在质量问题而带来的客户抱怨。零部件通用化后，一旦零部件出现问题，容易引发连锁召回事件。

在2009年至2010年对丰田公司的召回事件就是供应商提供的零部件出现质量问题，零部件的同平台通用化涉及众多车型，造成大规模的召回。同一时期，上海通用、重庆长安福特马自达、一汽轿车3家车企因同一零部件生产企业生产的零部件质量问题，同一天宣布召回，在中国汽车召回史上实属罕见。

2．模块化设计

美国斯坦福大学教授青木昌彦（Aoki Masahiko）对模块进行了定义：模块是指可组成系统的、具有某种确定独立功能的半自律性的子系统，可以通过标准化的界面（Interface）结构，与其他功能的半自律子系统按照一定的规则相互联系构成更加复杂的系统。

对产品按照其功能进行划分而进行模块化设计，建立产品族和零部件族，设计出一系列功能模块，通过模块的选择和组合构成不同的产品。这样，模块化产品便于按不同要求快速重组，把产品的多变性和零部件的标准化有效地结合了起来，这有助于将定制产品的生产转化为批量生产。任何产品的更新换代都不是将原有的产品全部推翻重新设计和制造的。更新一个模块，在主要功能模块中融入新技术，都能使产品登上一个新台阶，甚至成为换代产品，而多数模块是不需要重新设计和制造的。

约瑟夫·派恩将产品模块化分为 6 种类型，如图 6.11 所示：共享构件模块化（Component—Sharing Modularity），互换构件模块化（Component—Swapping Modularity），"量体裁衣"式模块化（Cut-to-Fit Modularity），混合模块化（Mix Modularity），总线模块化（Bus Modularity），可组合模块化（Sectional Modularity）。其中，前 4 种都属于接口型模块化，接口型模块化是指每种模块通过标准接口被连接到某个位置。

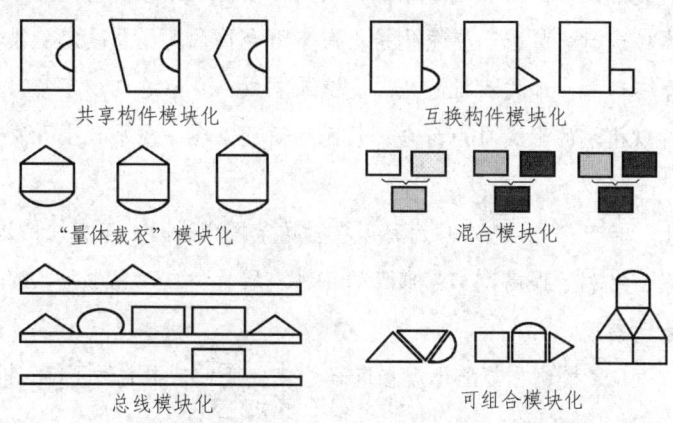

共享构件模块化　　　　　互换构件模块化

"量体裁衣"模块化　　　　混合模块化

总线模块化　　　　　　　可组合模块化

图 6.11　面向产品和服务的大规模定制的 6 种模块类型

共享构件模块化是围绕公共基础构件来生成产品，同一构建被用于多个产品以实现范围经济，通过减少零件数量从而降低已经具有高度多样化的现有产品系列的成本。例如，宝洁公司所有的洗发水的原浆成分几乎是一致的，不同系列的洗发水只需在原浆中添加个别成分即可实现。

互换构件模块化是共享型模块化的补充，不同的构件与相同的基本产品进行组合，形成与互换件一样多的产品。典型的代表如个人电脑。

"量体裁衣"式模块化是一个或多个构件在预制或实际限制中不断变化。李维斯（Levis）牛仔裤采用的是量体裁衣型模块化，在组合其他模块之前首先改变基本模块的尺寸以满足不同的需要。

混合模块化是将上述 3 种中的任何一种类型模块进行混合，且构件混合在一起形成完全不同的产品。这种模式主要应用在食品生产、化学工业等流程企业。例如，化妆品可以通过美白、防晒、控油等多种原料的组合形成不同产品系列。

总线模块化采用附加大量不同种类构件的标准结构，产品或服务除了有可变更的结构还有可确定的标准体系。个人 PC 的主板、CPU 属于此类典型的产品设计。

可组合模块化允许任何数量的不同构件类型按任何方式进行配置（接口必须标准化），允许产品本身结构或体系结构的变化。例如，目前大多汽车生产企业允许在相同汽车底盘上生产不同款型的汽车，汽车工业中模块化设计是现代工业最为典型和最为复杂的工程技术。

【案例 6.5】模块化在汽车制造中的应用。从 19 世纪末的福特 T 形车的流水线生产，到近代以日系企业丰田为代表的精益生产方式，汽车的生产模式一直围绕着降低生产成本、让汽车简单易修的主要目标进行。进入 21 世纪，随着数字化技术在生产中的应用，汽车的生产制造模式开始向集约化和标准化发展，由此带来的模块化生产模式让汽车"生产结构"开始趋向于电脑生产一样简单。

传统汽车装配采用的是零件逐一叠加的方式，因此工位较多、装配线较长、装配效率较低。模块化装配是根据汽车的相关功能，在装配作业时，将同一个功能系统的零部件在一个相对独立的区域内装配成形；或者汽车零部件供应商按功能系统以模块化形式供货，汽车以模块化部件为基本件进行总装配。模块化是当汽车平台技术发展到一定阶段，零部件的通用率不断提高，汽车各部分，如发动机总成、变速箱总成、悬架总成、车身部件及电器系统都能像乐高积木一样以模块的形式自由组合，从而厂商可以在一个平台上开发出不同级别、不同功能的车型。

利用"模块化"生产方式，汽车厂商可以在全球范围内进行汽车模块的选择和匹配设计，优化汽车设计方案，有利于提高汽车零部件的品种、质量和自动化水平，提高汽车的装配质量，缩短汽车的生产周期。

资料来源：田润心. 模块化装配生产在汽车总装生产工艺中的运用[J]. 机械制造，2012，50（1）：62-63.

李伟伟，刘小兵，王德明，徐谦，贾宾. 浅谈模块化设计在汽车生产中的应用[J]. 汽车零部件，2013（3）：98-100.

3．延迟产品差异化

对产品的生产工艺或步骤进行修改和调整，使成为具体产品的差异化生产工序尽可能往后延迟。尽可能先只生产通用化或可模块化的部件，尽量使产品保持中间状态，以实现规模化生产。在接到订单后，根据客户的具体要求进行组配或再加工，以满足客户个性化的需求。产品差异的延迟如图 6.12 所示。

以延迟策略作为实现大规模定制生产的手段，至少可以给企业带来 3 个方面的好处：① 增加最终产品的型号，能更好地满足顾客的个性化需求；② 缩短交货期，提高了企业的快速反应能力；③ 降低不确定性，减少了产销不对路带来的存货跌价损失，有利于提高企业的经济效益。

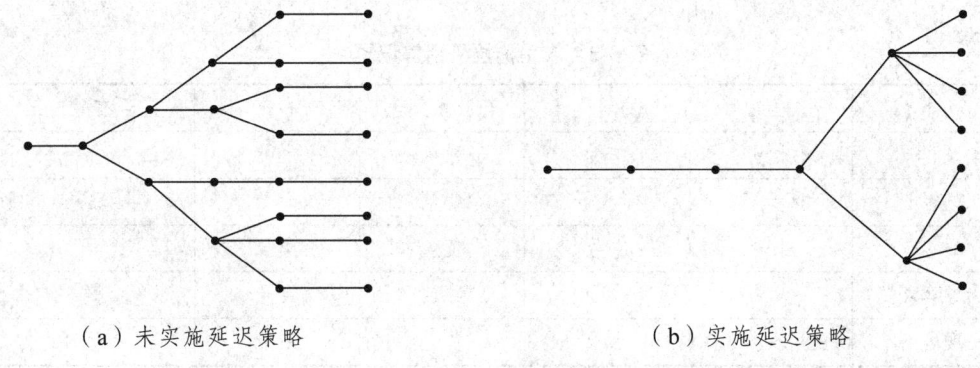

(a) 未实施延迟策略　　　　　　　　(b) 实施延迟策略

图 6.12　产品差异的延迟

【案例 6.6】油漆工厂一般只生产通配漆和各种色素，再由零售店以合适的配比将其配成顾客需要的油漆。这样既为顾客提供了无穷多并且连续的颜色选择，提高了顾客的满意度，同时也大大削减了商店为满足每位客户的颜色要求而持有的油漆库存。工厂有效进行了工艺延迟，成为大规模定制的成功范例。

4．产品多样性管理

标准化和需求多样化永远是个两难问题（Dilemma）。如果没有适当多样化，就没法得到客户，没法发展；但太多样化，则又太复杂，太低效。两难问题需要平衡，很难得到最优解。一个企业之所以是同行业的佼佼者，好的技术、产品很重要，更多的则是其对复杂性的控制与管理较好。

客户对产品功能的需求尽管有差别，但也有共性，大规模定制并非 100% 定制。因此，实行大规模定制的关键在于真正从本质上弄清顾客的个性化需求和共性需求。然后，把顾客的个性化需求和共性需求分别进行总体规划，按不同的供应链来组织生产和供应，以确保定制产品的高质量、低成本和快速交货。

【案例 6.7】服装要做到款式多变，设计就要简单。因为设计简单可以轻易调整衣服的设计或加入潮流元素便能吸引消费者。ZARA 和 H&M 的设计都十分简单，它们主要通过颜色的变化、简单的图案来达到特殊效果，这样同一设计可以有很多款式。

【案例 6.8】某工厂生产农用拖拉机，如果从生产成本角度考虑，当然希望只生产一种型号的拖拉机。但对于使用拖拉机的农户来说，又希望买到满足个人需求的独特型号。企业需要对产品的多样性进行管理，具体措施分析如下。

首先根据农用拖拉机的历史销售记录（见表 6-3），进行数据挖掘。顾客 1 和顾客 4，顾客 3 和顾客 5 的需求基本相近，可以分别归并到一类（见表 6-4）。归并到一个大类的顾客，需求可以进行局部微调。本案例中，2 个发动机型号升级，1 个驾驶室颜色降级，2 个增加反向铲（见表 6-5）。这样，顾客的需求被归并成两类顾客 P1 和 P2 的需求。

表 6-3　农用拖拉机销售记录

	框架	发动机	驾驶室颜色	车轮	是否有反向铲
顾客 1	大号	中号	绿色	大号	否
顾客 2	超大号	超大号	粉色	大号	否
顾客 3	小号	中号	黄色	中号	是
顾客 4	大号	大号	红色	大号	是
顾客 5	小号	小号	黄色	中号	否

表 6-4　基于农用拖拉机顾客需求的聚类分析

		框架	发动机	驾驶室颜色	车轮	是否反向铲
P1	顾客 4	大号	大号	红色	大号	是
P1	顾客 1	大号	中号	绿色	大号	否
P2	顾客 3	小号	中号	黄色	中号	是
P2	顾客 5	小号	小号	黄色	中号	否
P2	顾客 2	超大号	超大号	粉色	大号	否

表 6-5　农用拖拉机顾客需求的调整

		框架	发动机	驾驶室颜色	车轮	是否有反向铲
P1	顾客 4	大号	大号	绿色-	大号	是
P1	顾客 1	大号	大号+	绿色	大号	是+
P2	顾客 3	小号	中号	黄色	中号	是
P2	顾客 5	小号	中号+	黄色	中号	是+
P2	顾客 2	超大号	超大号	粉色	大号	否

然后，工厂再根据客户需求进行农用拖拉机生产的模块化设计，分为了 S1，S2，S3，S4 四个模块（见表 6-6）。这样，工厂就可以采用模块化组合生产的方式，尽可能满足顾客多样性需求。

表 6-6　农用拖拉机的模块化

	框架	车轮		发动机		驾驶室颜色		是否有反向铲
顾客 4	大号	大号	S1	大号	S3	绿色	S4	是
顾客 1	大号	大号	S1	中号	S3	绿色	S4	是
顾客 3	小号	中号	S2	中号	S3	黄色	S4	是
顾客 5	小号	中号	S2	小号	S3	黄色	S4	是
顾客 2	超大号	大号		超大号		粉色		否

6.3.2 准时生产制与精益生产的计划与控制系统

关于准时制（JIT）的定义很多，其中最为人们普遍接受的定义是：最大限度地消除制造过程中发生浪费的一种方法。JIT 生产方式的基本思想是"只在需要的时候，按需要的量，生产所需的产品"，也就是追求一种无库存，或库存达到最小的生产系统。JIT 的基本思想是生产的计划和控制及库存的管理。

1985 年，为了进一步揭开日本汽车工业成功之谜，美国麻省理工学院筹资 500 万美元，确定了一个名叫"国际汽车计划"（The nternational Motor Vehicle Program，IMVP）的研究项目。该项目组织了 53 名专家学者，从 1984 年到 1989 年，用了 5 年时间对 14 个国家的近 90 个汽车装配厂进行实地考察。最后于 1990 年出版了《改变世界的机器》（*The Machine That Changed The World*）一书，第一次把丰田生产方式定名为精益生产（Lean Production）。精益生产既是一种以最大限度地减少企业生产所占用的资源和降低企业管理和运营成本为主要目标的生产方式，同时它又是一种理念，一种文化。

精益生产的核心思想是通过持续地剔除浪费、加快流程速度。精益生产认为凡是没产生增值的一切作业，或者虽然产生了增值，但所用资源超过了"绝对最少"的界限的作业都是浪费，浪费分为以下 7 种：① 生产过剩的浪费（Over Production）；② 等待的浪费（Waiting）；③ 搬运的浪费（Transportation）；④ 过度加工的浪费（Over Processing）；⑤ 库存的浪费（Inventory）；⑥ 动作的浪费（Motion）；⑦ 不良品的浪费（Defect）。

准时生产制要求"只在需要的时候，按需要的量生产所需的产品"，因此，可能会有人认为，对 JIT 生产方式，生产计划就无足轻重了。但实际上恰恰相反，即生产方式从生产管理理论的角度来看，依然是一种计划主导型的管理方式。但它又在很多方面打破了历来生产管理中被认为是常识的概念。

图 6.13 显示了准时生产制和生产计划与控制框架的相互关系。阴影部分代表生产计划与控制系统受 JIT 实施影响最大的几个部分。在综合计划层，JIT 同样会根据经营方针和市场预测制订年度计划、月度计划。从主生产计划以后的层次，JIT 与传统的计划模式就不同了。

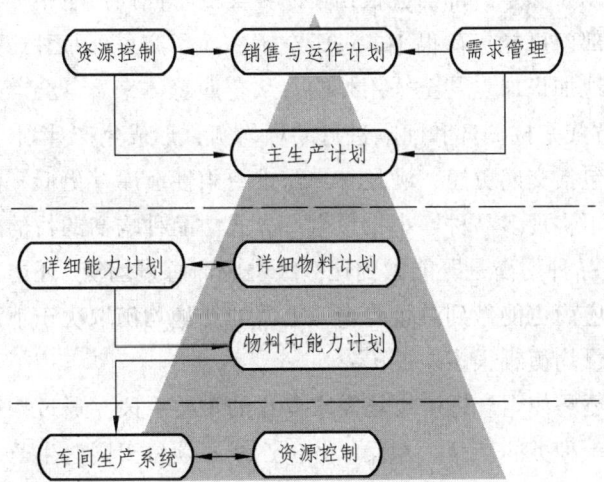

图 6.13 准时生产制和生产计划与控制框架的相互关系

首先，JIT 是一种基于"速率"的计划系统，这一点与传统的大量生产相同。但是，传统的大量生产的主生产计划一般都是备货型（MTS）模式，而 JIT 的主生产计划却很像按订单装配（ATO）和按订单制造（MTO）模式。在详细物料计划层，由于 JIT 采用了单元式制造和无库存的拉式系统，减少了物料清单的层次。许多在 MRP 系统中需要处理的物料在 JIT 系统中成了虚拟件（即零件号仍然在物料清单中，但不办理入库和出库手续）。它向最终装配以前的其他各个工序出示大致的生产品种和数量计划，作为其安排作业的一个参考基准，而真正计划仅处于最终装配层次。它还通过生产平准化和混流生产的方式使整个生产过程中的所有物料需求量处于稳定状态，消除了 MRP 系统中复杂的能力平衡事务和库存事务。在车间作业控制和采购层，JIT 通过其看板系统取代了传统生产模式下复杂的作业计划和订单跟踪与控制工作。总之，JIT 模式是对传统的生产计划与控制模式的重大创新。

要实现准时制（JIT）或精益生产具体需要从以下 4 个方面来实施：

1．均衡生产（Leveled Production）

实现均衡生产是生产管理的一项基本要求。均衡生产，也叫平准化生产，意味着企业的所有资源均在有条不紊地运转。均衡生产要求包括数量均衡（Quantity Levering）和种类均衡（Type Levering）。

数量均衡是指将产量的高低起伏减至最低，确保产能利用率达到最佳状态。生产数量不均衡，如月初松月末紧或者时松时紧，它的后果是松时人员设备闲置、生产能力浪费、劳动纪律松弛；紧时加班加点突击生产，容易粗制滥造忽视质量，且工人疲劳，易出安全事故，设备长时间连续工作得不到正常保养，引起过度磨损，容易发生设备故障。只有实现均衡生产，建立起正常的生产秩序，生产能力才能得到充分利用，才能保证有稳定的产品质量。

种类均衡是指在一个单位期间内生产的产品组合平均化，这样可以使各类产品在不同单位期间不产生波动，在生产各类产品时所需前工序零部件数量不产生波动。

传统方式，各个工序和生产部门会根据产品种类的不同而产生很大的负荷变化，生产某种产品的阶段内，某部门可能负荷很小，过于空闲，而生产另外某种产品的阶段内，同样的部门又可能需要不断地加班加点甚至采用外购。从企业总体来看，会产生不同程度的产品积压或者缺货。JIT 的方式是按循环和间隔进行品种均衡，形成生产计划。

品种均衡的优点包括交期更短、满足客户需求更柔性、库存更低，但要实现这一切，关键在于快速换型，真正实现多品种、小批量生产方式。品种均衡的目的是"零部件使用的均衡化"。最佳的总装线品种均衡是既能做到让一级供应商总量均衡，还能做到一级供应商品种均衡，这样让二级供应商也能做到总量均衡。上游的总量均衡取决于下游的品种均衡，实现品种均衡要比实现总量均衡难很多。

此外，均衡生产还是使生产适应市场需求变化的重要手段。通过均衡生产，任何生产线都不大批量地制造单一种类的产品。相反，各生产线必须每天同时生产多种类型的产品，以期满足市场的需要。这种多品种、小批量的产品组合生产方式具有很强的柔性，能迅速适应市场需求的变化。

【案例 6.9】 均衡生产以天或者更小的时间单位组织生产计划,在这个时间单位内进行混合生产,协调企业内部资源,保证产品的稳定供给。下面就是一个实施均衡生产的例子。

某工厂某月要生产3种产品X、Y、Z。每种产品的月产量分别为X产品1 000件,Y产品600件,Z产品400件,共2 000件。假设该月有20个工作日,按传统生产计划安排方式,应是前10个工作日把X产品生产完,然后6天生产Y产品,最后4天生产Z产品(见表6-7)。这种生产安排也称为分段生产。传统的大批量生产方法可以节省作业转换时间,但是与市场需求会出现很大的差异。

表6-7 传统的生产排程(单位:个)

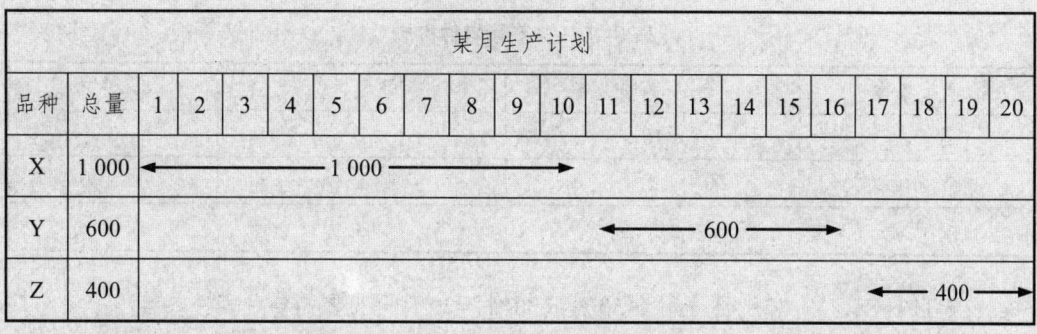

X产品通常会导致较长时间的库存,而Z产品却大半个月无货可供。为满足需求多样性,进行改进:每天生产X产品50件,Y产品30件,Z产品20件,改进后的月生产排程如表6-8所示。一个月20天每天重复1次,共20次,就可以每天生产出X、Y、Z产品,产品积压与短缺的情况将大大减少,生产资源利用率也将提高。但是应设法减少每天作业转换的时间。这种以天为单位的生产安排,每天将依旧按照批量生产的方式,即先生产50件X产品,其次是30件Y产品,最后是20件Z产品。

表6-8 改进后的月生产排程

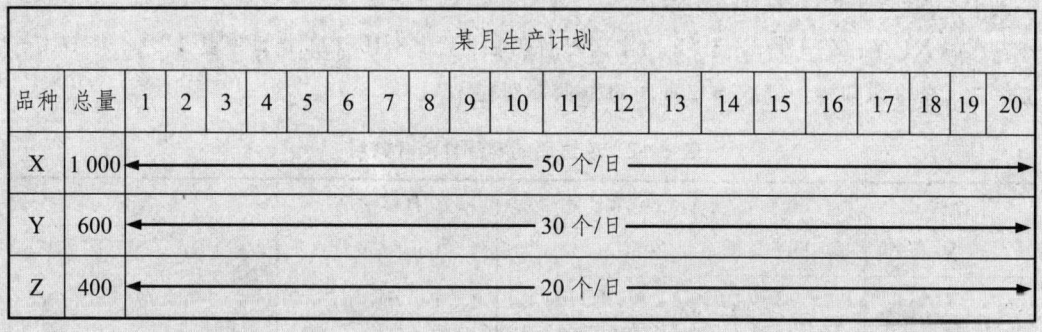

进一步细化生产单位,1天内产品X、Y、Z按照5:3:2的比例轮番生产,1/10个工作日重复1次,1天重复10次,1个月重复200次(见表6-9)。这样,对顾客的服务与对企业资源的利用情况就会更好,不仅使得在更短的周期内产品种类出现的比率是均衡的,而且使在这些产品的生产中消耗的前工序的零部件数量尽可能小地波动。

表6-9 改进后的日生产安排

产品	产量	8:00	9:00	10:00	11:00	12:00	13:00	14:00	15:00	16:00	17:00
		\multicolumn{10}{c}{某日生产计划}
X	1 000	←—			50		—→				
Y	600						←—		30	—→	
Z	400									←—	20 —→

假设X、Y、Z3种产品分别由A、B、C3种零件组成，如表6-10所示。

表6-10 各产品零件构成

产品名称	A零件	B零件	C零件
X产品	10	2	3
Y产品	2	5	2
Z产品	3	8	5

表6-11为X、Y、Z批量分别为50件、30件、20件时需要的各种零件数量。

表6-11 改进前每天各产品零件消耗数量

产品	批量	A零件	B零件	C零件
X产品	50	500	100	150
Y产品	30	60	150	60
Z产品	20	60	160	100

每天按X、Y、Z各自批量生产，则各零件波动较大。例如，当生产X产品时需要A零件为10个，当生产Y产品时需要A零件为2个，这样容易产生库存和人员的浪费。如果1天内产品X、Y、Z按照5:3:2的比例进行轮番生产，1/10个工作日重复1次，则1/10个工作日内各个零部件的消耗速率就相同（见表6-12）。

表6-12 改进后的零部件消耗数量

产品	数量	A零件	B零件	C零件
X	5	62	41	31
Y	3			
Z	2			

以这样的思路改进下去，不断细化生产单位，直到可以按照"X—Y—X—Z—X—Y—X—Z—X—Y"的顺序重复生产，达到最小的观察时间单位，满足精益生产倡导的以小时、分钟为单位进行安排的要求，实现均衡化生产。

2. 拉式系统——看板

拉式系统是由后面的流程拉动前面的生产流程，一个拉动一个，直至生产流程的第一步；拉式生产是一种"逆向"控制生产数量的模式，这种方式不仅能节省库存成本（达到零库存），更重要的是能够提高流程效率；当流程第二步的材料或零部件已经降低至最低安全存量时，就会发出信息，通知流程的第一步供应更多材料或零部件，而信息的传递则依赖于"看板"。"看板"是丰田生产方式的关键，是实现"准时化"的管理工具。所谓"看板"，是指记载着后一道工序向前一道工序取用物品等相关信息的卡片，一般是用小纸片放入方形塑料胶袋中。上面记载着要取用"什么、多少"以及"要生产什么、生产方法"等，虽然看板仅仅是记载了所需的物品，然而就是这个小小的改变重新改造了流程，改变了传统前端的操作者主导生产数量，而变成重视后端顾客需求，后面的作业人员通过看板告诉前一项作业人员需求，比如零件需要多少，何时补货。

3. 连续流程

连续流（Continuous Flow）是指所有操作流程都可以顺畅地运作。在生产和运输产品的时候，尽可能地使工序连续化，即在流程中，每道工序只生产下道工序必需的产品。

连续流以最小批量装配和输送制成品，以最少的延误和等待实现产品流的不间断，以期实现单件流（one-piece flow）的最高境界。连续流改变了传统批量生产状况：不考虑实际需要大批量的生产，导致半成品堆积到下一个生产工序，造成大量库存在制品和成品。真正的连续流没有在制品库存。连续流的意义在于以最少的延误将多种产品交到用户手中；减少了搬运和存储所需要的资源；降低了产品被损坏或者失效的可能性；暴露了其他问题以使其受到重视。

单件流是一种理想的状态，在日常作业中，不可能也没有必要总是某一时间只流一个产品。单元化生产关注流过整个流程的材料，而不是关注某种作业的设备。

【案例6.10】出版上的准时生产制——按需出版。出版物作为一种商品，具有特殊性：生产周期长、营销过程长、生产具有盲目性。传统出版生产过程中易造成能源过度消耗和资源浪费。传统出版，重印、改版工作复杂，印刷的准备成本（Setup Cost）高。

按需出版（Publish on Demand，简称POD）是指采用数据处理技术、数字印刷技术，将出版物信息存储在计算机系统中，根据需要随时直接印刷成书，省去制版等中间环节，能够一册起印，即需即印。按需出版是新科技的产物。现代传播科技迅猛发展，出版商可以把实体的图书库存转变为虚拟的数字库存，这使得新的出版模式减少了许多原来传统出版的制版、印刷、发行环节，节省了成本。按需出版是在有了目标读者、时间、地点、数量、内容、样式等确定的数据后，才开始生产图书，有效地避免了盲目生产。按需出版具有4个特点：①印量小，一本起印；②不会出现库存积压和滞销；③满足读者的不同需求；④即时出版、远程传输数据、异地制作。

4．节拍时间与周期时间

节拍时间（Takt Time）是为满足客户需要连续完成两个相同的产品所需要的时间间隔。它决定了生产线的生产能力、生产速度和效率。节拍时间犹如乐队指挥手中的指挥棒，用于调整乐手演奏的速度、节拍及时间安排一样，节拍时间规定生产步调以匹配客户需求速率，并成为任何精益生产系统的心跳节奏。作为精益系统的"定调者"，节拍时间对于生产单元工作流的顺畅至关重要，也是工作计划调度中的关键因素。节拍时间的计算公式如下：

$$节拍时间 = \frac{净有效生产时间}{客户需求}$$

为满足市场需求，每个工作中心每小时估计必须处理的产品量，以此确定生产速率。节拍时间规定生产步调以匹配客户需求速率，并成为任何精益生产系统的心跳节奏。作为精益系统的"定调者"，节拍时间对于生产单元工作流的顺畅至关重要，也是工作计划调度中的关键因素。计算方法是每天可用于工作的时间除以每天客户需求。

通过应用节拍时间，生产可以平准到一个规定的水平或者保持在最小和最大水平之间。可以在计算机系统中规定从某个日期开始的任何一天或任何时期的生产水平。均衡化生产产生稳定需求模式，保证了可预见的、平顺的计划，避免了生产能力瓶颈。简化了计划和控制（因为在平准期内每天的计划基本相同），创造了生产稳定性，让操作员更好理解每天需要做什么以及怎么做才能实现目标。同时也方便上游供应商建立稳定的计划。

周期时间（Cycle Time）是实际生产出一个产品的时间。

【案例 6.11】某企业生产的产品顾客每天需求量是 145 件，有两班工人，每天工作时间是 7.5 小时。该企业生产的节拍时间为：

$$节拍时间 = \frac{净有效生产时间}{客户需求} = \frac{2 \times 7.5 \times 60}{145} = \frac{900}{145} = 6.2 \text{ 分钟/件}$$

根据节拍时间应该是每隔 6.2 分钟生产出一件产品。该企业产品的加工流程包括剪切、焊装、钻孔、总装和涂装 5 个环节，加工时间分别为 2.5 分钟、8.5 分钟、3.75 分钟、5.9 分钟和 5 分钟，如图 6.14 所示。各加工流程与节拍时间不吻合，因此做一定调整。通过对工人、设备的改进以及工序的调整，尤其是对瓶颈工序焊装进行调整。调整后的各加工环节的周期时间与节拍时间就非常吻合了，如图 6.15 所示。

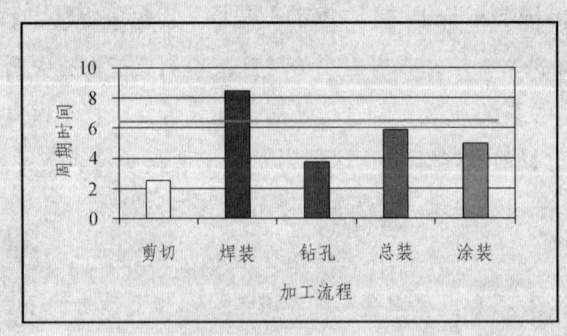

图 6.14 改善前的节拍时间和周期时间

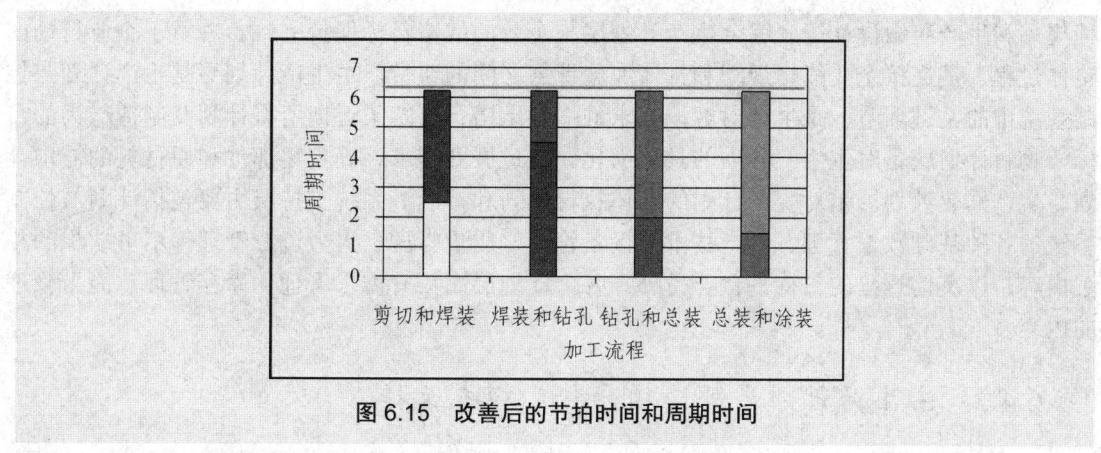

图 6.15 改善后的节拍时间和周期时间

6.4 生产计划与控制系统设计

6.4.1 生产计划与控制系统的整体架构

生产计划与控制系统的整体架构设计，主要解决的内容有：① 生产计划与控制系统的层次；② 各层次的主要任务；③ 各层次计划项目的模式和特点；④ 各层次之间以及同层次之间，计划项目的关联关系。

图 6-16 展示了一个较完整的生产计划与控制系统的整体架构模型。生产系统战略规划层是从战略的角度对生产系统进行功能分析，确定企业的竞争优势和战略目标，并进行生产过

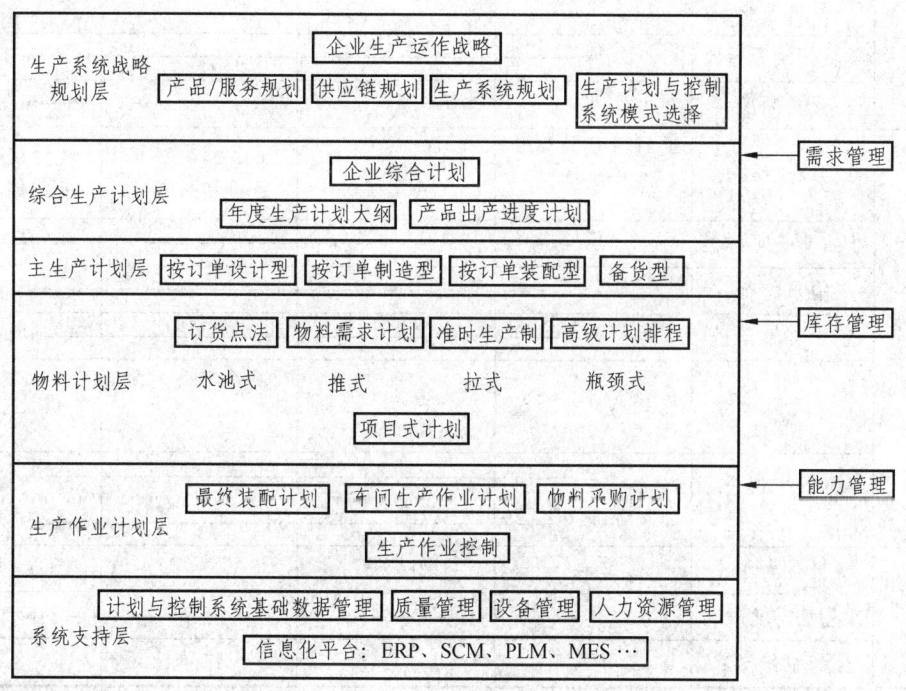

图 6.16 生产计划与控制系统的整体架构

程规划和生产组织设计等。综合生产计划层与企业的战略目标保持一致，着重于企业行动的整体过程，是连接企业战略规划和具体实施计划之间的纽带。主生产计划层是生产计划与控制系统中的关键环节，是生产对客户需求的一种承诺，决定了近期所有计划及制造行为的目标。物料计划层是对主生产计划的具体细化，通过展开需求，确定零部件和原材料的需求计划。生产作业计划层是对生产计划的具体执行计划和控制。系统支持层主要包括计划与控制系统的各种基础数据管理、生产技术与设备管理、质量管理、人力资源管理等不可缺少的相关内容，以及信息化的支持平台。另外，各个计划层次均有需求管理、库存管理和能力管理的内容。

6.4.2 主生产计划层可选项分析及模式选择

生产计划与控制系统投资巨大，正确的系统设计对于企业短期和长期的资产效益都是十分重要的。主生产计划（MPS）的设计应针对不同类型的生产方式，包括按订单设计（ETO）、按订单生产（MTO）、按订单组装（ATO）和备货型（MTS）。不同类型生产方式的主生产计划方法及其特点见表6-13。

表6-13 产品特征、市场需求特征和生产过程特征与生产计划模式选择之间的联系

需求特征		主生产计划			
		按订单设计	按订单制造	按订单装配	备货
产品特征	标准化	用户要求的特设产品	用户要求的产品/定型产品	标准化产品/按用户要求配置	标准产品
	品种多少	多 ──────────────────────── 少			
	产品模块化程度	低 ──────────────────────── 高			
	变更频度	高 ──────────────────────── 低			
市场需求特征	产品交货速度	通过重叠计划和调度来实现	通过重叠计划来实现	通过减少过程提前期来实现	通过消除过程提前期来实现
	产品交货可靠性	难 ──────────────────────── 易			
	需求特征	不稳定 ──────────────────── 稳定			
	客户订单承诺	高 ──────────────────────── 低			
	订单赢得要素	交货速度、质量	交货速度、质量	交货速度、质量、成本	质量、成本
	市场需求量	小 ──────────────────────── 大			
	订单重复性	不重复 ──────────────────── 重复			
生产过程特征	批量大小	单件	小批量		大批量
	工艺标准化程度	低 ──────────────────────── 高			
	生产组织形式	工艺原则	工艺原则	成组单元	对象原则

不同生产类型的主生产计划具有不同特点，这些特点构成了主生产计划的可选项。主生

产计划可选项与主生产计划类型之间的关系如表 6-14 所示。

表 6-14 主生产计划可选项与主生产计划类型之间的关系

主生产计划要素	主生产计划方法			
	按订单设计	按订单制造	按订单装配	备货
计划控制点	积压的订单和订单的各节点进度	最终产品出产	最终产品出产/最终装配前端	预测与实际需求的差异
计划对象	客户订单和各节点工作内容	最终产品/基础零部件、毛坯	最终产品/通用模块、可选模块	产成品
对预测精度的要求	低		→	高
是否使用计划 BOM	否	是	是	否
处理设计和工艺不确定性的需求	高		→	低
应对市场需求波动的方法	调整订单积压/柔性制造系统	调整订单积压/柔性制造系统	调整在制品库存	调整成品库存
计划依据	订单	订单与预测	预测与订单	预测
客户交货的基本特征	准时交货	准时交货	准时交货	备货型制造、补货或按客户发货

6.4.3 详细物料计划层可选项分析及模式选择

详细物料计划方法最常见的两种就是分时段物料计划（Time-phased Planning）和基于速率的物料计划（Rate-based Planning）。这两种方法的使用很大程度上取决于企业生产工艺过程的设计特点，如表 6-15 所示。表 6-16 显示了两种方法之间主要的不同点。

表 6-15 产品特征、市场需求特征和生产过程特征与物料计划模式选择之间的关系

物料计划的影响因素		物料计划方法	
		分时段的计划方法	基于速率的计划方法
产品特征	标准化程度	客户化	标准
	品种多少	多	少
市场需求特征	周期内各产品批量	小	大
	处理产品组合变化的能力	高要求	有限
	提高产品交货速度	通过计划/超额能力	通过库存
	产品交货计划变更	难	易
生产过程特征	生产过程选择	批量	生产线
	在制品占用量	多	少
	通过间接制造费用降低成本	否	是
	通过能力利用降低成本	是	否

表 6-16　物料计划可选项及其与物料计划方法之间的关系

物料计划要素	物料计划方法	
	分时段的计划方法	基于速率的计划方法
计划控制点	车间或采购订单	计划清单
控制的基本单位	批量	节拍、看板数、在制品定额
计划对象	分时段物料净需求展开的各级物料	基于速率的物料展开的各零部件
计划的稳定性	不稳定	稳定
在制品用以辅助计划的程度	高	低
更新频率	日/周	周/月
净库存计算	是	无
提前期	有	无
批量	有	无
安全库存/安全提前期	需要考虑	无须考虑
容器大小	无须考虑	需要考虑
物料清单	多层	单层

各产品零部件的分时段计划（Time-phased Planning），通常以物料需求计划方法来执行，其生产工艺工程是基于批量制造（Batch Manufacturing）的，物料采购也是批量处理方式。分时段的计划方法通常以物料需求计划（MRP）为典型代表。

基于速率计划（Rate-based Planning）方法主要适用于重复制造、准时制生产和其他流式生产系统。基于速率计划方法的主要意图在于建立生产各环节的生产速率或节拍。这些速率使得物料能够在尽可能短的时间内连续不断地流过整个制造系统。JIT 方法就是基于速率的计划方法，它的突出特点是将流程型生产的模式应用于多品种、小批量生产中，通过"混流"装配线和"成组加工单元"来实现。

6.4.4　生产作业计划层可选项分析及模式选择

根据车间内部工作中心的生产组织方式不同，车间生产系统的计划方法可分为对象原则生产单位的作业计划和工艺原则生产单位的作业计划两类。其选择同样取决于产品特征、市场需求特征和生产过程特征相联系，如表 6-17 所示。

小批量或分配生产流程涉及基于物流需求计划（MRP）车间计划系统方法的使用。这些流程具有显著的置换成本和很多的制造步骤，要求以中心为驱动的复杂的车间调度系统，因此要压缩间接制造费用和库存相关成本。

基于准时制生产（JIT）的车间计划方法为有限品种、大批量的产品生产提供了重要的支持。通过大批量或生产线制造，对这种产品的生产给予最佳支持，从而使得为客户提供较短的提前期成为可能。在 JIT 方法下，强调库存压缩和简化车间控制流程为削减巨大的间接制造费用以及库存相关的成本提供了潜力，并为迎合价格敏感型的市场需求提供了重要的支持。

表 6-17 产品特征、市场需求特征、生产过程特征与生产作业计划模式选择之间的关系

生产作业计划的影响因素		生产作业计划方法	
		基于物料需求的作业计划	基于准时制生产
产品特征	标准化程度	客户化	标准
	品种多少	多	少
市场需求特征	适应需求总量变化	容易/渐进式	难/跳跃式
	适应产品组合变化的能力	高	低
	产品交货速度	调整计划	成品库存
	产品交货计划变更	难	易
生产过程特征	周期内各产品批量	小	大
	生产组织形式	工艺原则"机群"	流水线、成组单元
	通过间接制造费用降低成本	低	高
	通过库存降低成本	低	高
	通过能力利用降低成本	是	否
	组织控制	集中式（基于 MRP）	分散式（基于车间现场）
	在制品	多	少

6.4.5 生产计划与控制系统的集成设计

生产计划与控制系统的集成设计就是根据市场特征、产品特征、生产过程特征，从整体上对生产计划与控制系统各层计划的模式进行选择，以保证主生产计划层、物料计划层和生产作业计划层之间的协调性和一致性。企业的产品特征、市场需求特征和生产过程特征的不同，在各计划层次上都形成了若干典型的计划模式，而各计划层次之间在计划模式上存在着一定的逻辑对应关系，如图 6.17 所示。图 6.17 中的实线表示一般或通常的对应关系，虚线表示可能的关系。

作为两种不同的计划模式，物料需求计划（MRP）和准时制（JIT）都拥有自己的优点和不足。MRP 是一种很好的计划工具，但在控制方面却效果不佳；JIT 是一种很好的控制手段，但在计划方面却功能不强。

物料需求计划（MRP）是一个典型的"推"式系统，MRP 强调计划的推动，按照销售需求推动生产，以物料清单（BOM）为核心，根据产品工艺流程、产品交货期以及库存信息计算出各阶段、各种物料的生产与采购计划。推式系统是被外部计划推动，精确地将制品投入到生产流程（工厂或生产线）中，投料时间不会因为工艺流程自身发生问题而调整，因此生产计划要严格控制实施。

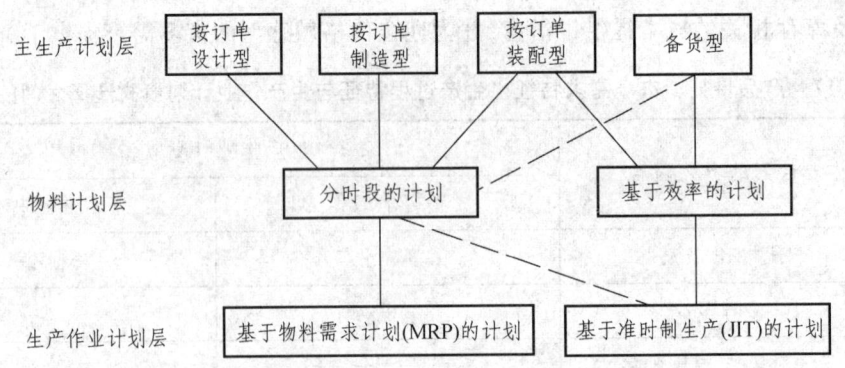

图 6.17 不同特点的生产计划与控制系统的集成模式

准时制（JIT）是一种典型的"拉"式系统，起源于日本丰田公司，旨在消除浪费、准时生产的新型生产方式，强调后道工序拉动前道工序的需求拉动型生产方式，通过看板管理注重生产的实时控制。JIT 生产的核心观念就是：准时生产，消除浪费。因此 JIT 对产品简单、工序稳定的生产类型比较适用，也就是适用于大量重复生产。对于生产周期长的加工生产和采购，JIT 不能只根据近期需求进行生产和采购安排，否则会来不及组织生产和供应，影响整个生产的执行。JIT 生产过程中通过生产看板、传送看板进行物料的移动及物料的加工。

对于以多品种小批量生产、产品结构复杂的生产企业来说，采用 MRP 和 JIT 集成混合生产管理模式，既实现了准确的生产采购计划计算体系，又弥补了计划与生产实际的偏差，实行准时制生产，实时监控。因此，MRP、JIT 集成系统很有必要，能更大限度地满足生产计划事先控制、实时监控的需要。

6.4.6 面向供应链的生产计划与控制系统

在供应链环境中，生产计划与控制系统必须与不同企业建立联系，同时还要保证快速和高效的运作。它需要供应链各成员的目标、在联合行动中承担的义务以及支持活动的生产计划与控制系统相互匹配、保持一致。

供应链环境中的业务以及其所支持的生产计划与控制系统一般不是按照功能而是按照跨企业的业务流程来组织的，甚至还按照客户或客户细分来组织，因此需要生产计划与控制系统来支持企业的重点转移。图 6.18 说明了这个问题。两个企业都使用基于 ERP 的生产计划与控制系统，都是传统的职能型组织结构，各自关注企业内部的集成/优化。但是如果把两个企业放在一起，就会发现一系列高度复杂的企业间交互行为，这些行为带来响应时间长、供应链库存水平高以及潜在需求响应放大的后果。如图 6.18 所示，客户将预测信息传递给主生产计划，主生产计划再结合库存信息生成物料需求计划，物料需求计划所提供的数据支持详细的生产活动。在这样的系统中，企业通过采购活动与供应商端的销售部门交互形成其与供应商的联系。供应商企业使用一个类似于其客户所使用的基于 ERP 的生产计划与控制系统。

基于电子化的生产计划与控制系统通过互联网将客户的生产情况与供应商合作伙伴连接起来（图 6.18 底部箭头所表示），在这种情况下，响应时间只需几个小时或几天。

图 6.18 中描述的信息系统是基于互联网的，客户的情况对供应商是透明的，这些系统支

持客户和供应商的沟通，这是响应现实情况的最好的连接方式。该生产计划与控制系统的特点是不再使用订单及其他那些经典生产计划与控制中陈旧的事务处理方式，而是使下游企业的情况对供应商而言是可视的，只有这样，供应商才能发现那些必须通过其采取行动才能解决的问题，在没有客户伙伴正式订单的情况下也是这样的。经典生产计划与控制系统中的同一物料，供应商将其看做产成品，而客户则把它当成原材料。另外，计划响应时间的大幅缩减也降低了缓冲库存。

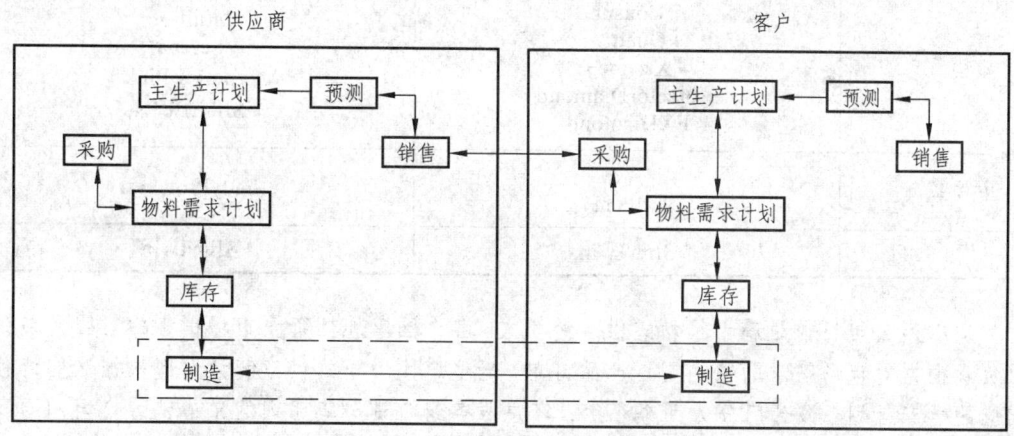

图 6.18　上下游企业之间的交互过程

在这种生产计划与控制系统中，允许客户需求不断地传递给供应商，由供应商自主决定是按一个大订单、几个小订单还是提前交货完成。这样就允许供应商对其生产能力和物流进行优化，唯一的约束就是供应商要承担支持客户的责任，这是双方要共同应对的问题。客户使用供应商管理库存（VMI），直到供应商提供的零部件转换成成品的时候，客户才会支付给供应商费用，因此客户并不关心供应商是否提早交货。

最后要说明的是，企业间要建立伙伴关系，不但需要双方互利，而且需要双方投入大量的资金、精力以及时间去实践跨企业的生产计划与控制系统。

案例分析：舒适刀片拉动式生产计划与控制

企业基本情况

舒适刀片（广州）有限公司于1994年在中国广州成立，目前拥有2 000名员工，是舒适双剑集团公司在全球的剃须刀制造中心之一。舒适广州公司属于典型的来料加工的制造型企业，其业务以出口为主，生产的产品90%以上出口到全球不同的国家。它为全球提供 Schick 和 Wilkinson Sword 品牌的剃须刀架，负责亚太地区、非洲地区、南美洲和中欧国家地区的产品包装生产。舒适广州公司现在已成为舒适集团公司在全球性战略中的生产中心。

舒适广州公司在珠江三角洲有超过30家原材料供应商，包括塑胶，金属和包装材料的生产物料。除了刀片原材料以外，所有的生产原材料基本实现本地采购。舒适广州公司设计年生产能力为一亿二千万片刀头，六千万只刀架和一亿一千万套包装产品。在2007年实际生产量已经达到一亿四千万片刀头，五千万只刀架和一亿三千万套包装产品。舒适双剑集团公司在全球销售的剃须美容产品过百种，主要有两个著名品牌包括 Schiok 和 WilkinsonSword。产品包括剃须产品和美容用具,其中剃须产品包括男士/女士系列的剃须用具和清洁用品。舒适广州公司90%的产品为出口,中国内销约占10%。舒适公司在中国的销售市场仍处于第二位。舒适广州公司主要产品系列如表6-18所示。

表6-18 舒适广州公司剃须产品类别

剃须产品类别	男士系列	女士系列
高档系列	Consor Quattro Xtreme3 ProteetorDiamond FXDiamond	Intuition Serena Xtreme3(Pink) SilkEffeets
中档系列	Ultra SuPPer11	LadyProteetor
一次性系列	SlimTwin	SlimTwin

舒适广州公司目前是属于推动式供应链模式,各个国家地区负责市场销售的集团兄弟销售公司负责根据对市场需求的预测制订产品订单,舒适广州公司的供应链计划部根据这些订单制订相应的生产计划。该部门分为两个小组,客户服务组负责与集团内的兄弟销售公司沟通和跟踪市场的需求预测变化和处理客户订单,生产计划组负责根据客户订单制订生产计划和物料需求计划,生产计划会给到生产部去组织生产,物料需求计划给到供应商进行物料交货供应。

从产品的生产工艺流程来看,主要分为装配和包装流程。舒适广州公司已经将注塑、金属压铸和电镀等工艺外发到本地供应商,在本公司内部主要是部件装配和产品包装生产,所以整个生产阶段都是属于离散型的生产。

舒适广州公司生产部分为刀片装配车间、刀架装配车间和包装车间。

(1)刀片装配车间的生产线如下:润滑条生产线:1条;刀头盖生产线:10条;刀片切割/清洗线:2条;刀片装配生产线:5条。

(2)刀架装配车间的生产线如下:男士刀架生产单元:25组;女士刀架生产单元:12组。

(3)包装车间的生产线如下:高周波热压包装生产单元:10组;吸塑热压包装生产单元:12组;纸盒胶水包装生产单元:8组。

如果所有设备全部满负荷,每日产能为刀片480 000片,刀架230 000支,包装450 000套。

虽然舒适广州公司的业务迅速增长,但市场的竞争也越来越激烈,为了使公司可以持续发展,公司开始推行精益生产管理,在现有的推动式供应链模式下实行拉动式生产方式。从原有的推动式生产管理方式变成拉动式生产方式,这种改变对供应链,特别是对生产计划有着较大的影响。

推式供应链中存在的问题

在十多年前,对于剃须用品的制造行业来说,市场的竞争还是挺平静的,公司在以需求预测为驱动的推动式供应链模式下,生产批量大,生产周期较宽裕,产品生命周期长,产品品种较少。所以,舒适广州公司采用了推动式的生产管理方式来组织生产。但随着产品市场的竞争日趋激烈,公司要适应市场的变化,面对着小批量、多品种、短周期的问题,上百个品种轮番上场甚至同时上场,不同的产品,不同的工艺互相交叉,互相混合的情况下,这种作业计划管理方式的局限性很快凸显出来。其中主要是以下几个方面的问题。

（1）产品物料清单 BOM（Bill of Material）结构复杂。

推动式生产方式下，舒适公司按照不同的工艺流程来制订不同产品的物料清单，所以一种产品（SKU，Store Keeping Unit）假如是要经过 3 个工艺流程来生产的话，这种产品就需要由 3 个 BOM 来组成。例如，产品 Slim Twin Kit Pack，它的物料清单包括了 ST 刀片装配的 BOM，ST 刀架的 BOM 和 ST Kit Pack 包装的 BOM，所以物料清单结构较为繁多。这样导致在生产计划系统中要储存大量的生产作业计划，从而使得生产计划系统数据库非常庞大。

（2）生产计划的编制和变更调整工作量大。

由于 BOM 的结构复杂，当遇到有编制生产计划或需要变更的时候，生产计划员虽然是编制或调整 2~3 个产品的生产计划，但最终他们要编制或调整的生产作业计划就可能是 10~12 个，对于生产计划员无疑是一个非常大的工作压力，也拖慢了生产计划在系统更新的速度。

（3）生产作业计划变更频繁。

在推动式生产下，舒适公司是由生产计划部门在接到客户的订单后就开始计算每种零部件的需要量和各生产阶段的生产提前期，确定每个零部件的投入生产计划，按计划发出生产和订货指令，每个车间按指令进行生产，并将实际完成反馈到计划部门，不管后车间和后工序是否需要，均将生产完的零部件送到后车间和后工序。在车间之间缺乏信息的沟通，没有一个相互自我调整的制度，当遇到某些车间的生产出现问题时，要靠生产计划员重新调整生产作业计划，来平衡车间之间的人力和机器等资源的使用。所以往往生产计划员要用大量的时间去处理频繁的计划变更的工作。

（4）大量的在制品 WIP（Work-in-Process）库存。

推动式生产方式下，会计算每种零部件的需要量和各生产阶段的生产提前期来制订各个车间的作业计划，所以在工序之间会有大量的在制品的库存量。计划部会根据前工序的在制品的库存来调整后工序的生产作业计划。这样就会轻易破坏公司生产过程组织中最基本的要求——连续性、比例性和均衡性，各生产环节的节奏得不到有效的保证，造成产品配套上的混乱，除了大量占用生产力，加剧了生产能力与负荷不平衡的矛盾之外，还增加了管理的边际成本和复杂性。

（5）产品生产周期长。

原有的推动式生产方式下，各生产阶段的零配件生产是属于批量生产。下工序要等上工序完成整一批次的零配件生产计划后，才能开始本工序的生产。这样往往造成整个产品的生产周期很长。舒适广州公司一般在零配件装配和产品的包装工序间设定一个星期的提前期，所以包装生产要在装配生产完成一个星期后才开始。产品的生产周期一般是两个星期以上。这样一来，造成公司对客户订单变更的反应速度过慢。

JIT 拉式生产的实行

在精益生产管理思想的影响下，舒适广州公司开始在 2004 年研究和尝试改变原有的推动式的生产管理方式，采用拉动式准时制生产方式。在 2004 年开始推行精益生产的管理体系，同时也将准时制生产模式引进到生产管理中去。公司意识到推行 JIT 生产方式的过程需要企业循序渐进、因地制宜、不能盲目冒进，要踏踏实实地先把基础做好，然后再按部就班一步一个脚印地做。如果企业暂时达不到实行 JIT 的水平，也应该具备这种理念，等条件、时机成熟之后，再实行 JIT。

当时舒适广州公司的情况和管理系统的基础如下：

（1）高层领导下决心推行 JIT。

面对市场的竞争和业务发展的需要，和当时的生产管理体系所带来的风险，舒适广州公司高层领导觉得当时是一个好的时机去改变管理系统，推行精益生产，引进 JIT 生产方式，来提升公司的竞争力。高层领导的决心和信心给了公司全体员工一个很大的鼓舞。

（2）生产运作系统简单。

舒适广州公司大部分的注塑、金属压铸和电镀等工艺外发到本地供应商，在公司内部主要是装配和包装生产。相对而言，整个生产运作系统较为简单。

（3）生产现场管理系统基础扎实。

在过去的十多年，舒适公司在生产现场管理方面打下了坚实的基础，如推行 TQM，QCC，5S 和目视管理等系统，这为推行 JIT 累积了很多实践经验。

（4）良好的培训系统。

舒适广州公司的内部和外部培训系统是非常完善的，对于公司的每一个员工，根据不同的职位，不同的部门，不同的工作安排都会制订年度的培训计划，定期检讨培训进度和效果，特别对公司推行的项目，公司会根据项目的需要与项目经理制订项目成员的培训计划。对于推行 JIT，公司也特意指定一位人事同事来统筹所有的培训活动。通过以上的分析，管理层决定开始推行精益生产和 JIT 生产方式。

当管理层决定开始推行精益生产和 JIT 生产方式时，舒适广州公司成立了项目团队开始制订以下的推行策略。

① 推行 5S 管理。

5S 是 JIT 的基础，5S 是培养员工良好工作习惯的好方式，员工的素质在改革的过程中起到不可忽视的作用；同时，5S 是提高企业效益的重要途径。对现场来说，任何一项管理都没有 5S 管理效果来得快。5S 管理的 5 个要点是整理、整顿、清扫、清洁、素养。团队制订了相关的 5S 标准程序文件，检查表和日常检查程序，定期组织管理人员到现场检查审核。

② 找好切入点。

企业要因地制宜，不同的企业要选择不同的切入点，具体问题具体分析。公司要满足多品种的需求，会经常面临切换生产线、变换品种的情况。但是切换生产线通常比较麻烦，要浪费很多时间。那么就需要找出缩短时间的办法。在推行 JIT 的初期，员工对 JIT 还认识不足。所以，缩短切换时间会让员工认识到 JIT 的威力，给他们建立十足的自信心。一条生产线上的成功会改变员工的看法，可以显著地减小推行的阻力。

a. 样板区先行。在推行 JIT 会面临不少的问题，其中之一就是基层管理层和普通员工的抵触。要改变一个人的习惯是有很大困难的，所有人都或多或少地带有惰性。从整个工厂范围入手，可能会遭到很多人的抵触，这样推行起来就非常困难。所以公司在一个区域内先实行 JIT，不但可以起到示范作用，而且还可以检验在企业内推行 JIT 是否行得通。

b. 成立推行小组。为了更好地推行 JIT，公司建立起一个负责推行的队伍，队伍由 5～15 人组成，这些人应来自品质控制、工序制造、运输、采购、营销及其他领域。在实施过程中，通过推行小组实施让员工抛弃阻碍 JIT 生产推进的活动是十分必要的。推行小组有两方面的任务，一是对员工进行 JIT 的培训，使他们了解到 JIT 的概念和思路；二是推行小组负责监督各个部门推行 JIT 的情况，并且适时地给予指导，帮助解决推行中出现的困难。

c. 评价部门经理的效益。为了更好地推行 JIT 生产方式，需要对各部门的实施绩效进行评价。对实施绩效的评价主要强调为改善物流、减少工时而改变的过程和活动的数量。在 JIT 生产系统中，评价部门经理绩效根据以下 6 个指标：
- 改善——包括进行中的项目改善数，成本、生产率等管理项目的变化趋势。
- 品质、不良品率的降低、过程控制的提高以及获得高品质产品能力的提高。
- 进行均衡生产及在需要时提供必要零件的能力。
- 部门库存水平（例如，存货周转率的好转趋势）。
- 支出不超预算。
- 提高员工多方面的技能，以及员工参与改善的积极性及士气。

d. 依次推行 JIT

推行 JIT 首先要进行意识改革，让员工和管理层都意识到推行 JIT 的必要性；然后进行 5S 的管理，让整个流水线生产系统化，接着做单元生产，再做拉动式生产系统，然后是生产的均衡化和同步化，最后是标准化作业。

舒适广州公司在企业信息化方面，在同类型企业中处于比较先进的水平，其所应用与生产计划的有关的系统包括：SAP 系统，用于 MRP 管理；Manugistic 系统，用于 DRP 管理；I-Seala 系统，用于 Customer Order 管理；VMI（Vendor Management inventory），用于供应商库存管理，主要用于管理采购订单，安排送货，和供应商交流彼此的产能、排程及计划执行程度的信息。

JIT 生产下的生产计划制订流程：

推行 JIT 后，主要改善的是物流需求和供应计划，生产作业计划的制订和 BOM 的简化。

（1）物料需求和供应计划。

舒适公司实施 JIT 生产后，通过 VMI 系统来改善对供应商库存的控制，根据产品的市场销售情况，原料的采购周期和供应商的生产能力等信息，与供应商协定将原料的库存量控制在一个合理的库存量以内。然后舒适公司通过 VMI 将生产作业的计划与供应商分享，供应商就根据舒适公司每天的生产作业计划进行物料供应。

（2）生产作业计划。

舒适公司的生产作业计划从原来的按照部件装配和产品包装工序进行排产，改变为只制订产品包装的生产作业计划，通过 JIT 拉动式生产中的"看板"工具来拉动产品的部件装配生产。从而使生产过程中的在制品库存大大减少。

（3）BOM 结构简化。

以前的 BOM 结构非常复杂，如图 6.19 所示，实施 JIT 生产后，BOM 的结构就简化多了，如图 6.20 所示。

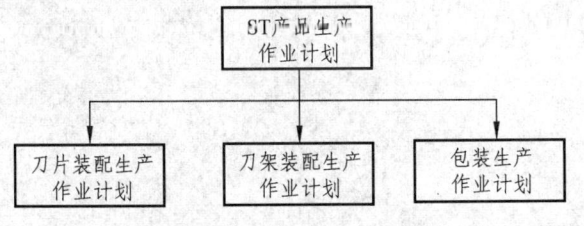

图 6.19 推式生产下的 BOM

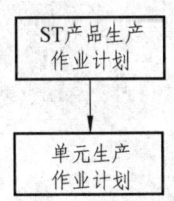

图 6.20 拉式生产下的 BOM

JIT 拉式生产中仍然存在的问题

舒适广州公司采用拉动式 JIT 生产方式后,对整个生产计划控制系统各方面的绩效都有很大的改善,特别是对在制品库存量的控制方面特为明显。但在实施 JIT 生产后,在目前的生产计划和控制系统中某些方面仍存在着问题。

(1) JIT 整体计划性弱,缺少中长期计划的指导,生产控制只是被动的跟随。当某个中间环节出现问题而卡壳时,此前所有的工序都处于松弛状态,而当问题解决后,此前所有的工序都将成为瓶颈,使整个环节加工情况时好时坏。

(2) JIT 生产方式下,为了追求生产的同步和均衡化,使生产安排常在低于最高产能的状态下运行。例如许多机器设备的性能效率有所降低。

(3) JIT 在生产管理中反对和致力于任何形式的浪费,追求零库存;而由于物料供应、生产过程、市场需求的波动性,不均衡不可避免地发生,进而产生在制品库存。另外,原材料供应难以做到真正准时,不得不设置安全库存。

(4) JIT 是尽量维持生产的稳定和能力平衡,并强调人、机器、企业间的相互协作来保证生产的稳定和能力的尽量平衡,要求生产一线人员多技能和相互间高度的团队合作性,生产机器设备的稳定性和快速换模的要求很高,这对于舒适公司目前情况来说是一个很高的要求。

(5) 目前舒适公司与供应商间的信息共享系统(VMI)不完善,数据的准确性出现波动;对供应商的生产能力评估不足,导致物料供应不稳定,从而使公司内部生产运作经常停顿。

资料来源:潘锦明. 舒适公司拉动式生产计划控制案例研究[D]. 成都:西南交通大学,2008.

思考题

1. 简述生产计划与控制系统的内容框架。
2. 简述不同生产类型需求响应策略。
3. 简述大规模定制的基本思想。
4. 简述物料需求计划(MRP)和准时制(JIT)的优缺点。

第7章 供应链物流管理

本章介绍物流与物流管理的概念，描述供应链管理与物流管理的相互关系。介绍供应链物流管理的特点，详细阐述了物流专业化进程与物流一体化的层次。介绍了物流设计的概念与手段。通过本章的学习，了解供应链物流管理的特点，理解物流专业化进程与物流一体化的层次，熟悉物流设计的内容。

7.1 物流与供应链

7.1.1 物流的发展

1．物流的定义

1921年，阿奇·萧（Arch W. Shaw）在《市场流通中的若干问题》（Some Problem in Market Distribution）一书中提出了实物分销或实物配送（Physical Distribution，PH）的物流概念。现在，"logistics"成为物流的标准用语。目前，对于物流还没有一个公认的定义，不同的国家和组织从不同的角度对物流进行了定义，如表7-1所示。物流的发展过程如图7.1所示。

表 7-1 不同国家和地区对物流的定义

国家	研究机构	年份	定 义
美国	管理派 美国物流管理协会（CLM, Council of Logistics Management）	2002	物流是供应链过程的一部分，是对货物、服务及相关信息从起源地到消费地的有效率、有效益的正向和反向流动和储存进行计划、执行和控制，以满足顾客要求[1]
	工程派 美国物流工程师学会（SOLE, The Society of Logistics Engineers）[2]	1974	物流是与需求、设计、资源供给与维护有关，以支持目标、计划及运作的科学、管理、工程及技术活动的艺术
	军事派 美国空军（U. S. Air Force）[3]	1981	物流是计划、执行军队的调动与维护的科学。按照最全面的定义，物流与军事活动的诸多方面有关：①军事物资的设计、开发、采购、储存、运输、分配、保养、疏散及废弃处理；②军事人员的运输、疏散和安置；③军事装备的采购或建设、保养、运营及废弃处理；④军事服务的采购或提供

续表

国家		研究机构	年份	定义
美国	企业派	Exel Logistics Co[4]	1997	① 物流是与计划与执行供应链中商品及物料的搬运、储存及运输相关的所有活动，包括废弃物品及旧品的回收复用； ② 物流是围绕物料管理和实物流通所发挥的功能； ③ 物流是对动态和静态库存的管理
欧洲		欧洲物流协会（European Logistics Association，ELA）[5]	1994	物流是在一个系统内对人员或商品的运输、安排及与此相关的支持活动的计划、执行与控制，以达到特定目的
日本		日本日通综合研究所[6]	1981	物流是物质资料从供给者向需要者的物理性移动，是创造时间性、场所性价值的经济活动。从物流范围来看，包括包装、装卸、保管、库存管理、流通加工、运输、配送等诸种活动
加拿大		加拿大物流管理协会（The Canadian Association of Physical Distribution Management）[7]	1985	物流是对原材料、在制品库存、产成品及相关信息从起源地到消费地的有效率的、成本有效益的流动和储存进行计划、执行和控制，以满足顾客要求的过程。该过程包括进向（inbound）、去向（outbound）和内部流动
中国	大陆	中华人民共和国国家标准《物流术语》（GB/T 18354—2006）	2006	物品的实体流动过程。包括对运输、储存、装卸、搬运、包装、流通加工、配送、信息处理等基本功能的实施和管理
	台湾	台湾物流管理协会（Taiwan Association of Logistics Management）[8]	1996	物流是一种物的实体流通活动的行为，在流通过程中，透过管理程序有效结合运输、仓储、装卸、包装、流通加工、资讯等相关物流机能性活动，以创造价值，满足顾客及社会性需求

资料来源：何明珂. 物流系统论[M]. 北京：高等教育出版社，2004.

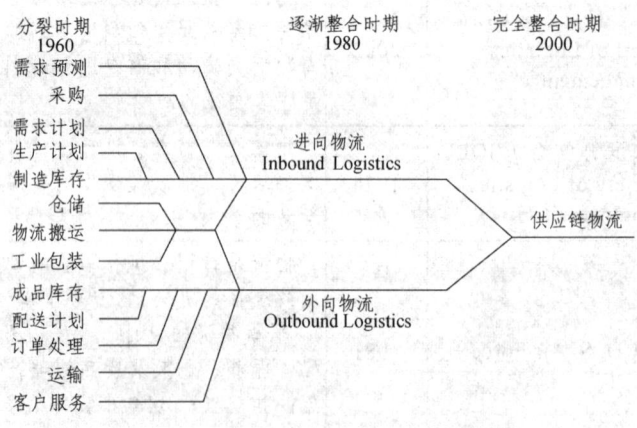

图 7.1　物流的发展

2．物流管理定义与内涵

我国 2006 年颁布的中华人民共和国国家标准《物流术语》（GB/T 18354—2006）中，对物流管理（logistics management）的定义是"为以合适的物流成本达到用户满意的服务水平，对正向及反向的物流过程及相关信息进行的计划、组织、协调与控制"。

2003 年美国物流管理协会（CLM）对物流管理的定义，包括内涵和外延[9]。

内涵：物流管理是供应链管理的一部分，是对货物、服务及相关信息从起源地到消费地的有效率、有效益的正向和反向流动和储存进行的计划、执行和控制，以满足顾客要求。

外延：物流活动一般包括进向和去向运输管理、车队管理、仓储、物料搬运、订单履行、物流网络设计、库存管理、供应/需求规划、第三方物流服务商管理。在不同程度上，物流功能也包括：采购、生产计划与排程、包装与装配、客户服务。它还涉及战略、战术与运作各个层面的计划与执行。物流管理是一个集成的功能，它除了要将物流与营销、销售、制造、金融、信息技术整合之外，还要协调和优化所有的物流活动。

物流管理的组成要素包括输入、管理行为、管理活动和输出。物流管理是在基本输入的基础上，通过管理行为（对整个物流运行的计划、实施和控制）和实施各种管理活动，实现从供应商到客户的物料价值增值的转化和移动过程，最终完成物流系统的输出。

7.1.2 物流在供应链中的地位

面对日益激烈的竞争和消费者价值取向的多元化，高效的物流系统和完善的物流管理是创造供应链持久竞争优势的有效手段。要实现"在需要的时间内、以具有竞争力的成本、按规定的形式提供产品来满足最终客户的需求"的目标，必须依赖于高效的物流系统。竞争优势是以低成本经营（高生产率）来获得与竞争对手不同的顾客价值。对顾客而言，价值可以是低价格，也可以是差异化服务。而高效的物流系统能使企业或供应链在存货的可得性、递送的及时性和交付的一贯性等方面领先于平均水平，就可以通过向顾客提供优质物流服务获得竞争优势。

现代物流管理能够在不同程度上同时提高企业或供应链的成本优势和价值优势，如图 7.2 所示。供应链视角下的物流管理，把从原材料到最终客户的物品流通，作为一体化的系统进行计划和协调。

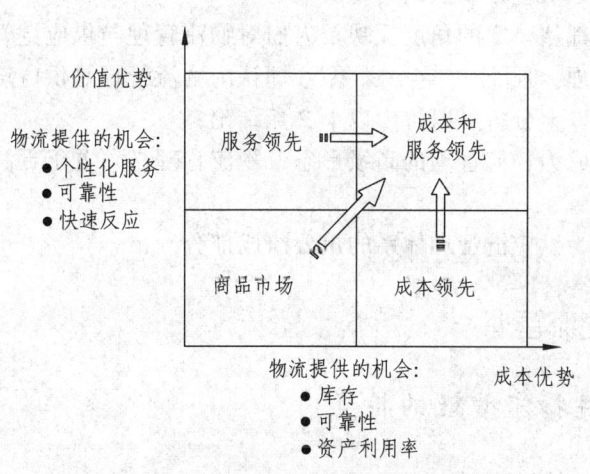

图 7.2 物流对竞争优势的贡献

7.1.3 供应链管理与物流管理的关系

随着全球制造的出现,供应链管理已经成为企业的一种新管理模式。供应链管理与物流管理之间的关系目前主要有 3 种观点,如图 7.3 所示。

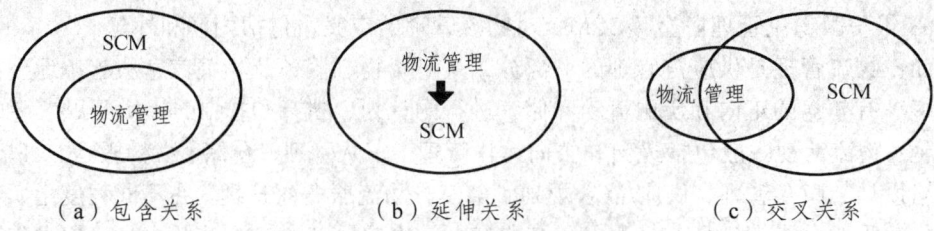

图 7.3　SCM 与物流管理关系图

1．包含关系

供应链的概念比物流的概念更宽泛,供应链是相关企业业务、资源的集成和一体化,是对"原材料供应商—制造商—分销商—零售商"上的商流、物流、信息流、资金流的集成,因此,物流是供应链的一部分。而供应链管理实际上包括供应链组织内部各功能部门之间的集成和在供应链上下游组织之间的集成,集成内容包括商流、物流、信息流、资金流等,集成的对象有资源、组织、业务、流程等,因而物流管理是供应链管理的一部分。

2．延伸关系

从物流管理的起源与发展过程来看,物流管理的发展经历了职能管理阶段、内部一体化阶段和外部一体化阶段,第 3 个阶段就是供应链物流管理阶段,因此认为供应链管理是从物流管理发展而来的(参见第 2 章内容)。

3．交叉关系

物流管理与供应链管理有交叉重叠的部分,但供应链管理并未完全涵盖物流管理。现代物流的研究范畴应包括供应链的物流,供应链企业之间的原材料、半成品、产品的供应与采购关系,更具体地说是供应链联盟内的物流活动。

以上这 3 种观点都从一定的角度反映了人们对物流管理与供应链管理关系的认识,从特定的角度来看都有道理。但目前"包含关系",即认为物流管理是供应链管理的一部分这个观点被广泛地认同。从以上分析可以得出以下 2 点结论:

(1)供应链管理成为物流管理的高级形态,物流管理必须置于更高层次的供应链管理的大系统中统筹安排。

(2)物流管理成为供应链管理体系的重要组成部分。

7.2　供应链物流管理

7.2.1　供应链物流管理的特点

2005 年初美国物流管理协会(Council of Logistics Management,CLM)正式更名为供应

链管理专业委员会（Council of Supply Chain Management Professionals，CSCMP），这不仅意味着协会的服务对象和领域的扩展，而且从物流的角度看，标志着物流管理进入到供应链一体化时代，从中可以看出物流管理发展的脉络。

供应链物流管理的原理，就是要结合供应链的特点，综合采用各种物流手段，实现物资实体的有效移动，既保障供应链正常运行所需的物资，又保障整个供应链的总物流费用最省、整体效益最高。供应链物流管理的特点，就是在组织物流活动时，要充分考虑供应链的特点。供应链最大的特点，就是协调配合，如在库存点设置、运输批量、运输环节、供需关系等方面，都要统筹考虑集约化、协同化，既保障供应链企业运行的需要，又降低供应链企业之间的总物流费用，以提高供应链整体的运行效益。

结合供应链的特点来组织物流，既是供应链物流管理的优点，又是供应链物流管理的约束条件。优点是因为它可以使物流在更大的范围内实行优化处理、在更大的范围内优化资源配置，因此可以实现更大的节约、更大地提高效益；约束条件是因为它在进行物流活动组织时，需要综合考虑更多的因素，需要更多的信息支持和优化运算。因此物流设计策划的工作量更大、难度也更大。

供应链物流管理的特点有：

（1）供应链物流是大系统物流，这个系统已经超越了个别企业的范围，将上游和下游企业看作一个整体加以管理。这个大系统物流包括企业之间的物流，也包括企业内部的物流。

（2）供应链物流管理应当在更广泛的范围内进行资源配置。包括充分利用供应链上游和下游企业的各种资源，这样可以实现供应链物流更加优化。

（3）第三方物流（Third Party Logistics）或第四方物流（Fourth Party Logistics）服务商在供应链物流系统整合中发挥着重要的作用。第三方物流或第四方物流服务提供商，通过构建社会化的物流服务平台，整合物流需求，提供有助于货主企业提升物流服务水平以及降低物流成本的一体化物流服务，在供应链物流系统整合中发挥着物流协调者和服务提供者的作用。

（4）供应链物流管理更不能脱离信息系统的支撑。信息系统的作用在于沟通供应链上下游企业的联系，实现市场信息、库存信息等的共享。信息系统使上下游企业能够同时根据最终市场信息，同步制订采购、市场和分销计划，对市场需求做出快速反应；利用信息系统对供应链的库存做出合理安排，顺畅地组织存货在不同节点间的流动，削减不必要的库存，从而降低整个供应链的运营成本，提高供应链的盈利能力。

7.2.2 物流专业化

按照物流业务专业化程度划分，可以分为第一方物流（Firth Party Logistics）、第二方物流（Second Party Logistics）、第三方物流（Third Party Logistics）和第四方物流（Fourth Party Logistics）。第三方物流服务的演化过程，如图 7.4 所示。

美国物流管理协会（CLM）1998 年对第三方物流的定义：第三方物流企业与货主企业缔结协作伙伴的关系，在供应链管理中一揽子承接物流功能。与提供一般的物流服务的物流企业相比，3PL 与货主的关系其服务更加定制化（customized），物流功能的范围更广，合同期限较长，更加互惠。

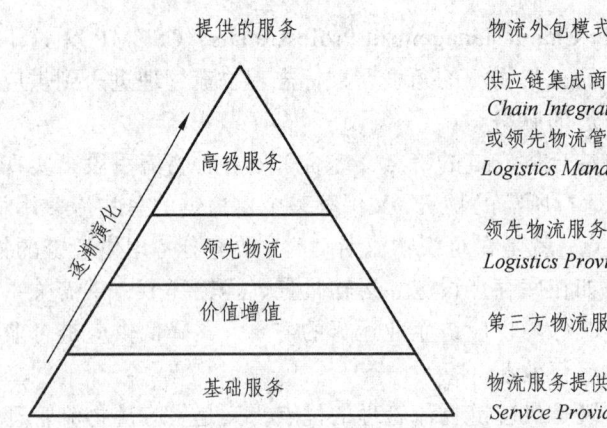

图 7.4 第三方物流服务的演化示意图

资料来源：C John Langley, Gray R Allen, Gene R Tyndall. Third-Party Logistics Study Results and Findings of the 2002 Seventh Annual Study.

领先物流服务商（Lead Logistics Provider，LLP）是指整合多项 3PL 业务，向货主企业提供项目管理及合同管理等综合服务的业者。

【案例 7.1】2000 年 12 月通用汽车公司（GM）与 MENLO 物流公司共同出资 60 亿美元成立了一家名为 Vector 的供应链管理公司（通用汽车公司控股）。通用汽车公司希望通过全面统一的数据交换（EDI）系统连接，更好地管理供应链系统中所有的物料和整车的物流运作，并把经销商的订货周期从 60 天缩短到 15 天。作为领先物流服务商（LLP）的 Vector 公司负责管理曾经为通用汽车公司提供直接物流服务的几十个第三方物流服务商（3PLs）。这项合同差不多占到了 2002 年美国第三方物流市场规模 650 亿美元的 10%。Vector 公司宣称，2001 年就帮助通用汽车公司降低物流成本达 1.28 亿美元。

资料来源：（英）马丁·克里斯托弗著. 物流与供应链管理：创造增值网络[M]. 何明珂等译. 北京：电子工业出版社，2006.

刘艺. 基于供应链管理的领导型物流研究[D]. 上海：上海交通大学，2006.

第四方物流（Fourth Party Logistics，4PL）的概念最早由全球 500 强企业之一的管理咨询、信息技术和外包服务公司安德森咨询公司提出，其定义是"一个供应链集成商，调集和管理组织自己的以及具有互补性的服务提供商的资源、能力和技术，以提供一个综合的供应链解决方案"[10]。第四方物流有两个显著的特点：一是提供一整套完善的供应链解决方案。它能更加有效地适应需方多样化和复杂化的需求，集成所有资源为客户制订完美的解决方案，同时进行供应链再建、功能转化、业务流程再造等。二是通过影响整个供应链来获得价值。这主要包括利润增长、运营成本降低、工作成本降低和提高资产利用率，相比第三方物流（3PL）仅能提供低成本的专业服务，第四方物流能控制和管理整个物流过程，对整个过程提出策划方案，再把这个过程集合起来，提供快速、高质、低成本的物流服务。

【案例7.2】北电网络公司（Nortel）在2002年与德讯（K&N）签署了第四方物流合作协议，将其全球的外向物流运作管理全部交给德讯公司。德讯公司的任务主要有：负责管理原为北电网络公司服务的大约40家第三方物流服务商（3PLs），包括货代公司、仓储公司、运输公司和其他物流服务供应商等；负责管理第三方物流服务商（3PLs）的各种物流服务，包括进出口操作，存货管理，仓储和分销，以及货运管理等；帮助完善北电网络公司的供应链系统，为其全球客户提供优质服务；降低物流成10%和减少第三方物流服务商（3PLs）的数量。第四方物流合作给北电网络公司所带来的收益非常明显，加快了其资金周转时间，提高了全球订单可视化，固定资产大幅削减，提高了及时交付率，并减少了库存、运营成本和滞销产品。K&N承担了全部供应链管理的职责，重点关注IT，流程和人员的管理。

资料来源：刘艺. 领导型物流模式研究及启示[J]. 物流科技，2007，30（2）：78-81.
刘艺. 基于供应链管理的领导型物流研究[D]. 上海：上海交通大学，2006.

日本在1997年的《综合物流施策大纲》中，将第三方物流3PL定义为"向货主企业提出物流改革方案，并一揽子承接物流业务委托"。第三方物流能向货主企业提出旨在提高物流效率的方案，并有机地整合运输、保管、装卸、流通加工、信息等多种要素，向货主企业提供复合式物流服务。日本强调第三方物流企业从较高的层面去考量和运营顾客企业物流系统。与美国第三方物流的定义和理解上的差别：美国的3PL概念强调契约物流、一揽子承包（多项物流业务）和重视合作伙伴关系。而日本则更强调专业有效的咨询方案功能，可以说，日本的3PL概念包含了后来在美国产生的第四方物流4PL和领先物流提供商LLP等概念的内涵。

7.2.3 物流一体化

随着市场竞争的不断深化和加剧，企业建立竞争优势的关键已由节约原材料的"第一利润源泉"、提高劳动生产率的"第二利润源泉"，转向建立高效的物流系统的"第三利润源泉"。物流一体化是物流产业化的发展形式，实质是一个物流管理的问题，即专业化物流管理人员和技术人员充分利用专业化物流设备、设施，发挥专业化物流运作的管理经验，通过合作和协调实现资源的共享和最佳资源搭配，以求取得整体最优的效果。物流一体化可分为3个层次：企业内部物流一体化、企业外部物流一体化和整个供应链物流一体化。

1．企业内部物流一体化：功能整合（Internal function integration within a company）

企业内部物流一体化是指企业内部物流系统的观念逐渐确立，运输、仓储和其他物流要素趋向完备，物流子系统协调运作，物流系统化发展。

传统的物流管理方式下，企业对物流资源缺乏统一规划，存在大量资源浪费。物流职能分散，多头管理。比如，原材料的采购、物料的管理、成品配送等各项活动的管理是割裂开来的，各功能部门相互独立，关联度很低。各个环节都会有大量存货，几乎没有太多的信息交流，整个系统的运作效率很低。没有人对物流总成本负责，无法协调企业内部各物流环节。

企业在实践中逐渐认识到,通过将企业内部相关物流功能合并,成立物流部门来协调管理企业的供应物流、生产物流和销售物流,对企业内部所有物流活动进行统一管理、系统优化,从而实现企业内部物流功能一体化,如图7.5所示。这样,可以大大降低系统的存货水平,使物流活动衔接顺畅,提高企业整个物流系统的运作效率。

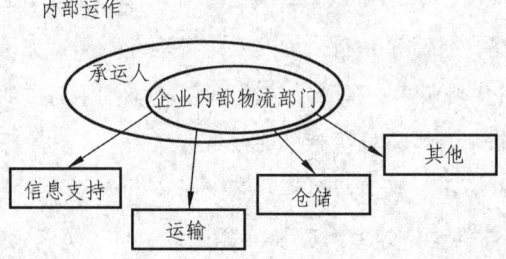

图7.5 企业内部物流一体化示意图

【案例7.3】长虹的物流改革

四川长虹电子股份有限公司始创于1958年,总部位于四川省绵阳市。从军工立业、彩电兴业,到信息电子的多元拓展,已成为集军工、消费电子、核心器件研发与制造为一体的综合型跨国企业集团。2004年开始,长虹实施了一系列改革措施。2004年8月,长虹聘请了罗兰贝格咨询公司(Roland Berger Strategy Consultants)进行管理咨询,分析报告指出长虹的物流管理体系存在问题较多,总结起来就是4个字:"多""少""散""乱"。

(1)"多"是资源过多。四川绵阳有40多个原材料库房;50多个成品库房;200多个销售库房;近千辆的大小货车。对物流资源缺乏统一规划,大量的资源被浪费。

(2)"少"是效益过少。服务水平和效益远远低于行业水平,作为支持服务部门缺少服务和效益观念。

(3)"散"是职能分散,多头管理。比如,成品配送由销售部门负责,原材料物流由采购部门负责,没有人对物流总成本负责,无法协调供应链中各物流环节。

(4)"乱"是流程混乱,缺乏系统科学的操作流程和操作规范,导致运输和仓储管理处于"低效率、多环节"运作。

2005年2月,整合了内部物流管理职能的长虹物流公司宣告成立,确定了新的物流组织框架,包括物资储配中心、成品仓储中心、货运处、运输处、关务处、综合管理处和财务处。这个物流公司对集团物流进行运作管理,统一采购、材料配送、成品配送,使采购、物资配送、成品仓储与配送等方面在战略上实现一体化,发挥采购、生产、销售三者物流的协同效应。2005年之前,长虹在全国设置了绵阳、中山、南通、长春4个基地库房,203个分公司库房,拥有庞大的仓储体系。从2005年6月份开始,长虹将全国203个分公司库房进行整合,建立了4个中央配送中心CDC(分别位于四川绵阳、江苏南通、广东中山、吉林长春)和66个区域配送中心RDC,仓储、配送一体化运作框架基本形成。长虹通过物流改革实现企业内部物流一体化,取得了以下成效:

2004年物流改革前,长虹直接物流成本每年约8~9亿元。截至2006年10月,长虹物流成本累计下降1.3亿元。通过内部物流整合后,长虹进行干线运输招标,截止2005年11月,公路运输成本相比前一年同期下降22%;短途运输、车辆维修下降15%;出口运输费用下降30%。

2007年1月,由四川长虹、民生实业(集团)有限公司共同投资设立的四川长虹民生物流有限责任公司正式成立。该公司注册资本1亿元,其中,四川长虹控股,民生实业占30%,成为西南地区最大的现代物流企业。这标志着长虹物流改革开始从内部物流整合迈向了外部物流整合。

资料来源:Mao Min, Li Ruixue. A case study of marketing strategy and logistics system of Changhong, a Chinese home appliances enterprise, working paper No. 213, Faculty of Economics, University of Toyama, Japan, 2007.1.

Mao Min, Li Ruixue. Logistical System Reform: a Competitive Lever for Corporate Transformation—Case Study of Changhong, a Chinese Home Appliances Enterprise), Journal of Japan Logistics Society, No.16, 2008. 5: 271-278.

2.企业外部物流一体化:外部网络资源整合(External network resources integration among supply chain members)

企业外部物流一体化是指企业的物流运作更多地利用外部资源,与上游供应商和下游客户在物流方面合作而获得规模经济效益和物流效率。共同协调和分享整个供应链的物流资源,如实现仓库共享、库存集中等。物流资源能够重新配置、合并或分享,使供应链中的众多成员获益,实现协同效益。

在企业外部物流一体化战略的实施过程中,一般是将物流业务外包给专业的第三方物流公司,充分利用第三方物流企业的专业化物流设备、设施,发挥专业化物流运作的管理经验,从而取得整体最优的效果,如图7.6所示。

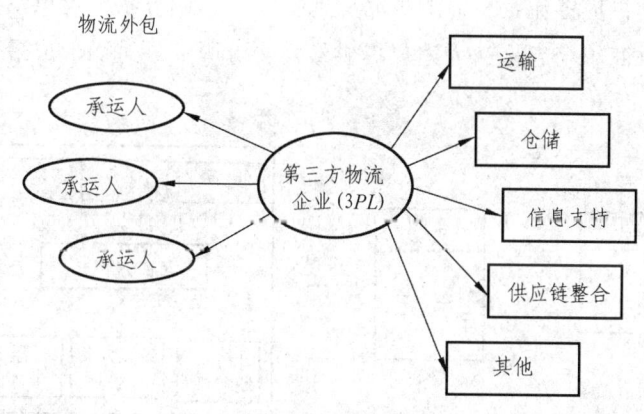

图7.6 企业外部物流一体化示意图

【案例7.4】 麦当劳的第三方物流

麦当劳公司（McDonald's Corporation）成立于1954年，是全球最大的连锁快餐企业。夏晖集团（HAVI Group）于1974年成立于美国芝加哥，是拥有多温度仓储和运输管理体系的物流企业。

作为麦当劳的第三方物流提供商，夏晖与麦当劳有着数十年友好合作伙伴关系。为满足麦当劳冷链物流的要求，夏晖公司跟随麦当劳进入中国市场，投资建设拥有多温度食品分发物流中心，配有先进的装卸、储存、冷藏设施，有5~20吨多种温度控制运输车系列，同时配有电脑调控设施用以控制所规定的温度，检查每一批进货的温度。夏晖公司利用这些物流中心，为麦当劳各个餐厅完成配货、储存、运输及分拨等一系列工作。并通过它的协调与联接，使麦当劳每一个供应商与每一家餐厅达到畅通与和谐，为餐厅的食品供应提供最佳的保证。

资料来源：刘在云. 餐饮连锁企业的第三方物流模式分析[J]. 中国市场，2007（41）：24-25.

有待发展的食品冷链物流：访北京夏晖食品有限公司高级经理李万秋[J]. 物流技术与应用，2007（2）.

张晶. 夏晖物流：与麦当劳"共生"的"鱼"[J]. 物流技术，2011（8）.

3．供应链物流一体化（Integration of supply chain logistics）

供应链物流一体化是通过有领导力量的供应链物流集成商（Logistics Integrator），调集、管理和组织本身和具有互补性服务供应商的资源、能力和技术，借助第三方物流为客户提供全面的、集成的供应链物流方案，如图7.7所示。

供应链物流集成商也叫第四方物流（the Fourth Party Logistics，4PL），它能做到真正的低成本、高效率、实时运作，实现最大范围的资源整合。因为第三方物流缺乏跨越整个供应链运作以及真正整合供应链流程所需的战略专业技术。第四方物流可以不受约束地将每一个领域的最佳物流提供商组合起来，为客户提供最佳物流服务，进而形成最优物流方案或供应链管理方案。

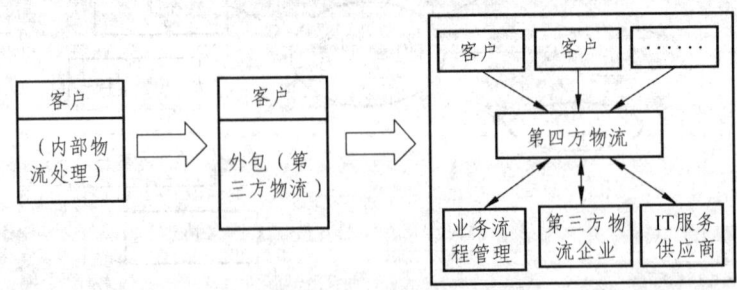

图7.7 供应链物流一体化示意图

7.3 物流设计

7.3.1 物流设计的概念

物流设计（Design for Logistics，DFL）是由李效良（Hau Lee）教授提出的新概念。物流设计是指在设计产品时考虑产品的处理、运送和储存等物流因素，使产品的物流效率更好，主要包括3个方面的内容：① 包装和运输的经济性；② 并行与平行工艺；③ 延迟。

7.3.2 经济的包装与运输

包装对物流系统中的成本和效率影响很大，尤其影响运输和储藏的效率及有效性。通常的包装有两类，强调市场营销的消费包装和强调物流的工业包装。包装设计应当将物流需求、加工制造、市场营销以及产品设计的要求结合起来考虑，达到对货物所需的保护程度，提高物流效率，实现信息传递的功能，以确保在最低成本的条件下，使专门设计达到要求。按照产品的外形和标准订单数量包装商品，有助于提高物流活动的生产率。包装已成为整体物流战略中的一个关键因素，重新设计包装的简单方法，能够帮助控制物流成本。

在对产品进行设计时，使其可以有效包装和储藏。在运输过程中，如果在车辆容积限制的条件下，产品包装越紧凑，车辆积载利用率越高，运输费用越便宜；在存储中，包装越紧凑，每件产品所占用的存储空间及每件产品所收的租金就越小，从而降低部分库存成本。

【案例7.5】宜家产品的平面化设计。瑞典的宜家（IKEA）是目前全球最大的家具和家居用品的零售商，一直致力于为顾客提供种类繁多，美观实用，老百姓买得起的家居用品。促使宜家成功的一个重要因素是：质优价低。宜家所卖的家居产品价廉但不劣质，所提供产品的价格通常比竞争对手的价格低30%~50%。宜家产品成本的压缩过程在新产品还在孕育期的时候就已经开始了，并在后续各产品过程中保持。随着宜家将其采购范围从欧洲拓展到远东，运输时间和费用就显得更重要。

宜家的许多产品都是大体积的，比如桌子和椅子。平面式包装（Flat packages）是降低运送成本并最大化集装箱内空间利用率的一个极佳方法。从物流作业的角度上看，平面式包装不仅可以实现商品储运过程中的集装单元化，降低运输成本，而且在物流中心现场作业中也大大提高了装卸效率，使自动化存储成为可能。经公司测算，倘若运输的是已经装配好的产品，运输量将提高6倍。从设计室到仓库，宜家员工都有着相同的格言："我们可不想为空气付运输费。"对所有发货用的集装箱，宜家目前使用的目标填充率是65%，宜家希望将这个目标提高到75%。要达到这个目标需要更多设计上的改进。有时甚至是将产品内的空气吸出来，像宜家的压缩式枕头，看起来就像是货架上的巨型饼干。

将产品平面化是宜家的强制性措施。对于一个简单的、耐火黏土型的咖啡杯，你能进行几次重新设计？宜家的杯子被重新设计了3次——只是为了能在托盘上存放最多的杯子。最开始，只能放 864 只杯子。加上一个类似于花盆上的环的设计后，每个托盘能装上 1 280 只杯子。然而另一个使杯子更矮并且带有手柄的设计加上后，一个托盘能挤下 2 024 只杯子。当杯子的销售价格维持在 50 美分时，其运输成本就降低了 60%。鉴于宜家每年能卖出 2 500 万只这样的杯子，节省的费用是相当可观的。另外，宜家在罗马尼亚工厂的生产成本也因烧窑内一次能装更多的杯子而得到降低。

资料来源：(美)雅各布斯，蔡斯著. 运营管理[M]. 任建标译. 北京：机械工业出版社，2011.

包装延迟，把最终包装延迟到零售商处或产品实际销售时，这一方法可以获得战略灵活性。例如，大米、面粉、食盐等商品，供应商实施大批量运输，当商品运到物流中心或零售店时，再进行分装、贴标签，以发挥运输的规模效益，降低物流成本。

7.3.3 并行与平行作业

并行和平行工艺是指对生产工艺进行修改，把原来依次运行的步骤改为同时完成，从而缩短生产提前期，以减少安全库存量，降低库存成本。

通常，生产工艺是由按顺序进行的步骤组成的。为了缩短产品的生产周期，就要求一定的生产步骤在不同的地点进行，以便充分利用现有设备。如果产品的部件能够模块化，在生产过程中可以分解，就能实行并行和平行工艺，尽管各个部件单独制造的时间要长，但它们是同时生产制造的，因此能缩短生产周期，从而降低安全库存水平，降低物流成本。

7.3.4 延　迟

延迟主要是指在供应链上推迟制造、包装、发货等活动，直到获得确定的顾客订单或者得到顾客承诺。

延迟战略可以有效利用总体预测的信息，总体需求信息总比单个数据精确，即使产品预测不能很好改善，生产延迟及物流延迟也可以有效改善最终需求的不确定性。它们以不同的方式减少需求的不确定性。生产延迟侧重于产品，物流延迟侧重于时间。采取哪种延迟战略取决于产品的数量、价值、竞争主动性、规模经济及客户希望的发送速度和一致性。

【案例 7.6】帝亚吉欧（Diageo）的延迟策略。帝亚吉欧（Diageo）是全球领先的酒精饮料生产商，其饮料在 180 个国家销售，公司在伦敦及纽约证券交易所上市。

2006 以前，Diageo 92% 供应亚洲市场的产品中都是在苏格兰生产，在欧洲储存。每个亚洲国家独立地向总部下订单，然后由欧洲把货品送到每一个亚洲市场。在货品抵达市场出售前，都需要重新包装及贴标签，以符合各地市场在质量标准、消费场合、法规和税务上的不同要求。这种运作模式存在不少问题，如前置时间太长导致地方仓库存货较高，对市场的反应滞后，有时因要先应付大订单而忽略了小订单的准时交货。

随着亚洲市场上对洋酒需求的大幅上升，Diageo 认识到了亚洲市场的重要性，开始着手寻找一种物流方案去解决亚洲供应链的问题。利和经销提出了延迟策略（postponement）方案，即在物流中心进行产品的存储及包装，使产品延至付运前才贴标签及包装。利和经销品设计的方案，首先根据Diageo产品市场分布选择最佳的物流中心位置；在亚洲区内运输交货时选择最优的关税路线；设计一套包装方案，包括在最终市场出售时的特别标签和包装。这个亚太区物流中心的产品将供应给11个市场，包括新加坡、印度、印度尼西亚、澳大利亚、泰国、中国香港、中国内地、中国台湾、日本、菲律宾及韩国。Diageo与利和经销在新加坡开设物流中心，并在2006年10月开始运营，组成了Diageo在亚洲的第一条含酒精饮料供应链。

这个供应链物流的精髓就是"延后策略"。Diageo将存货留待运到新加坡的物流中心才完成最后的粘贴具体市场标签的工作，并在最后一刻确定每种产品所需的数量后才在高速、半自动化的生产线上包装。这种做法更贴近市场，可开展弹性较大的推广活动。在新加坡建立的物流中心也是关键所在。在亚洲设立物流中心有两大好处：

（1）重整订单以符合经济效益。它可以将亚太区各个分市场的订单合并运输，这样订货数量较过去有大幅增加，令货柜的空间可以较充分地利用，而且货物亦可及时地送到市场，运输成本节省达20%。

（2）减少库存。因采用延迟策略，订货时间缩短，地区的库存量可相对降低。物流中心起着缓冲作用，它的储备可与所有亚洲市场共享。如果任何国家缺货，紧急补给由过去的从欧洲出货改为由亚洲物流中心出货，所需时间由一个月缩短至5天。另外藉通过物流中心的调配，剩余的库存可灵活地的转到另一个市场，进一步减少地方库存。此外，减少地方库存还可以减少不必要的关税。因为现在大多数库存存放在市场以外的物流中心，不需实时交税。

资料来源：利丰研究中心. 供应链管理：香港利丰集团的实践[M]. 北京：中国人民大学出版社，2009.

案例分析：宝供的供应链物流管理

公司简介

宝供物流企业集团有限公司（P. G. Logistics Group Co.LTD，简称宝供）创建于1994年，总部设在广州，是国内第一家经国家工商总局批准以物流名称注册的企业集团。目前，公司已形成了一个覆盖全国并开始向美国、澳大利亚、泰国等地延伸的国际化物流运作网络和信息网络。与国内外近百家著名企业结成了战略联盟，其中包括宝洁、飞利浦、联合利华、文利、通用电器、松下、三星、东芝、LG、壳牌、丰田汽车、雀巢、卡大等52家世界500强企业，为它们提供商品以及原辅材料、零部件的采购、储存、分销、加工、包装、配送、信息处理、信息服务、系统规划设计等供应链一体化的综合物流服务。2002年12月宝供集团被中国物流与采购联合会命名为"中国物流示范基地"，成为入选的唯一一家第三方物流企业。宝供物流集团凭借在供应链物流领域内创造的多个领先以及近年来的转型变革创举，荣获"2016中国物流杰出企业"。同时，宝供物流集团旗下专注于公路快运领域的宝供快运凭借几年来在无车承运人模式上的创新和积极尝试，荣获中国物流与采购联合会颁发的"2016中国物流创新奖"。2016年9月,宝供物流集团凭借在供应链领域中做出的杰出贡献,获美国供应链管理专业协会(CSCMP)授予的"中国供应链管理示范企业"荣誉称号。

宝供的发展主要经历了以下发展阶段:

（1）1994年至1997年,初建规范管理的基础,进行了运作网络的基础构建,在同行业中率先为客户提供门对门一体化服务。

（2）1997年至2000年,率先应用基于Internet/Intranet的物流信息网络管理并取得显著成效;同时,加强全国运作网络的建设,为客户提供物流全过程的服务。

（3）2000年至2003年,进行了组织机构的优化,推行价值管理,强调为客户创造价值,提供物流一体化、个性化服务。

（4）2003年以来,开始致力于为客户提供供应链一体化服务,建设物流基地,开展国际货代,构建干线与深度配送网络。

（5）2014年以来,启动"四轮两翼"发展战略,构建供应链一体化生态圈。四轮即供应链解决方案平台、四大专业型物流服务平台（公路快运、铁路水路航空、仓储增值服务平台和一站网）、商贸流通板块、基地战略,两翼即大数据和大金融。

宝供集团业务范围包括物流规划、货物运输、分销配送、储存、信息处理、流通加工、国际货代、增值服务等一系列专业物流服务,是目前我国最具规模最具专业化的现代第三方物流企业之一。自从发布转型升级新战略后,宝供物流已从"物流一体化服务商"转变为面向广大客户提供供应链一体化服务的"供应链一体化服务商",通过实施"四轮驱动、两翼腾飞"的发展战略,致力于打造供应链一体化服务能力,构建供应链生态环境,为广大客户和用户提供从大数据分析到大宗原辅材料采购、产成品分销、金融结算,以及在采购、生产、销售等过程中所涉及的各种物流服务,同时宝供的基地提供强有力的实体平台的支撑,形成线上线下多功能全方位供应链一体化生态环境,使实体经济能更专注于自己的核心能力,使生意更有效、更轻松、更快捷。

宝供的物流管理优势

作为中国领先的专业的第三方物流企业,宝供具有以下优势:

1）先进的现代物流理念和优秀的管理团队

宝供一直致力于将先进的现代物流理念应用于物流企业实践,运用现代物流管理理论指导公司运作,还培养了一批具备丰富运作经验和管理理论的人员。

2）覆盖全国并向世界延伸的物流运作网络

宝供拥有覆盖全国,并向美国、澳大利亚、泰国、我国香港等地延伸的物流运作网络。在全国范围内的各中心城市建设宝供现代综合物流基地,形成以物流基地为网络的运作枢纽,从而实现从非资产型企业到轻资产型企业的成功转型。

3）先进的物流信息系统

宝供拥有先进的、完善的物流信息系统。从1997年起,宝供投入大量资金构建了高效、实用的物流信息系统,采用自行开发成功的核心和平台化的策略,使物流信息系统在适用性、集成性和扩展性方面得到了国家、行业和客户极高的评价。其中,数据对接更是宝供的重要优势,通过自行打造数据对接平台为客户提供功能强大的数据对接服务与其他相关系统增值服务,有效支持了客户的信息化和业务拓展。

4) 一流的企业管理和物流技术人才

宝供公司吸引了一批具有外企管理经验、熟悉中国市场的管理人才以及以教授、博士、硕士、MBA为代表的物流技术人才。

5) 良好的社会形象和企业品牌

宝供一直致力于行业发展和人才培养,在2002年美智中国物流行业认知度调查中,宝供以40%的认知度雄居中国物流企业之首。

宝供物流核心业务

宝供是国内领先的供应链一体化解决方案的提供商,它的核心业务如图7.8所示。

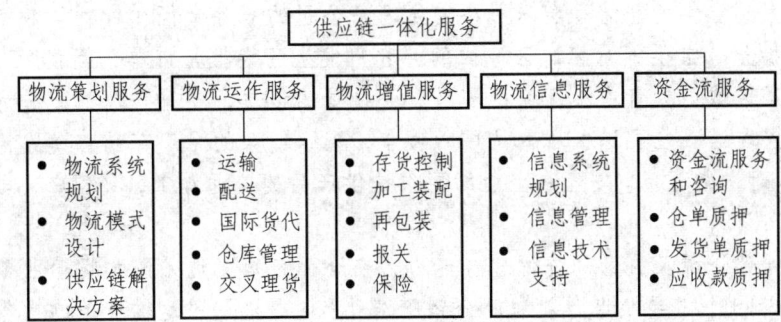

图7.8 宝供的业务领域

1) 物流策划服务

宝供物流现在的目标是争做中国领先的供应链服务商,例如,从2001年开始,宝供与国内某知名大型电器制造企业实施物流系统优化,展开全面的物流业务合作,提出对该企业整体供应链进行改革的建议。分三部分实施:将物流与商流分离,实现物流外包;通过规划和整合,将原有的经营部库存分布点向上集中为RDC库存点;通过信息技术的运用,提高了工作效率,减少了人员,统一了服务水平。该企业通过实施宝供提供的供应链优化方案,全国库存点数量由原来遍布全国的260多个经营部减少为35个RDC,库存面积由过去的110万平方米减少为40万平方米,充分整合了资源,大大降低了库存,专业分工更加明确;库存资金由32亿降低到14亿,减少了库存资金占压;从业人员由原来的12 000人减少到6 000人,节省了人力成本支出;产品周转天数由65天降低到24天,加快了库存周转速度;订单处理方式由手工变为电子化,信息化程度及工作效率得以提升。

2) 物流运作服务

(1) 仓储专业服务。

宝供在全国主要省会城市及重点二级城市设立了近30万平方米的仓库,根据客户作业的不同类型,提供了中转仓、分销仓、中转平台式仓库等个性化的仓库作业模式,同时配备先进的仓储设备以提高作业效率及质量。在仓库管理中同时为客户提供满足销售需求的增值服务,如打码、再包装、扫描等,使仓库服务内容从纵向方向发展。在仓库系统管理方面,先进的IT系统,在无线网络、手提终端、射频数据和条形码识别等技术的支持下,仓库管理系统(WMS)得到充分的应用。

在宝供发展规划中,作为重点发展项目,宝供将在未来几年逐步建立更多的现代化物流基地,满足客户对仓库管理日益多元化的需求。

（2）干线运输服务。

宝供物流以整合社会资源为主的方式，与国内国际众多运输商建立了长期合作伙伴关系，具备每年超过百万吨的公路和铁路运输组织能力。

公司建立了科学的运输控制体系，并采用先进的信息化管理手段，结合运输跟踪及反馈系统确保货物准时、安全到达，为客户提供全国零担、整车运输服务，运输方式多样，包括普通货物运输、危险品运输、国际集装箱运输、海关监管货物运输、铁路托运等多种服务。

3）物流增值服务

宝供对客户的区域配送中心和中转仓库存储体系进行科学的整合管理，形成了辐射范围较广的网络体系。宝供的仓储和配送服务使得客户公司的服务半径和货物集散空间得以低成本、低风险地扩张。宝供针对配送区域内的大客户发生的大批量订单，提供"门对门"的运输配送。针对配送区域内大量中小商家的零散、小批量的订单，安排合理的配送计划，实施高水平的一线多点配送。在配送区域内的中心城市，配合商家的无库存销售模式，为消费者提供完善的 24 小时送货服务。按客户企业的要求提供产品的流通加工，为客户公司提供各种物流延伸服务。

宝供依托外部资源及自身的资源整合能力，在全面订单管理系统和运输业务调度系统的支持下，在全国 15 个主要城市开展深度分销配送业务，严格按照运输业务的操作标准为客户提供全方位的商品配送服务，构建一个 B TO B，B TO C 的运作网络，形成一个以干线运输（大动脉）、区域配送（血管）和城市配送（毛细血管）组成的三级联动的运输配送体系。

4）物流信息服务

宝供自行开发的第三方物流信息集成平台，具有高度适用性、集成性和扩展性，可根据需要不断地以自行开发或外购的方式添加各种功能和属性，现有的主要模块和功能如下：

TOM：应用覆盖全国的宝供全面订单信息管理系统（TOM 系统）运输模块跟踪管理客户的全国运输业务；全程跟踪订单状态。

OMS：订单管理系统（Order Management System）开发客户下单系统，开放库存查询程序、电子数据收发查询程序、条码扫描检查程序等配套程序供仓库或客户使用。

SMS：库存管理系统（Stock Management System）实现对货物进出仓和在仓库中各种状态的完全管理，包括库位、批次、拣货、库龄管理和盘点等功能，具有完备的仓库管理功能。

WMS：全球领先的 Exceed 4000WMS 系统适用现代化立体仓管理，根据客户需求对 Exceed 做客户化，定义不同的批次管理策略，并支持交叉理货，条码扫描跟踪。

货物定位：通过 TOM 的 GPS 和手机定位实现在途订单实时跟踪功能，为客户提供运输动态跟踪服务。

RFID：通过 RFID 技术实现对仓库进出库产品的管理和跟踪，并完成贴标和标签回收的工作。

5）资金流服务

保供物流同时承接国际的物流服务，其中就包括了仓单质押，发货单质押，已收款质押等服务。

其中，宝供的 IT 服务为客户提供了如下的价值：

（1）实时把握物流运作信息，提升工作效率，加快资金周转，EDI 或 B to B 对接使客户在实际业务发生后 30 分钟内，可在自己的系统查看到最新的运作结果。客户财务部门也可以依据系统返回的签收结果及时开出结费发票。

（2）降低成本，取得竞争优势。信息畅通有利于控制和降低库存，减少成本（包括人力成本及其他隐性成本）。

（3）量身定做，适合客户需求。帮助重点客户规划、设计和实施物流管理系统，包括报表系统，提供强大的经营数据辅助分析，实现决策管理数据化。

（4）与时俱进，提供增值服务。引进先进的 WMS 系统，支持现代中心仓库需求；开发 TOM 全面订单信息管理系统，为客户提供订单管理、运输、仓储一体化服务。

宝供的第三方物流经营模式

宝供的第三方物流经营模式是以市场需求为导向、物流系统优化为基础、信息技术和管理技术为手段，推动资源的合理配置和社会优势资源的整合，构筑完整的综合价值链，为客户提供一体化、专业化、全过程的物流服务。

宝供的第三方物流服务的主要内容如表 7-2 所示。

表 7-2　宝供的第三方服务内容

第三方物流服务项目	主要内容
物流策划	主要包括物流规划与模式设计，按客户的需求进行个案分析，为客户度身量体设计出独特而适宜的物流规划方案
物流运作管理	主要包括运输、仓储、装卸、包装、分拣和理货等管理，进行规范化的业务运作管理
物流信息	主要包括信息系统规划、信息技术支持和信息管理，为公司和客户双方监控物流过程提供实时、准确的信息服务

宝供的物流系统为客户提供了专业化、规范化和经济化的物流服务，使之分享了物流专业化服务所带来的规模效益。这些服务有利于客户专注于主业的发展，提高企业的核心竞争力；有利于客户优化管理机制，不必再按"小而全""大而全"的模式建立自己专业的物流运作队伍、管理系统、信息系统等，节省了在物流系统、物流资源方面的巨大投入，避免了重复建设的投资浪费；有利于整合优化客户的物流系统，使供应链上的物流、信息流最优化；还有利于整合社会各种优势的物流资源，大大减少了物流环节，降低了流通费用，使运作成本最低化。宝供物流覆盖全国的基于运作和信息的网络，可以帮助客户以最少的时间拓展营销网络及营销市场，从而增加客户的市场竞争力。

信息化推动供应链一体化

1）宝供供应链的信息化过程

从 2001 年开始，宝供 IT 在充分消化原系统基础上开始与客户合作，进行系统对接。简单地讲，系统对接就是实现订单通过数据交换平台与客户系统实现自动导入和导出，实现订单无纸化传递。但在技术上的对接成功只是实现供应链信息化的第一步，客户真正需要的是长期稳定、可靠和准确的系统对接。例如，2001 年某跨国家电公司和宝供实现系统对接后就提出了每个运作点每月至多只允许一次数据错误以及每周订单及时录入率的考核指标。为了保障系统数据的准确和及时，宝供开发了多种辅助系统监控程序，包括开发订单收发网上监控程序，实现运作点自己上网查询每张订单何时接收和返回；开发订单超期录入预警程序，网上查询即将超期录入和已超期的订单；开发网上条码扫描监控程序自动计算等。依靠自成体系的系统监控程序有力地保障了系统对接的稳定性和准确性，从而赢得了客户的信赖。宝供的信息化过程如表7-3所示。

表7-3 宝供信息化过程

年份	供应链信息化程度
1997	开发基于互联网的物流信息系统，电子订单信息采集与传递，替代电话与传真
1998	改进用户界面，实现与客户信息共享
1999	业务运作与成本核算、结算一体化——降低成本，提高效益
2000	与客户实现数据对接——提高运作效率
2001	多种模式与客户进行电子数据交换——提高客户满意度，开拓市场
2002	通过电子商务B2B，与客户结成供应链一体化合作伙伴
2003	实施物流企业的ERP与BPR，TOM与WMS
2004	宝供物流系统全面升级：TOM(OMS、SMS、TMS)，WMS 建立以TOM为基础的第三方物流集成平台
2005	实现订单/货物全程动态跟踪：GPS
2006	宝供物流平台的延伸和拓展:国际货代系统、RFID……

2）供应链管理流程优化

企业信息化的高级阶段是通过为客户定制供应链管理系统来优化供应链管理流程。首先就要像企业管理咨询师一样调研和分析客户现有的业务管理模式，特别是订单管理流程，有针对性地提出基于信息化支持的优化流程方案。宝供为客户定制的订单管理系统支持客户销售流程，实现与客户分销管理的供应链集成，其主要可以实现的功能如表7-4所示。

表7-4 宝供订单管理系统功能

订单管理系统主要功能	主要内容
订单状态全程跟踪	全程跟踪订单信息，实时把握订单的履行状况，及时避免及解决突发状况
实时库存管理	实时查询到当前宝供仓库的库存情况，确切地知道某仓库当前的实际库存、可发库存、在途库存、未运作库存、残损库存等
辅助销售管理	系统按日期、营业单位、产品类型、产品、经销商、销售类型、订单、要货情况等提供及时数据，并进行分类汇总或累计求和，从而为销售人员科学合理地制订、调整销售计划提供必要的参考数据
经销商管理	系统实时提供任一经销商在某一时间范围内的要货汇总及要货明细情况。可提供某一销售区域内的经销商要货情况，使得客户总部可以更有效地掌握全国经销商要货情况

供应链战略转型

随着传统行业的竞争日趋激烈,为获得竞争优势,这些企业将缩减储运成本作为它们改革的首要目标。另外,许多企业缺乏对从上游的原材料供应商、自身内部的生产流程到下游的仓库配送商、承运商直到零售商等物流环节全过程的整体规划,致使因在物流的某一环节压缩成本而导致整体成本上升。此外,随着专业分工的细化,越来越多的企业开始将主要精力专注于自己的核心竞争力,除了主要技术的研发和产品主要部件的生产之外,越来越多的业务正在被外包出去,它们愿意花在上游的原料采购及下游的产品销售环节的精力也在变少。这种情况下,它们也就更加希望与它们合作的物流公司能以专业公司的身份对它们的整个物流体系提出一个一揽子解决问题的方案,而不需要它们再去为这些问题操心,这种种现象都在推动着物流企业向供应链方向靠拢。在这种背景下,宝供抓住时机,提出了向供应链方向转型的发展战略。

宝供不仅以自身的专业经验与企业共同制订一个合理方案,更要具体执行这个方案来确保达到提出的目标。因而,对于服务的企业而言,宝供提供的方案将显得更有可信度和可操作性。宝供转型具有坚实的基础,主要来自3个方面:一是宝供丰富的专业经验,二是宝供在业内较高的运作水平,三是宝供的人力资源水平以及由此带来的较高的规划和执行能力。

为了确保转型成功,宝供目前主要采取了3个方面的措施。

一是对运作资源进行整合,宝供正投入巨额资金在广州、上海、苏州、合肥等地建设大型的物流基地。宝供把它们的物流基地发展规划作了修改,规划在全国兴建物流基地的数量由原来的10个扩充为15个。宝供从最基础的工作做起,建设物流基地,就是要让它成为一个联系供应链上下游厂商的纽带。

二是加强信息技术,开发仓库管理系统并实施 ERP 系统。2002 年,公司在 IT 系统上再投资 1 000 万元,寻求与国际大型信息企业合作,开发出适合中国物流需要的、一流的物流信息系统,新系统于 2003 年正式启用。TOMS(全面订单管理系统)与 WMS(仓库管理系统)的采用使整个运作过程更加可视化、可控化,最终实现物流信息在一个高效系统内的闭环管理。同时,宝供建立了覆盖全国的物流运作网络,从根本上改变了传统储运中存货、接货、发货、送货多头负责、责任相互推诿以及多环节、高费用、低效率、难以监控的被动局面,确保了面向客户一致性、一体化的全程服务,实现了对物流运作网络的集中监控管理。物流运作网络的建立为大型制造企业在全国范围内的分销提供了高效、可控、透明的物流支持体系,是促进制造业企业拓展市场、提高资源利用率、降低成本的有效途径。建立规范的操作程序,是提高服务效率和质量的重要保证。宝供将工业化管理标准应用于物流服务系统,全面推行 GMP 质量保证体系[11]和 SOP 标准操作程序[12],成为国内第一家通过美国 GMP 认证的物流企业。因此,宝供的整个物流运作自始至终都处于严密的质量跟踪及控制之下,确保了物流服务的可靠性、稳定性和准确性。

三是提高人员素质,邀请专家加盟,充实物流规划方面的人员,并实施其用于加深员工对供应链认识的人员培训计划——"北极星计划"。另外,宝供还与 IBM 联系合作,以期利用 IBM 在信息技术方面的优势共同切入供应链服务这一市场。

宝供转型后的主要业务,一是与需要服务的企业一起制订一个合理的供应链解决方案,二是通过宝供的物流服务来确保这个方案的实施以达到目标。宝供的转型应该说已经涉及了核心价值的转移,宝供以物流专业公司的身份参与到企业物流计划的制订中去,将以前的销售、生产、采购等单个环节的物流业务作综合性的规划，以自身的专业经验为企业提供更为优化的物流方案，这不仅能为企业压缩物流成本，也使得宝供在物流企业传统的运输费、仓储费等收入的利润空间正在缩小的条件下，获得了一个新的主要利润来源。

资料来源：赵皎云. 提供供应链一体化的物流服务——访宝供物流企业集团有限公司董事长兼总裁刘武[J]. 物流技术与应用，2010, 15（3）: 66-68.

宋文. 基于第三方物流的供应链物流整合机理分析[D]. 成都：电子科技大学，2007.

刘光琦. 开创中国现代物流历史 开启供应链业态未来——专访宝供物流企业集团董事长刘武[J]. 中国储运，2014（12）: 28-31.

刘光琦. 引领物流二十年 宝供再展新蓝图——宝供物流发展战略发布暨成立二十周年庆典在广州举行[J]. 中国储运，2015（1）: 100-100.

注　释

1. 定义原文为："Logistics is that part of the supply chain process that plans, implements and controls the efficient, effective forward and reverse flow and storage of goods, services, and related information between the point of origin and the point consumption in order to meet customers' requirements."

2. 美国物流工程师学会（The Society of Logistics Engineers, SOLE）成立于1966年，是一个由个人组成的非盈利性的国际组织，组织的目标在于通过对教育和科学技术的鼓励和支持来提高物流技术，目前在50多个国家设立了90多个分会。

3. 美国空军（United States Air Force, USAF）是美国军队中的空军部分。其任务是"通过空中，外太空和赛博空间中的武力保护美国及其利益"，它于1947年9月8日正式成立，是世界上规模最为庞大，技术力量最为发达的空军。

4. EXEL公司是世界上最大的供应链管理公司之一，业务遍及美洲、欧洲及亚洲。作为物流管理需求者的战略伙伴，EXEL公司提供全方位的物流服务，包括仓储及商品分发、运输经营及管理、销售定位、供应链管理、JIT（just-in-time）服务及全球市场物流管理。其前身为1982年成立的NFC公司，1999年，为集中精力致力于供应链管理，NFC加盟EXEL Logistics，2000年，EXEL Logistics与NFC合并，合并后，将公司名字更名为EXEL。

5. 欧洲物流协会（European Logistics Association, ELA）成立于20世纪80年代，是欧洲历史最悠久、规模最庞大、理念最先进和最具权威性的物流机构联盟。它由30多个国家级物流协会组成，会员几乎覆盖了整个欧洲大陆，同时包括中国香港、中国台湾、日本等亚洲地区。ELA通过长期发展，影响力逐步辐射全球，并于1996年成立了欧洲物流认证管理委员会（European Certification Board for Logistics），该委员会负责指导并监督全球所有认证中心所提供的ELA培训和认证服务。

6. 日本日通综合研究所成立于1961年3月，是物流的专门调查研究机构，不仅对物流问题，也对与物流相关的，广泛的周边问题进行理论研究以及有具体性并有实践性的调查研究。

7. 加拿大物流管理协会（The Canadian Association of Physical Distribution Management）Logistics Management Association of Canada是由加拿大物流企业和从事物流管理技术的专业人员自愿组织的,是加拿大最大的物流组织，在许多城市设有分支机构。该组织前身是加拿大实物配送管理协会，于1992年改名为加拿大物流管理协会。该协会成立以来，通过开展丰富多彩的活动，充分发挥成员单位专家的优势，促进加拿大物流管理和技术的发展，为加拿大物流现代化建设发挥了巨大的作用。加拿大物流管理协会之后于 2000 年改名为"加拿大供应链与物流管理协会"。

8. 中国台湾物流管理协会的前身是 1993 年成立的物流业者联谊会，其宗旨是集合从事物流发展工作的学术、实务及工业界、商业界及农业界等，共同促进业界的物流系统化及物流与供应链管理，促进经济的成长。

9. 定义原文分为两部分，即内涵（Definition）和外延（Boundaries and Relationships）"Definition-logistics Management is that part of Supply Chain Management that plans, implements, and controls the efficient, effective forward and reverse flow and storage of goods, services and related information between the point of origin and the point of consumption in order to meet customers' requirements. Boundaries and Relationships-Logistics Management activities typically include inbound and outbound transportation management, fleet management, warehousing, materials handling, order fulfillment, logistics network design, inventory management, supply/demand planning, and management of third party logistics services providers. To varying degrees, the logistics function also includes sourcing and procurement, production planning and scheduling, packaging and assembly, and customer service. It is involved in all levels of planning and execution-strategic, operational and tactical. Logistics Management is an integrating function, which coordinates and optimizes all logistics activities, as well as integrates logistics activities with other function including marketing, sales manufacturing, finance and information technology."

10. 原文：an integrator that assembles the resources, capabilities and technology of its own organization and other organizations to design, build and run comprehensive supply-chain solutions.

11. GMP（Good Manufacturing Practices）质量保证体系最初是由美国坦普尔大学 6 名教授编写制订，20 世纪 60～70 年代的欧美发达国家以法令形式加以颁布，要求制药企业广泛采用。中国自 1988 年正式推广 GMP 标准以来，先后于 1992 年和 1998 年进行了两次修订。近年来，我国实施了 GMP 认证制度，成立了中国药品认证委员会，该委员会章程第六条规定由药品监督、管理、检验、生产、经营、科研和使用等部门的专家组成，代表国家实施 GMP 认证。认证目前分为 3 种，即企业认证、车间认证和产品认证。

12. SOP（Standard Operation Procedure）即标准操作程序，就是将某一事件的标准操作步骤和要求以统一的格式描述出来，用来指导和规范日常的工作。其精髓是将细节进行量化，即对某一程序中的关键控制点进行细化和量化。

思考题

1. 简述供应链物流管理的特点。
2. 简述物流一体化的 3 个层次。
3. 简述物流设计的内容。

第 8 章 供应链设计与绘制

本章介绍供应链战略匹配的要点,以及供应链设计的方法。最后对供应链的绘制进行介绍。通过本章的学习,熟悉战略匹配的含义与要求,了解供应链设计与绘制的方法。

8.1 供应链战略匹配

8.1.1 竞争战略与供应链战略

竞争战略(Competitive Strategy)是由当今全球第一战略权威,被誉为"竞争战略之父"的美国学者迈克尔.波特(Michael E. Porter)于 1980 年在其出版的《竞争战略》一书中提出的,它属于企业战略的一种。竞争战略是指企业的产品和服务满足客户需求的组合。

【案例 8.1】竞争战略的例子:

沃尔玛(Wal-Mart)的竞争战略:以高可获得性提供低价格、质量适中的多品类的产品;

戴尔(Dell)的竞争战略:产品多样性和个性化配置;

7-11 便利店的竞争战略:满足顾客应急性和便利性需求,包括时间和空间的便利性。

供应链战略(Supply Chain Strategy)是对供应链进行全局性规划,它确定原材料的获取和运输,产品的制造或服务的提供,以及产品配送和售后服务的方式与特点。供应链战略突破了一般战略规划仅仅关注企业本身的局限,通过在整个供应链上进行规划,进而实现为企业获取竞争优势的目的。供应链战略管理所关注的重点不是企业向顾客提供的产品或服务本身给企业增加的竞争优势,而是产品或服务在企业内部和整个供应链中运动的流程所创造的市场价值给企业增加的竞争优势。

一个企业与其竞争对手的价值链差异就代表着竞争优势的一种潜在来源。对此,迈克尔·波特强调指出:"企业正是通过比其竞争对手更廉价或更出色地开展这些重要的战略活动来赢得竞争优势的。"显而易见,波特的"价值链"理论对于我们全面加强企业管理或供应链管理,大幅提高企业或供应链的竞争优势具有现实的启发意义。要理解竞争战略与供应链战略的关系,可从理解典型组织的价值链开始,如图 8.1 所示。

价值链始于新产品开发,这一阶段生成各种产品的说明书。市场营销通过宣传产品及服务能够满足的客户偏好来产生需求,同时将客户的输入反馈到新产品开发。利用新产品说明书,市场运作阶段将输入转化为输出。分销阶段把产品提供给顾客或是引导顾客来选购产品。

服务是对客户在销售中或售后所提出的要求进行处理。财务、会计、信息技术和人力资源支持并促进价值链运行。

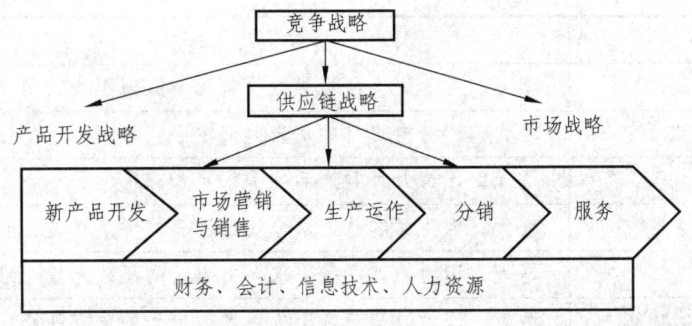

图 8.1　价值链：联系供应链战略与企业战略

要执行公司的竞争战略，所有这些职能部门都要发挥作用，并且每个职能部门都必须规划出本部门的战略。在这里，战略是指每项流程或职能如何才能做得更好。产品开发战略拟定了公司将要开发的新产品组合，同时还要规定开发工作是通过公司内部进行还是外包出去。市场营销战略强调如何进行市场细分，产品如何定位、定价和促销。价值链强调公司内各个职能战略间的紧密关系，因此不同职能战略必须相互匹配、相互支持。

供应链战略则关注原材料的获取，物料的进出，产品制造或提供服务的运作，产品的配送，后续的服务以及这些流程是公司自行解决还是外包。还要界定每个供应链参与者应当起到的作用。供应链战略包括对供应链主要结构的说明，还要包括关于库存、运输、运作设施和信息的供应链设计策略。

8.1.2　战略匹配

1．战略匹配的含义

战略匹配是指竞争战略与供应链战略拥有相同的目标。共同目标是指竞争战略所要满足的顾客优先目标与供应链战略旨在建立的供应链能力目标之间的一致性。

竞争战略必须与所有职能战略相互匹配。不同职能必须恰当组织其流程与资源，以便成功实施这些战略。整体供应链战略的设计和各阶段的作用必须协调一致，以支持供应链战略。

2．战略匹配的要点

1）第一步：理解顾客和供应链的不确定性

必须理解每一个目标顾客群的顾客需要，它能帮助公司确定预期成本和服务要求。顾客需求属性：每次购买需要的产品数量、顾客愿意忍受的响应时间、所需产品的种类、要求的服务水平、产品的价格以及预期的产品创新周期。

需求不确定性（Demand Uncertainty）是顾客对一种产品需求的不确定性。隐含需求不确定性（Implied Demand Uncertainty）是需求不确定性的一部分，即由供应链计划满足客户期望的那部分特性所产生的需求不确定性，是供应链不确定性的直接后果。隐含不确定性既要受到产品需求不确定性的影响，也要受到供应链试图满足不同顾客需求的影响，顾客需求对隐含需求不确定性的影响如表 8-1 所示。

表 8-1 顾客需求对隐含需求不确定性的影响

顾客需要	导致隐含需求不确定性
需求数量范围增加	增大，因为更大的需求数量范围意味着更大的需求变化
供货期缩短	增大，因为对订单的反应时间少了
要求的产品品种增多	增大，因为对每种产品的需求更加分散
获取产品的渠道增多	增大，因为顾客总需求分散给更多的供货渠道
创新速度加快	增大，因为新产品的需求会有更大的不确定性
需求的服务水平的提高	增大，因为公司不得不应付偶然出现的需求高峰

在考虑需求不确定性的同时，考虑供应链能力所带来的不确定性也是极其重要的。供应能力对供应不确定性的影响如表 8-2 所示。

表 8-2 供应能力对供应不确定性的影响

供应能力	供应不确定性
频繁停产	增大
不可预测和低产出率	增大
质量差	增大
有限的供应能力	增大
不灵活的供应能力	增大
改进的生产工艺	增大

资料来源：Hau L Lee. Aligning supply chain strategies with product uncertainties, California Management Review, Spring 2002, 105-119.

把需求和供应不确定性结合起来建立一个连续带，隐含不确定性连续带，如图 8.2 所示。

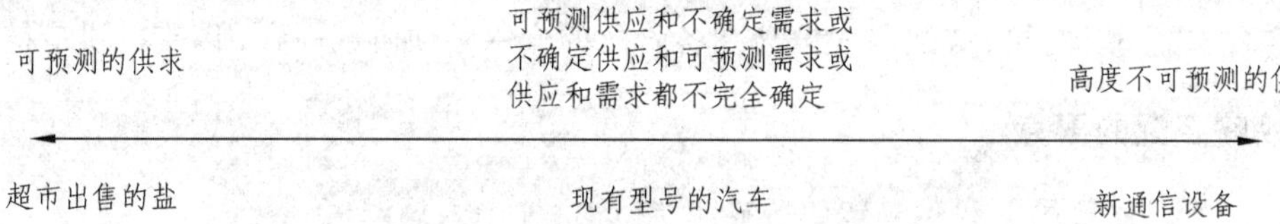

| 可预测的供求 | 可预测供应和不确定需求或
不确定供应和可预测需求或
供应和需求都不完全确定 | 高度不可预测的供求 |

超市出售的盐　　　　　　　　现有型号的汽车　　　　　　　　新通信设备

图 8.2 隐含不确定性（供应和需求）连续带

某公司推出基于全新元件和技术生产的新款电子产品，该公司面对的是高隐含需求不确定性和高供应不确定性，结果是供应链面临很高的隐含不确定性。相反，销售盐的超市面临着低隐含需求不确定性，供应链的供应不确定性也很低，结果产生低隐含不确定性。许多农产品（如咖啡）是供应链面临低隐含需求不确定性的例子，但是极强的供应不确定性来自天气，因此供应链必须面对中等水平的隐含不确定性。

多种因素能给供应链的不同部分增加风险，因此提高了不确定性。

2）第二步：理解供应链能力

供应链的衡量指标主要有响应性和效率这两大类。

供应链响应性，包括供应链完成下列各项任务的能力：对大幅度变动需求量的响应；满足提前交货；经营品种繁多的产品；生产有高度创新性的产品；满足高服务水平；处理供应不确定性。具备上述能力越多，供应链响应性就越强。然而，响应性的获得是要付出成本的。

供应链效率，是指制造和向顾客交付产品成本的倒数。成本的增加将会降低效率。

图8.3是成本-响应性效率边界曲线，是在给定响应性时，最低可能成本的演示。最低成本的界定是以现有技术为基础的。效率边界代表的是最理想的供应链的成本-响应性运行。如果给定了成本与响应性之间的平衡，任何一个供应链的关键战略选择就是确定其要提供的响应性水平。

图8.4所示是显示了响应连续带和各种类别供应链在连续带上的位置。

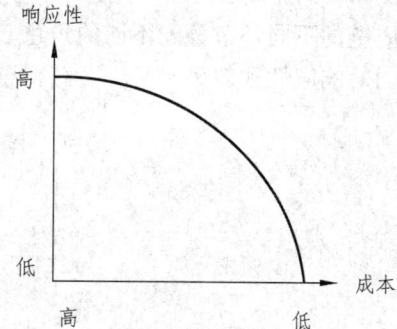

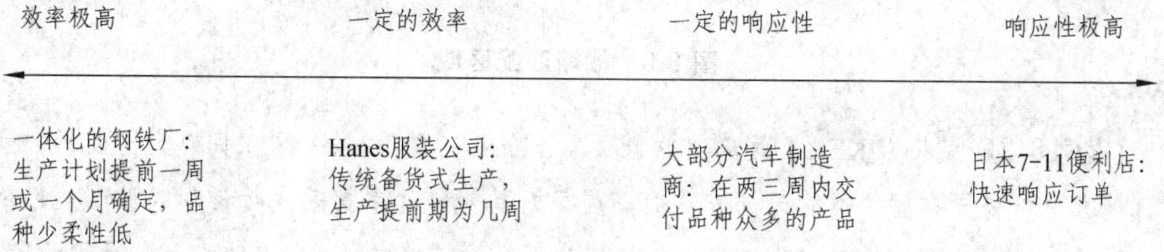

图 8.3　成本-响应性效率边界曲线

效率极高	一定的效率	一定的响应性	响应性极高
一体化的钢铁厂：生产计划提前一周或一个月确定，品种少柔性低	Hanes服装公司：传统备货式生产，生产提前期为几周	大部分汽车制造商：在两三周内交付品种众多的产品	日本7-11便利店：快速响应订单

图 8.4　响应连续带

表8-3列出了效率型供应链与响应型供应链在职能战略上的一些主要区别。

表 8-3　效率型供应链与响应型供应链的比较

	效率型供应链	响应型供应链
主要目标	以最低成本供应需求	对需求做出快速响应
产品设计战略	以最低成本产生最大绩效	利用模块化方法，通过延迟实现产品差异化
定价战略	价格是最主要的客户驱动力，边际收益较低	价格不是最主要的客户驱动力，边际收益较高
制造战略	通过高利用率降低成本	维持生产能力的柔性来缓冲需求/供应的不确定性
库存战略	最小化库存以降低成本	维持缓冲库存来应对需求/供应的不确定性
提前期战略	缩短，但不能以增加成本为代价	大幅度缩短，不惜付出巨大成本
供应商战略	根据成本和质量选择	按速度、柔性、可靠性和质量选择

资料来源：Marshall L Fisher. What I the right supply chain for your product[J]. Harvard Business Review, 1997, 83-93.

3）第三步：获取战略匹配

供应链战略就是确保供应链响应性的程度与隐含不确定性保持协调一致。顾客和供应源的隐含不确定性增加，最好是通过增强供应链的响应性来适应。这种关系可以用"战略匹配区域"来描述，如图8.5所示。要获得高水平绩效，企业应该沿着战略匹配区域调整期竞争战略（会提高隐含不确定性）和供应链战略（会提高响应性）。赢得战略匹配的第一步是给供应链的不同环节分配不同的角色，以保证适度的响应性水平。通过给供应链各个环节分配不同的响应性和效率水平，会获得整条供应链所需要的期望的响应性水平。

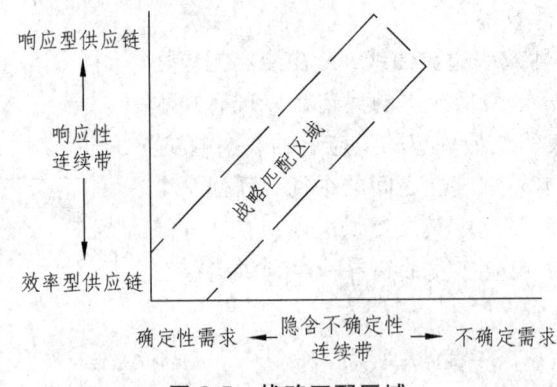

图8.5　战略匹配区域

【案例8.2】宜家（IKEA）是瑞典的家具零售企业，在20多个国家拥有大型商场。宜家的目标客户群需要合理价位的时尚家具。该公司对其销售的家具款式数量加以限制。每个商场的规模和对家具品种的限制降低了供应链面临的隐含不确定性。宜家持有所有款式的库存，以现货服务顾客。这样，宜家各商场向制造商发出的补货订单就更加稳定和可预知。宜家向其制造商传递的不确定性微乎其微，而这些制造商通常位于低成本国家，专注于效率。

相反，另一种方式就是零售商持有的库存微乎其微。零售商对供应链响应性的贡献不大，大部分的隐含需求不确定性都传递给制造商。此类供应链要增加响应性，就需要制造商灵活应对并且缩短响应时间。比如位于美国田纳西州的家具制造商，英格兰公司。每个星期，该公司都要按订单生产数千件沙发和椅子，并在三周内送到全国各地的家具商店。英格兰公司的零售商们让顾客从众多的款式中进行选择，并保证较快送货。这种情况给供应链施加很高的隐含不确定性。然而由于零售商并不持有太多库存，因此将大部分隐含不确定性传递给英格兰公司。正因为大部分隐含不确定性由英格兰公司通过灵活的制造过程所吸收，零售商们才可以表现得高效率。英格兰公司也可以选择把较少不确定性继续转移给它的供应商，通过持有更多原材料库存让供应商致力于效率。如果英格兰公司减少原材料库存，它的供应商就要有更高的响应性。

图8.6展示了通过给供应链不同环节分配不同的作用和不确定性水平，能获得预定水平的响应性。图中给出两条面临着相同隐含不确定性的供应链，但获得的期望响应性却来自整条供应链上不确定性和响应性不同的分配方式。第一条供应链的零售商响应性很强，吸收了

大部分不确定性，这样使制造商和供应商能保持效率。相反，第二条供应链的制造商响应性强，吸收了大部分不确定性，使其他各阶段能专注于提高效率。

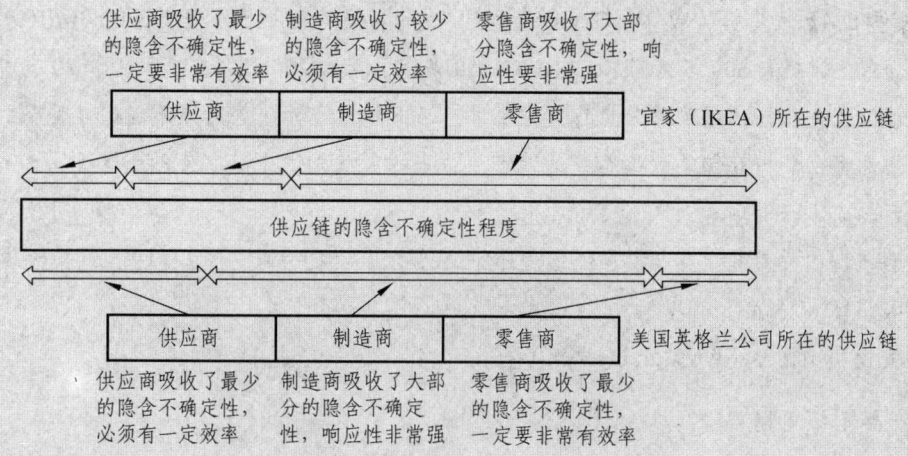

图8.6 在给定供应链响应水平下隐含不确定性的不同作用和分配

资料来源：乔普拉等著. 供应链管理[M]. 3版. 陈荣秋等译. 北京：中国人民大学出版社，2008.

3．影响供应链战略匹配的其他因素

1）产品种类和顾客群数

大多数公司都生产多种产品销售给多个客户群，每个客户群都有不同的特征。在产品和顾客群多种多样的情况下，关键问题是要设计一个可以根据已有的产品组合、客户群组合及供货来源组合来平衡其效率和响应性的供应链。

【案例 8.3】李维斯（Levi's）是著名的牛仔裤品牌，该公司既卖定制的牛仔装，也卖标准尺寸的牛仔装，对标准尺寸牛仔装的需求具有的不确定性小于定制牛仔装。

资料来源：乔普拉等著. 供应链管理[M]. 3版. 陈荣秋等译. 北京：中国人民大学出版社，2008.

是为每种不同的产品和不同的客户群建立独立的供应链？还是建成适合所有产品和顾客群的供应链？这都要视具体情况而定。第一种战略只有在每个客户群的规模都大到足以支持一个单独的供应链的情况下才可行。而且这种战略不能利用不同产品中通常存在的规模经济优势。第二种战略具有规模经济优势，但不能满足不同客户群的需要。因此，更值得选择的战略是将供应链"剪裁"为最能满足每种商品的需求的形式。也就是说，要赢得战略匹配，公司必须量身定制其供应链，最大程度满足不同客户群的需要。

剪裁式供应链（Tailored Supply Chain）需要某些产品共享供应链上的某些环节，而在其他环节分离运行。共享这些环节的目的是要在赢得可能最大效率的同时，也为每个客户群提供适当水平的响应性。一家工厂的所有产品可以在一条生产线上生产，但需要高响应性的产

品可以用快速的方式运输，比如飞机；而那些不需要高响应性的产品可以采用较慢但成本较低的方式运输，比如卡车、火车甚至轮船。

> 【案例8.4】固安捷（W. W. Grainger）公司是一家设备维护、修理和运作（MRO）工业分销商。在全球拥有600多家门店，向全球150多个国家的200万客户提供超过90万种工业产品。该公司把销售快的商品分散存储在离客户近的地点，而隐含需求不确定性较高的、周转比较慢的商品集中存储在远离客户的地点。适当的剪裁式供应链使公司赢得不同水平的响应性，而总成本降低。
>
> 资料来源：乔普拉等著. 供应链管理[M]. 3版. 陈荣秋等译. 北京：中国人民大学出版社，2008.
>
> 固安捷中国网站（www.grainger.cn）

2）产品生命周期

随着产品走过其生命周期，产品的需求特点和服务顾客群的要求也会发生变化。公司要维持战略匹配，就必须在产品进入不同生命阶段时，调整其供应链。

产品在生命周期的初始阶段特征是需求非常不确定，供应不可预测，边际收益通常很高，产品可获得性至关重要，其次要考虑成本。在产品生命周期的后期，需求变得相对确定，供应可预测，边际收益降低，价格成为顾客选择的重要因素。总的说来，当产品趋于成熟时，对应的供应链战略要从高响应性移向高效率，如图8.7所示。

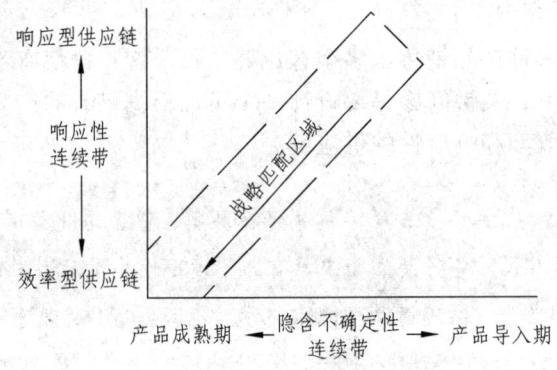

图8.7 产品生命周期中供应链战略的变化

> 【案例8.5】一家制药公司推出一种新药，最初的需求非常不确定，边际收益非常高，产品可获得性是获取市场份额的关键。产品在生命周期的导入期，快速响应性成为供应链最重要的特征。
>
> 随着专利保护到期，同类药品的推出，药品的需求稳定而边际效益萎缩。顾客根据价格在许多对象中做出选择。效率成为这个阶段供应链最重要的特征。
>
> 资料来源：乔普拉等著. 供应链管理[M]. 3版. 陈荣秋等译. 北京：中国人民大学出版社，2008.

3）全球化以及竞争的变化

竞争环境和竞争战略会随着时间推移而发生变化。如果竞争环境发生变化，公司就需要调整其竞争战略。而竞争战略发生变化，公司就必须改变其供应链战略来维持战略匹配。

比如，随着全球范围内竞争者的增多，以及电子商务的发展，都会使得目前竞争的焦点在于以合理的价格生产出品种足够丰富的产品。

8.2 供应链设计

8.2.1 供应链体系设计的重要性

设计和运行一个有效的供应链对于企业至关重要，怎样将制造商、供应商和分销商有机地集成起来，使之成为相互关联的整体，是供应链管理系统设计要解决的主要问题。供应链的设计首先要明白用户对企业产品的需求是什么，产品寿命周期、需求预测、产品多样性、提前期和服务的市场标准等都是影响供应链设计的重要问题。在供应链系统设计的过程中，以下几个问题必须考虑：

（1）明确业务活动（重点关注该业务中各种流的主要特征和存在的问题）。

（2）运用分析手段对供应链管理系统进行选型。

（3）基于方案之上的约束控制也是一个重要方面，以便指引用户到最具有生产价值的部位投入人力物力。流程管理和有理性的约束必须兼并考虑。

（4）供应链管理中所使用的软件必须能满足管理和分摊需求、工艺流程优化需求，并且具有评价现行工作流程性能的功能以推动一个可预知流向良性方向发展。

（5）供应链管理中所使用的软件必须能描述模拟物流中的约束状况。

（6）供应链管理中所使用的软件必须能快速反映业务变化，特别是对于那些供应提前期较长的情况。

8.2.2 基于产品的供应链设计策略

宾夕法尼亚大学沃顿商学院教授马歇尔·费雪（Marshall Fisher）认为，供应链的设计要以产品为中心。基于产品的供应链设计策略（Product-based Supply Chain Design）就是设计出与产品特性一致的供应链。功能性产品（Functional Products）需求稳定，边际利润低；创新性产品（Innovative Products）需求不稳定，但边际利润高。功能型产品与创新性产品的比较如表 8-4 所示。

功能性产品的供应链应该把更多的注意力集中在降低生产、运输和持有库存等成本上，从而降低产品的价格，提高产品的竞争力。对于创新性产品而言，供应链规划的目标应该是快速响应变化，以避免发生过量库存的成本或丧失销售的机会。因此，一般说来，效率型供应链适用于功能性产品，而响应型供应链适用于创新性产品。

李效良教授（Hau Lee）根据需求和供应的不确定性，建立了一套经典匹配理论模型，如图 8.8 所示。稳定的供应流程（Stable Supply Process）定义为一个制造技术已经成熟，供应基地也已建立完善的流程。发展的供应流程（Evolving Supply Process）指制造技术还处在发展中的早期阶段，而且变化很大，因此供应基地在规模和经验方面都很欠缺。

表 8-4 功能性产品与创新性产品

需求的各个方面	功能性产品	创新性产品
产品生命周期	2 年以上	3 个月~1 年
利润贡献率	5%~20%	20%~60%
产品多样性	低（每类 10~20 种）	高（每类成百上千种）
需求预测的偏差	10%	40%~100%
平均存货率	1%~2%	10%~40%
销售季节后期降价比例	0%	10%~25%
从制造到市场的导入期	6 个月~1 年	1 天~2 周

资料来源：Marshall L. Fisher, What is the right supply chain for your products[J]. HBR

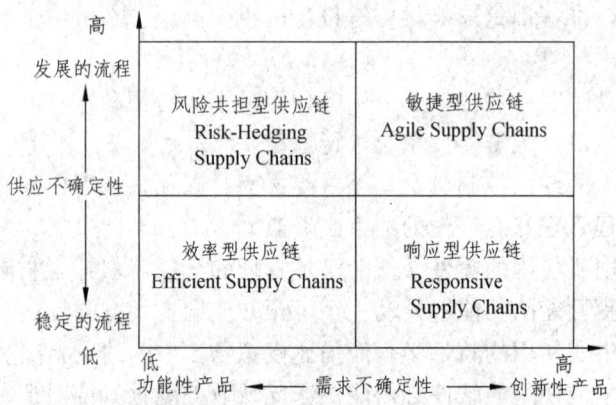

图 8.8 供应链战略与产品不确定性的匹配

资料来源：Hau L Lee. Aligning Supply Chain Strategies with Product Uncertainties[J]. California Management Review, 2002, 44(3): 108.

图 8.8 中 4 种类型供应链的特点如下：

（1）效率型供应链：供应链战略目标是成本最小化。为达到经济性目标，应取消不增值的活动，追求规模经济。

（2）风险共担型供应链：供应链战略目标是供应链成员集成和共享供应链中的资源，并共同承担供应链中断的风险。

（3）响应型供应链：供应链的战略目标是对顾客需求的变化多样做出快速而灵活的响应。为了能快速响应，可采用订单生产和大规模定制生产方式，以满足顾客的特殊需求。

（4）敏捷型供应链：供应链战略目标是对顾客需求做出快速而灵活的响应，同时通过库存和集成其他资源，实现供应短缺和中断风险的最小化。

著名咨询专家约翰·加托纳（John Gattorna）提出了动态供应链匹配模型，他根据与客户关系的松散程度以及需求可预测性的高低程度，将供应链分为持续补货型供应链、精益型供应链、敏捷型供应链和全柔性供应链，如图 8.9 所示。

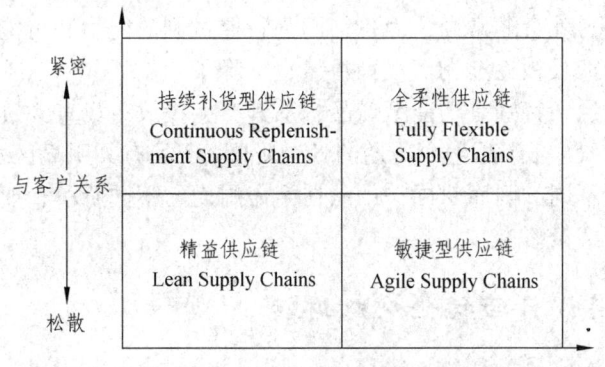

图 8.9 动态供应链匹配模型

资料来源：J Gattorna. Dynamic Supply Chains Delivering Value through People.

8.2.3 基于产品生命周期的供应链设计策略

产品生命周期（Product Life Cycle，PLC），即产品从开始构思、开发上市直到被市场淘汰为止所经历的全部时间，虽然是一个已经提出多年的销售概念，但是仍然很有效。这个概念提出产品和服务围绕一个生命周期发展，而管理关注的具体问题随着生命周期的每个阶段而变化。在高科技时代，产品生命周期可能只有几个月长，而不是几年长，组织必须关注与快速地调整它的供应链目标和能力以支持产品生命周期的各个阶段。

典型的产品生命周期可分为5个阶段：开发期、引入期、成长期、成熟期和衰退期，如图 8.10 所示。产品生命周期对许多商品都适用，所不同的只是各阶段持续时间的长短。一般专利产品有一个相当长的成熟期，而大多数产品的成熟期则短得多。

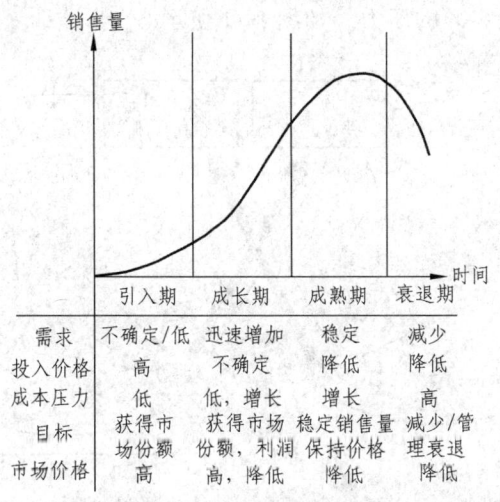

图 8.10 产品生命周期

在引入阶段，公司主要关注产品被接受或者获得市场份额。在成长阶段，销售量增加。尽管需求并不确定，但销售价格很高而成本压力很低。随着生产量的增加，竞争者进入市场，则销售价格开始下降。投入价格因为规模效应和对供应商的成本的压力原因也在下降。一旦产品成熟了，成本压力就会非常高，而价格因为行业过剩的能力和可能转移的需求也继续下降。在下降过程中，产品被逐渐淘汰，销售量也下降了。

对于一种产品来说，特别是功能型产品，从其产生投放市场直到过时淘汰，一般都要经历几个典型的生命阶段。在产品生命周期的各个阶段，产品有其明显区别于其他阶段的特征，对供应链的要求有所不同。因而对同一产品在生命周期的不同阶段，要注意控制内容和侧重点，采取相应的供应链策略。

8.2.4 供应链设计与优化：双螺旋

要理解供应链随着竞争环境的变化持续地进展与变化。一些供应链变化得非常快，比如高科技行业；而有一些行业变化非常慢，比如采矿业。不管变化速率如何，对供应链的设计都非常重要。企业应该关注那些变化更快的行业供应链变化趋势，以便预测所在行业供应链的变化并做好准备。并审视自己的供应链，包括它们的组织结构、领先技术以及自身的能力。供应链在持续变化，对供应链主动地进行设计与重新设计的能力是创造一个竞争优势的真正机会。

在行业内部，权力一直在转移，企业也不断地从相对垂直集成、自给自足的组织，变为大量外包以及对供应商更加依赖的公司。随着供应商提出更好的想法和提高自身能力，垂直集成的公司决定将它们的业务集中在它们认为自身做得非常出色的领域。随着垂直集成型公司的发展，它们经常会变得僵硬而缺乏创新。同行的竞争者可能会因为它们更具灵活性而获得优势。此外，随着产品越来越复杂，同行其他竞争者可能也会在利用新技术集中资源开发高利润的专利系统方面占有优势。这就是英特尔和微软可以在个人电脑行业超越IBM迅速发展并获得巨大优势的原因。IBM对"分拆"它的个人电脑业务以集中在网络技术的全套服务上的回应说明了这个螺旋是动态的。那些可以精确预测这个螺旋的变化的公司将获得巨大利润。同样，为了使企业在供应链设计上获得先机，它们需要了解它们的行业是如何变化的。这个进化理论和不同阶段出现的压力，如图8.11所示。

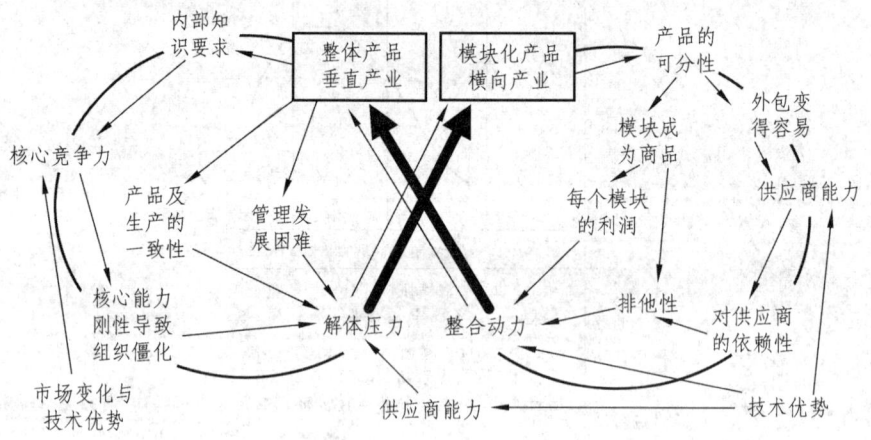

图 8.11 产品体系与行业结构的动态学：双螺旋

资料来源：Charles H Fine, Daniel E Whitney. Is the Make-buy Decision Process a Core Competence. Logistics in the Information Age [M]. Servizi Grafici Editoriali, Padova, Italy, 1999: 31-63.

【案例8.6】 亨利·福特（Henry Ford）最初打造的"福特帝国"是一个高度垂直集成的系统。福特汽车公司拥有从橡胶的种植，到金属铸造，直到最终的装配以及销售的所有业务。随着时间的流逝，同行竞争者已经开始专门生产各种零部件如轮胎、收音机或者微处理器。这些更灵活的小的竞争者将以更低的成本提供同等质量或更好的零部件。它们的规模和专业化使它们能更有效地专注于技术，做出更加迅速的变化。这种情况迫使企业"分拆"，如今汽车行业正转向横向产业上的模块化产品。基于双螺旋模型，供应商可能开始发展关键的专利技术，获得市场权力。因此，汽车生产商需要意识到它们对供应商潜在的越来越重的依赖，甚至可能将一些生产转移回到内部生产。它们需要注意在知识和能力上不要对供应商过于依赖，因为这些很难模仿与替代。它们也需要通过注意变化最迅速的技术以对它们的行业变化速度进行监控，从而使它们更积极地做出回应，而不是采取保守的措施。

资料来源：（美）理查德·巴克. 福特帝国[M]. 北京：机械工业出版社，2007.

（美）福西特，埃尔拉姆，奥格登著. 供应链管理：从理论到实践[M]. 蔡临宁，邵立夫译. 北京：清华大学出版社，2009.

8.3 供应链的绘制

8.3.1 流程绘制

流程（Process）是指一项将输入转变成一项新的输出的活动。流程图以图示的方式表现一个系统的工作流程，包括为生产某种产品的一系列的特定步骤。绘制流程图的主要目的是让人看清整个复杂系统是如何工作的，帮助管理者认清毫无必要的步骤和导致低效的繁杂流程。

流程图可将一个系统分解成若干个子系统，每个子系统划分的标准是看它是否与所研究的问题有关。因此，确定要绘制的供应链涉及的流程也是很重要的。供应链是由一系列的制造流程或者说是服务流程组成的，包括采购、新产品的研发、原材料加工与运送和顾客服务。

流程图的基本组成部分包括重要的任务、流和存储区。任务以矩形来表示，流以箭头标出，产品或其他物品的存储区用倒三角形画出。决策点通常以菱形表示，有许多不同的流从这样的菱形流出。有时将流程图按水平方向或垂直方向进行分解是很有帮助的，能将流程中的任务进行分离。案例8.7将顾客活动与老虎机活动分离开来。

【案例8.7】图8.12的流程图描述了顾客的外部活动以及老虎机里硬币的内部活动。

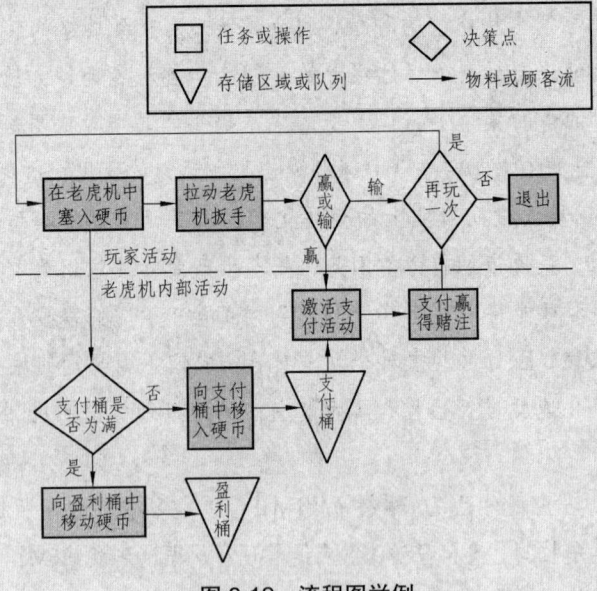

图8.12 流程图举例

资料来源：(美)雅各布斯，蔡斯著. 运营管理[M]. 任建标译. 北京：机械工业出版社，2011.

通过创造一个高水平的流程图，可以更好地理解供应链的相互关联与流程。然后更仔细地研究特定的流程，以便发现是否存在改进或消除这些流程的可能。

当需要画出一个流程图时，可按以下的步骤进行：

(1) 确定绘制流程图的原因——这会影响这张图的范围和精细水平。
(2) 确定哪些人有需要的信息与经验。
(3) 确定为了实现特定目标，这张图应具有的精细水平。
(4) 通过明确你所感兴趣的流程来建立所研究的流程范围。
(5) 通过观察与采访来分析特定的流程，然后记录这些步骤。
(6) 画出流程图。
(7) 让那些参与绘制这张流程图的人以及相关人员（包括那些执行这些流程的工作人员）复查这张图，以便使这张图更加清楚与完善。

绘制流程图的一个主要目的就是做流程分析然后做出改进，以下是流程分析的步骤。

(1) 检查时间、成本、资源和每一步涉及的人员。
① 明确消耗时间与资源最多的步骤。
② 明确每次消耗时间变化最大的步骤。
③ 明确等候点。
④ 估计每一步带来的价值，并考虑到成本再来判断价值。
⑤ 考虑问题出现的原因以及如何改善某个专门的活动或是流程。

(2) 重新检查每一个决策符号。
① 明确这个决策是否是必需的，它是否会为整体增加价值？

② 考虑是否可以合并所有决策或是将决策放到流程图的其他位置来为整体增加价值。

（3）检查每个重复工作的循环。重复工作的循环包含了重复的流程，考虑重复工作如何能被减少、消除或是与其他的步骤联合起来。

（4）最后，重新审视流程的每一个步骤。有时一个流程的存在是因为习惯而不是经过衡量其价值后再做出取舍。

① 明确每个步骤增加的价值比它消耗的成本多。

② 判断这个步骤是否多余。

③ 考虑能否合并这些步骤来达到更高效的运作。

【案例 8.8】绘制流程图对区分非增值活动也是很有帮助的。图 8.13 所示为焙烤蛋糕流程图，有一个活动很显然没有增加价值，这个活动的内容就是当蛋糕做好后检查烤炉是否闲置以及温度是否合适，这应该是整个流程的第一步。

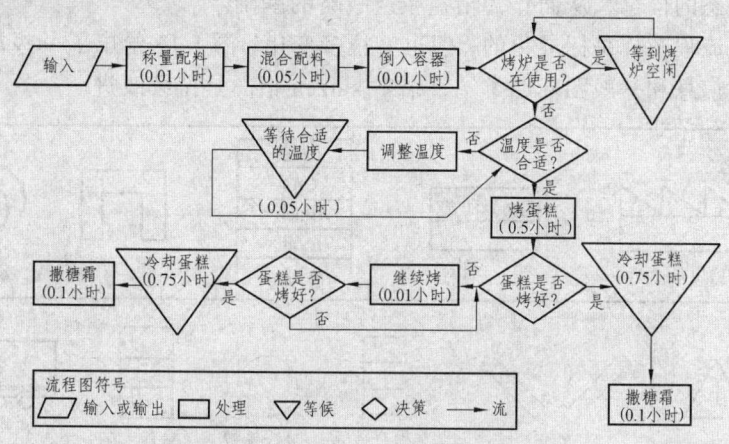

图 8.13　最初的焙烤蛋糕生产流程图

所以流程图被更改成图 8.14 所示的样子。在开始做蛋糕之前，提前知道烤炉是空闲的而且温度也调整到了合适的位置。

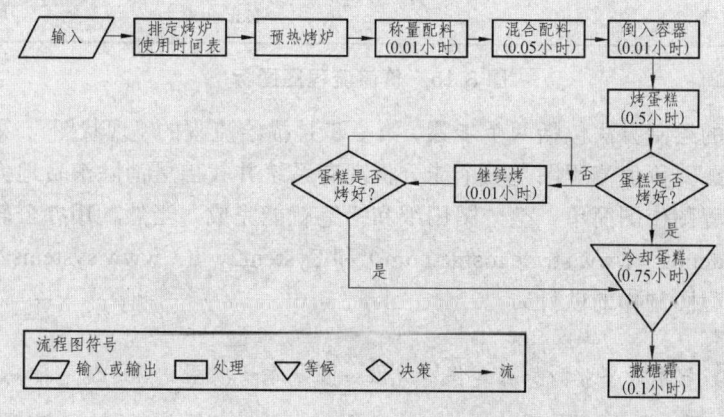

图 8.14　改进的焙烤蛋糕流程

资料来源：（美）福西特等著. 供应链管理：从理论到实践[M]. 蔡临宁，邵立夫译. 北京：清华大学出版社，2009.

8.3.2 绘制价值流程图

价值流程图（Value Stream Mapping，VSM）是丰田精益制造（Lean Manufacturing）生产系统框架下的一种用来描述物流和信息流的形象化工具。它运用精益制造的工具和技术来帮助企业理解和精简生产流程。价值流程图的目的是为了辨识和减少生产过程中的浪费。浪费在这里被定义为不能够为终端产品提供增值的任何活动，并经常用于说明生产过程中所减少的"浪费"总量。

价值流程图是流程图的特别运用，是建立在精益生产的原则上的。通常要比一般的流程图包含更多的信息。价值流程图对生产制造过程中的周期时间、当机时间、在制品库存、原材料流动、信息流动等情况进行描摹和记录，有助于形象化当前流程的活动状态，并有利于对生产流程进行指导，使其朝向理想化方向发展。价值流程图通常包括对"当前状态"和"未来状态"两个状态的描摹，从而作为精益生产战略的基础。

大部分价值流程图标是标准化的，但也有很多变化。图 8.15 给出了一些常见的图标，分成过程、物料、信息和一般图标四类。日语中 kaizen 指的是持续改进。

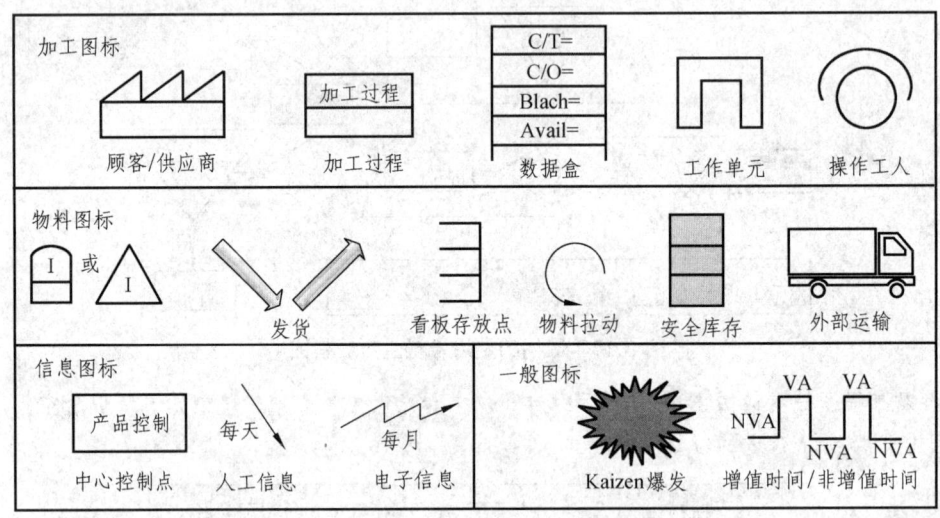

图 8.15　价值流程图图标

价值流程图的绘制方法包括两个步骤，第一步是描绘流程的"现状图"，第二步是描绘可能的"未来状态图"。价值流程图是一个能分析现有系统并找出可消除浪费地方的绝佳的可视化工具。价值流程图作图简单，整个图用纸和铅笔就能完成。当然，用办公软件或图形包绘制更加容易，Stategos（www.strategosine.com）和 System2win（www.systems2win.com）都提供专用于价值流程图制作的软件。

> 【案例 8.9】首先对企业内外部运作情况做一幅基本情况图，然后运用精益思想，画出改进后的未来状态图。图 8.16 是现状图的一个例子，生产提前期为 4.5 天。这是一个批量生产的推式系统。图 8.17 显示的未来状态图中的提前期只有 0.25 天，这是通过把系统转换为连续生产的拉式系统，并针对七大浪费做出的改进而达成的。

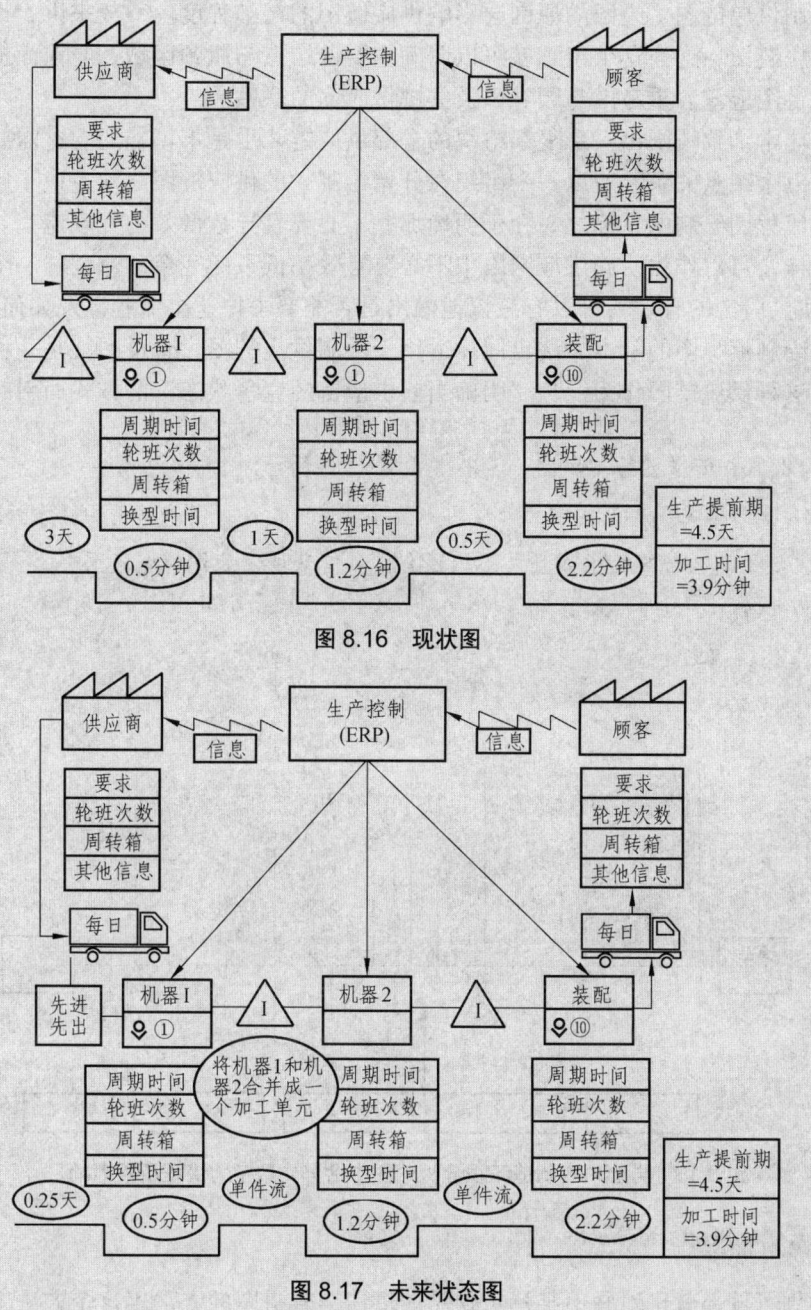

图 8.16 现状图

图 8.17 未来状态图

资料来源：（美）雅各布斯，蔡斯著. 运营管理[M]. 任建标译. 北京：机械工业出版社，2011.

8.3.3 绘制供应链

绘制供应链图的原因有很多。例如，当一个组织的供应链运转情况未达到预期时，当这个组织需要降低供应链中的时间或者成本时，或者当它想获取对它当前供应链更好的理解时，它就需要绘制供应链图。绘图的原因会影响供应链图的精细程度。一般来讲，最好是先画一张详细的供应链图，这样这个组织就可以明确主要的结点与瓶颈区域。与前面提到的流程图不同，供应链图应该着重考虑与顾客以及关键供应商的联系。

但是要非常细致地画出一个复杂组织的全部供应链几乎是不可能的。这需要理清成千上万甚至几十万个结点关系。所以一个组织在开始绘制它的供应链图之前应该了解其最大的机遇在哪里。流程图绘制的目标之一在于明确那些不必要且导致低效的冗余流程。而供应链图的绘制也一样，可以作为明确供应网络中不必要且效率低下的冗余的流程的一个非常有用的工具，从而使供应链的管理者可以有意识地做出是否需要去掉这个流程以及如何去掉的决策。

适用于绘制流程图的基本方法也同样适用于绘制供应链图。管道图就是一种非常有用的供应链图。这种供应链图作为一种"明确当前供应链的竞争状态"的方式而引起广泛注意。

【案例 8.10】管道图绘制案例（男士内衣）

图 8.18 是一个关于男士内衣的管道图，图中供应链图使用了流程图中的术语和符号，图中的每个主要的流程都被标出而且展开。还有很多信息可以加入到这张图中：公司名称、库存水平与价值等。

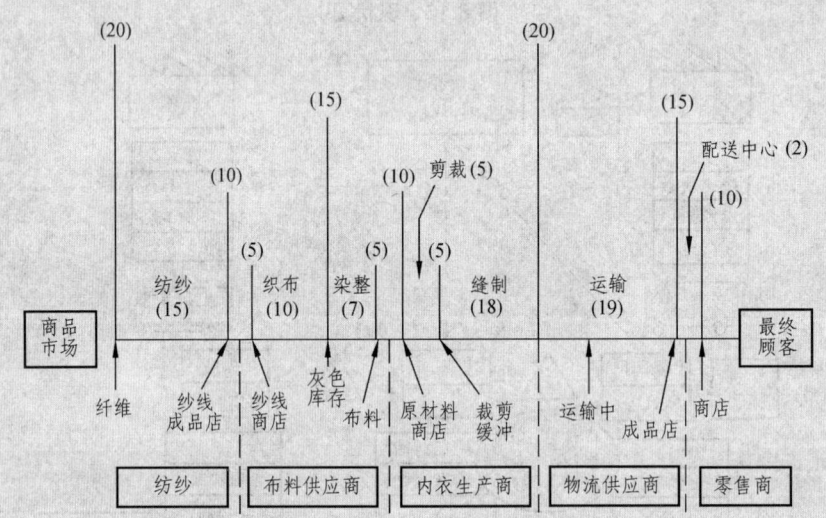

图 8.18　男士内衣制造流程分析（图中括号内数字为流程所需时间）

资料来源：Scott and Westbrook.

下面提供了按部就班地画出某特定物品的供应链管道图的方法。这个方法主要是为了对供应链的绩效进行了解与改进。

（1）明确需要绘制的管道图的物品。

（2）明确关于那件产品的管道图的所有流程，包括供应商流程以及货物在销售到最终顾客前在配送中心以及经销商店运输与储存等。

（3）决定供应链中的每一个流程分别由谁执行。

（4）与执行流程的人谈话，了解所执行这个流程的所需时间，以及在流程开始和结束时的库存（包括原料和零件等），同时掌握运输中的平均货物数量以及运输时间。

（5）现在已经可以画一幅从原材料到最终顾客的供应链管道图。这张管道图其实就是一系列的水平线和竖直线。

① 开始时先画一条水平线，代表从日用品市场到最终顾客的过程。

② 计算所有流程耗费的总时间。除了将最终产品从制造工厂运输到配送中心的运输时间外其余的运输时间都不计。这是制造物流所涉及的地点都非常靠近，可以将运输时间忽略。如果运输时间超过一天，就需要在供应链管道图中表现出来。在每个结点之间的流程上花费的平均时间，叫做管道长度。

③ 从最早的流程开始，按顺序在水平线上方写下每个流程的名称。在名称后面标出这些流程所需的时间。

④ 在每个流程的开始和结束点画竖直线代表每个参与者的平均库存，流程的开始点表示原材料的量而流程的结束点表示它生产的产品数量。这些线代表了供应链中任何一个参与者在任意时间点的平均库存。如果流程并不对产品进行物理上的加工，如运输、配送以及零售，那么只显示一个库存水平。如果将竖直线上所有的数字加起来，总数应该是这条管道上加工中或者已完成的产品的总的库存水平。在案例8.10中，总数等于 20 + 10 + 5 + 15 + 5 + 10 + 5 + 20 + 15 + 10 = 115（天）。这代表了供应链中所有形式的库存没有价值增加的天数。这只是缓冲存货，因为实际上在这段时间中这些库存不会进行任何处理。组织可能要估计实际上需要多少这种库存。

⑤ 使用流程模型明确一个流程相关的时间和成本作为补充。在案例8.10中包括76天的在制品库存以及115天的缓冲库存。

（6）分析供应链以发现改进机会。

① 注意整个管道的长度，在第（5）步②中计算有76天。这看起来是不是太长了？考虑一下，如果顾客需求减少了，为了"售完"供应链上的所有库存，需要花费76天的时间将纤维现有的开始库存与供应链末端的需求调整一致。检查在第（5）步③中所建立的管道图，了解是否有流程对其需要进行的任务而言看起来太长。

② 画出相关的供应链流程，首先寻找不必要的流程和延迟。零件在哪里被移动了很多次和（或）很长的距离？这对供应链的成本和提前期产生了怎样的影响？明确潜在的改进机会。

③ 检查在第（5）步④中确定的缓冲库存的水平。在案例8.10中有115天，这表示供应链成员的资产被占用了。这样增加了进行商务的成本，同时会降低供应链的灵活性。它会增加风险：如果环境发生了巨大的变化，供应链上很多成员将必须吸收这些库存产生额度贬值，或者试图把库存转移给供应链上的其他成员。分析库存过高而可以降低的地方。同样，正如流程建模里提出的，最好的方式是与供应链成员谈话或者拜访他们，并关注价值最高和延迟最长的领域。

（7）将在第（6）步中产生的想法排序。和团队、供应商、顾客以及其他相关的参与者合作来实施、管理以及监督这些改变。不要局限在直接的供应商或顾客，因为供应商的供应商以及顾客的顾客可能也会为供应链的改善提供很好的想法和机遇。

（8）分析新的供应链，重新进行第（6）步的方法直到对改进的结果满意或者它们不再有成本效益。

（9）将以上步骤运用到其他可能存在改进机会的供应链。

这个绘制供应链管道图的使用方法为组织创造了一个了解其原有供应链状态的良好基

础,以及绘制理想状态供应链图的良好开端。详细的流程图找出供应链中可以进行改善的关键区域后,供应链管道图的绘制能产生非常好的效果。而且绘制过程能创造组织内部以及与外部供应链成员增进交流的平台。

案例分析:ElecComp 公司供应链优化

ElecComp 公司是一家生产电路板和其他高科技零部件的合同制造商。公司生产大约 27 000 种高价值产品,而这些产品的生命周期相对较短。行业内的竞争使得 ElecComp 公司需要向客户承诺比较短的交货提前期,一般比普通制造业的提前期要短很多。然而,生产过程非常复杂,包括不同阶段的复杂组装。

由于制造提前期较长而客户提前期较短,ElecComp 公司备有较多的产成品库存。这样,公司通过预测长期需求来管理库存,也就是"推式生产"。这种情况导致公司需要有很大的安全库存量,并带来了相应的财务负担和缺货风险。

ElecComp 公司的管理层很早就意识到推式生产不适合该公司的长远战略计划。然而,由于较长的生产提前期,基于订单的拉式生产也是不合适的。

基于此,ElecComp 公司计划制定新的供应链战略,其目标是:
(1)减少库存和财务风险。
(2)向顾客提供有竞争力的提前期。
上述目标可以通过以下手段实现:
(1)在生产和装配的多个设施之间设立合理的库存位置。
(2)对每个设施的每种零部件计算出合理的安全库存量。

对 ElecComp 公司的供应链进行重新设计时,主要是建立一个混合型的供应链,也就是供应链的一部分是推式生产,即基于按库存生产的策略;而其余部分是拉式生产,即基于按订单生产的策略。注意:按库存生产的设施需要保证安全库存,而按订单生产的设施内将没有库存。因此,问题的关键是确定在供应链上的什么位置将按库存生产的方式转变为按订单生产的方式,也就是"推拉界限"。

ElecComp 公司采用了新的推拉结合策略,并取得了显著的成效。在同样的顾客提前期内,按照生产线的不同,安全库存减少了 40%~60%。更重要的是,ElecComP 公司发现即使将顾客提前期再减少 50%,在安全库存上还能够减少 30%。

为了对分析过程有更好的理解,参照图 8.19,图中的产成品(零件 1)在达拉斯由两个零部件装配而成,这两个部件分别来自蒙哥马利工厂和达拉斯的另外一家工厂。

图形中每个方框内都标明了产品的价值,方框下面的数字表示该零件在该工厂内需要的加工时间,图形中的箱式图表示安全库存的多少。设施之间的转运时间也在图上标出,同时标出的还有每个设施向下游承诺的提前期。例如,组装厂向顾客承诺了 30 天的提前期,这表明任何订单都会在 30 天以内被满足,而蒙哥马利工厂对组装厂承诺的提前期是 88 天。组装厂为了能够达到 30 天的承诺提前期,就需要在工厂内保有成品库存。

图 8.19 中,如果 ElecComp 公司能够将蒙哥马利工厂的承诺提前期从 88 天降到 40 天或 50 天,组装厂就能够减少成品库存,而同时蒙哥马利工厂需要增加库存。当然,ElecComp 公司的目标是减少系统库存和总体成本,而这些功能可以通过 LogicTools 公司(www.

logic-tools.com）的库存分析软件来实现。通过对整个供应链进行优化，该软件能够计算出每个设施内合理的库存量。

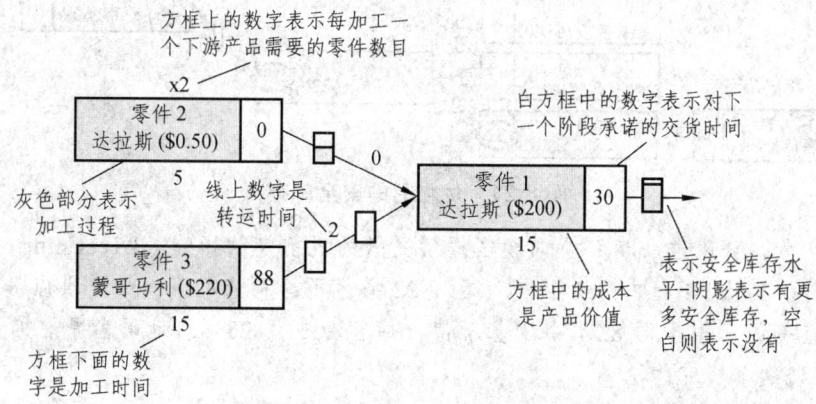

图 8.19　有关如何看图的说明

例如，如果蒙哥马利工厂将承诺提前期减少到 13 天，组装厂就不需要任何产成品库存。任何顾客订单都会带来对零件 2 和零件 3 的需求。因为零件 2 有大量库存，所以零件 2 可以马上到达，而零件 3 则需要 15 天才能到达组装厂——13 天的蒙哥马利工厂承诺提前期加上 2 天的运输时间。另外，还需要 15 天在组装厂内进行加工。这样，最后产成品可以在给顾客的承诺期内交货。因此，在这个例子中，组装厂是按订单生产的，也就是拉式生产；而蒙哥马利工厂需要保有库存，因此是推式生产，也就是按库存生产。

现在这种权衡就比较清楚了，考虑图 8.20 的情况。浅灰色方框（零件 4、5、7）代表外部供应商，深灰色方框代表 ElecComp 公司内部的设施或工厂。注意，组装厂对顾客的承诺提前期是 30 天，并且保有库存以满足这种承诺。更准确地说，组装厂和零件 2 的生产厂都是按库存生产，其他工厂都是按订单生产。

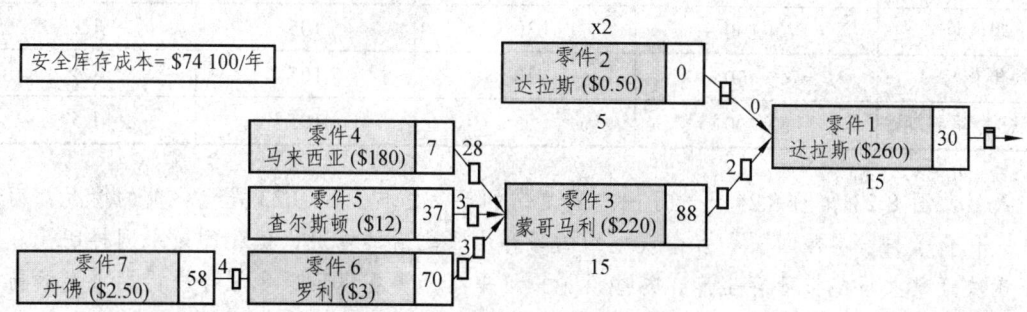

图 8.20　现在的安全库存位置

图 8.21 描述了同样能够提供 30 天提前期的优化后的供应链。我们注意到通过调整 ElecComp 公司内部的各个设施的承诺提前期，组装厂开始按照订单生产，并且不需要保有产成品库存。另外，罗利和蒙哥马利工厂需要提供更短的承诺服务时间并保有库存。

那么，在这个最优策略中，哪里是拉式策略，哪里是推式策略？组装厂和生产零件 2 的达拉斯工厂都是按照订单生产的，因此是拉式生产策略；而蒙哥马利工厂是按照库存生产的，因此是推式生产方式。优化后的供应链中降低了 39% 的安全库存。

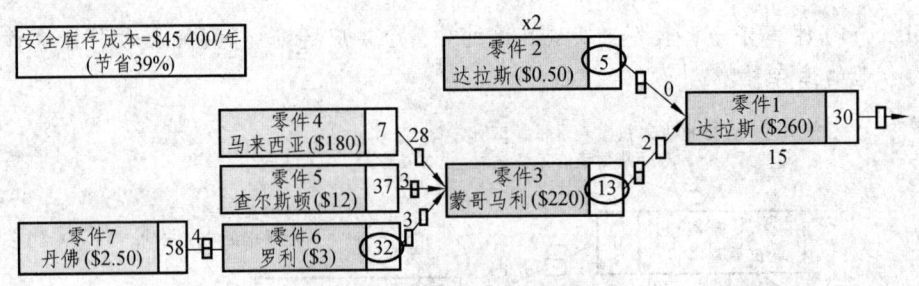

图 8.21　优化后的安全库存

在这一点上，可以进一步分析向顾客提供更短的提前期的影响。ElecComp 公司管理层考虑将顾客提前期从 30 天减少到 15 天。图 8.22 描述了这种情况下的最优供应链状况，可以看到影响是显著的。根据图 8.21 中的基准值，库存减少了 28%，而顾客提前期减半。在表 8-5 中可以看到这个研究的总结。

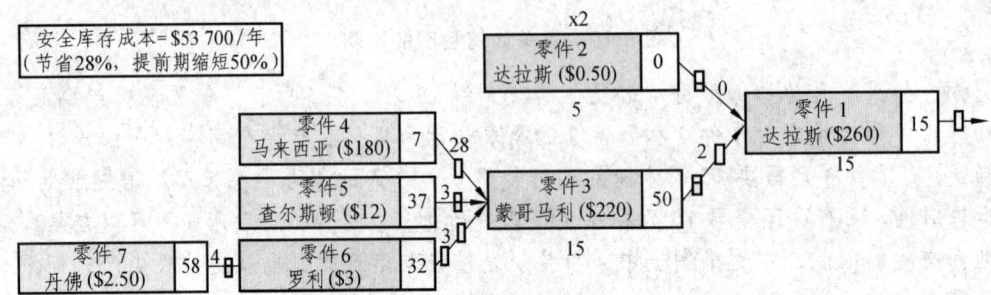

图 8.22　优化后的库存和缩短的提前期

表 8-5　结果总结

项　　目	安全库存持有成本 （美元/年）	顾客提前期 （天）	周期（天）	库存周转 （次/年）
现　在	74 100	30	105	1.2
优化后	45 400	30	105	1.4
缩短的提前期	53 700	15	105	1.5

最后，图 8.23 和图 8.24 代表了一个更复杂的产品结构。图 8.23 是优化前的情况，而图 8.24 是优化了推拉界限位置和各个设施内的库存水平之后的情况，优化的效果同样明显。通过正确决策哪些设施按库存生产，哪些设施按订单生产，在保证顾客服务提前期不变的前提下，库存成本降低了 60% 以上。

总体而言，通过使用库存优化软件（LogicTools 公司的 Inventory Analyst），ElecComp 公司能够显著降低库存成本，同时可以保证预期服务时间不变甚至显著降低。这些是通过以下措施来实现的：

（1）确定推拉界限，也就是确定需要按库存生产的设施并存放安全库存。其余的设施按订单生产，不存放安全库存。这样就可以将库存放在成本较低的设施内。

（2）利用风险共担的概念。源自风险共担的各种零部件需求汇集可以降低需求变动，从而减少安全库存和平均库存。

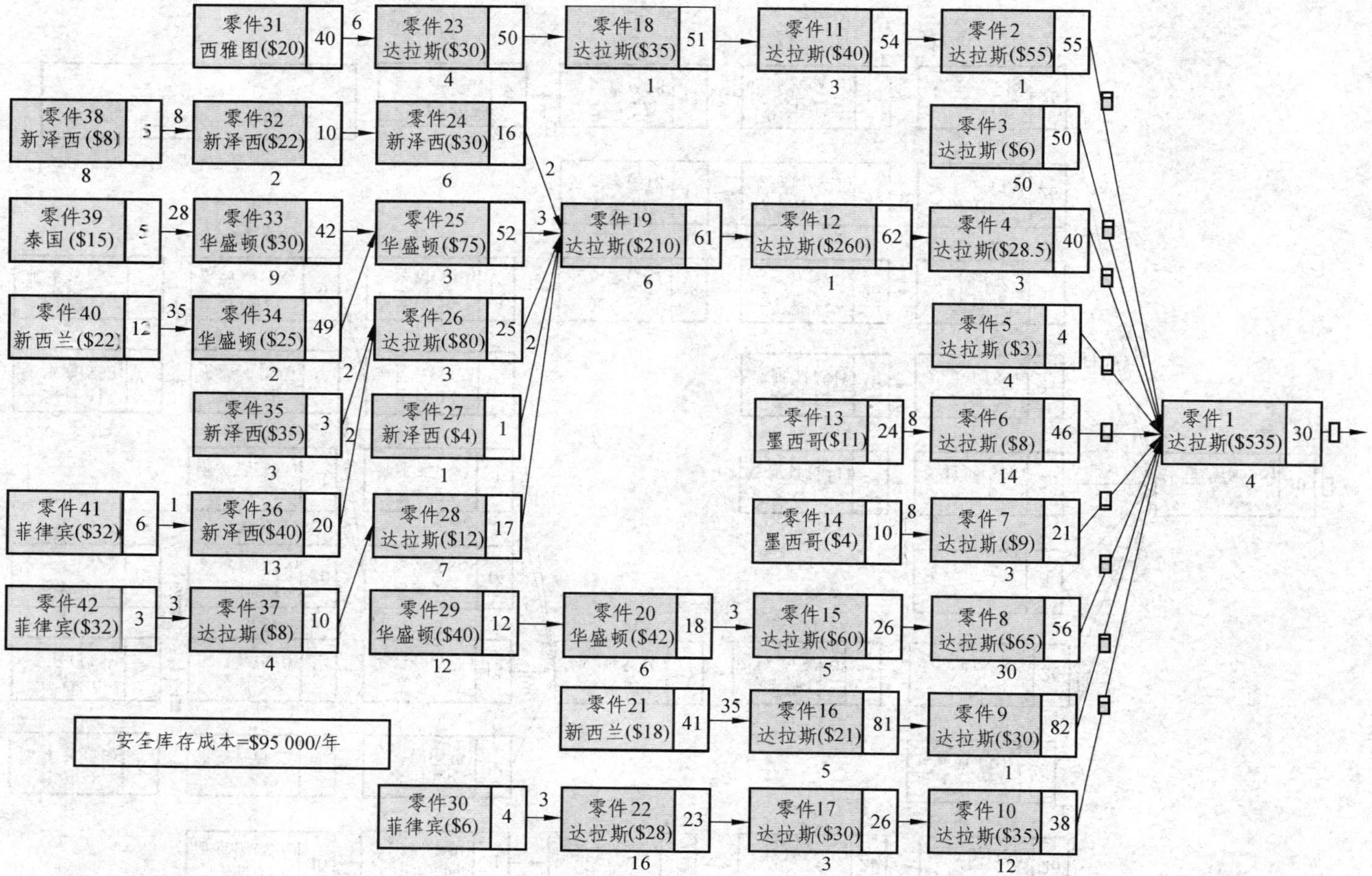
零件31 西雅图($20) 40
零件23 达拉斯($30) 50
零件18 达拉斯($35) 51
零件11 达拉斯($40) 54
零件2 达拉斯($55) 55
零件38 新泽西($8) 5
零件32 新泽西($22) 10
零件24 新泽西($30) 16
零件3 达拉斯($6) 50
零件39 泰国($15) 5
零件33 华盛顿($30) 42
零件25 华盛顿($75) 52
零件19 达拉斯($210) 61
零件12 达拉斯($260) 62
零件4 达拉斯($28.5) 40
零件40 新西兰($22) 12
零件34 华盛顿($25) 49
零件26 达拉斯($80) 25
零件5 达拉斯($3) 4
零件35 新泽西($35) 3
零件27 新泽西($4) 1
零件13 墨西哥($11) 24
零件6 达拉斯($8) 46
零件1 达拉斯($535) 30
零件41 菲律宾($32) 6
零件36 新泽西($40) 20
零件28 达拉斯($12) 17
零件14 墨西哥($4) 10
零件7 达拉斯($9) 21
零件42 菲律宾($32) 3
零件37 达拉斯($8) 10
零件29 华盛顿($40) 12
零件20 华盛顿($42) 18
零件15 达拉斯($60) 26
零件8 达拉斯($65) 56
零件21 新西兰($18) 41
零件16 达拉斯($21) 81
零件9 达拉斯($30) 82
安全库存成本=$95 000/年
零件30 菲律宾($6) 4
零件22 达拉斯($28) 23
零件17 达拉斯($30) 26
零件10 达拉斯($35) 38

图 8.23　现有供应链

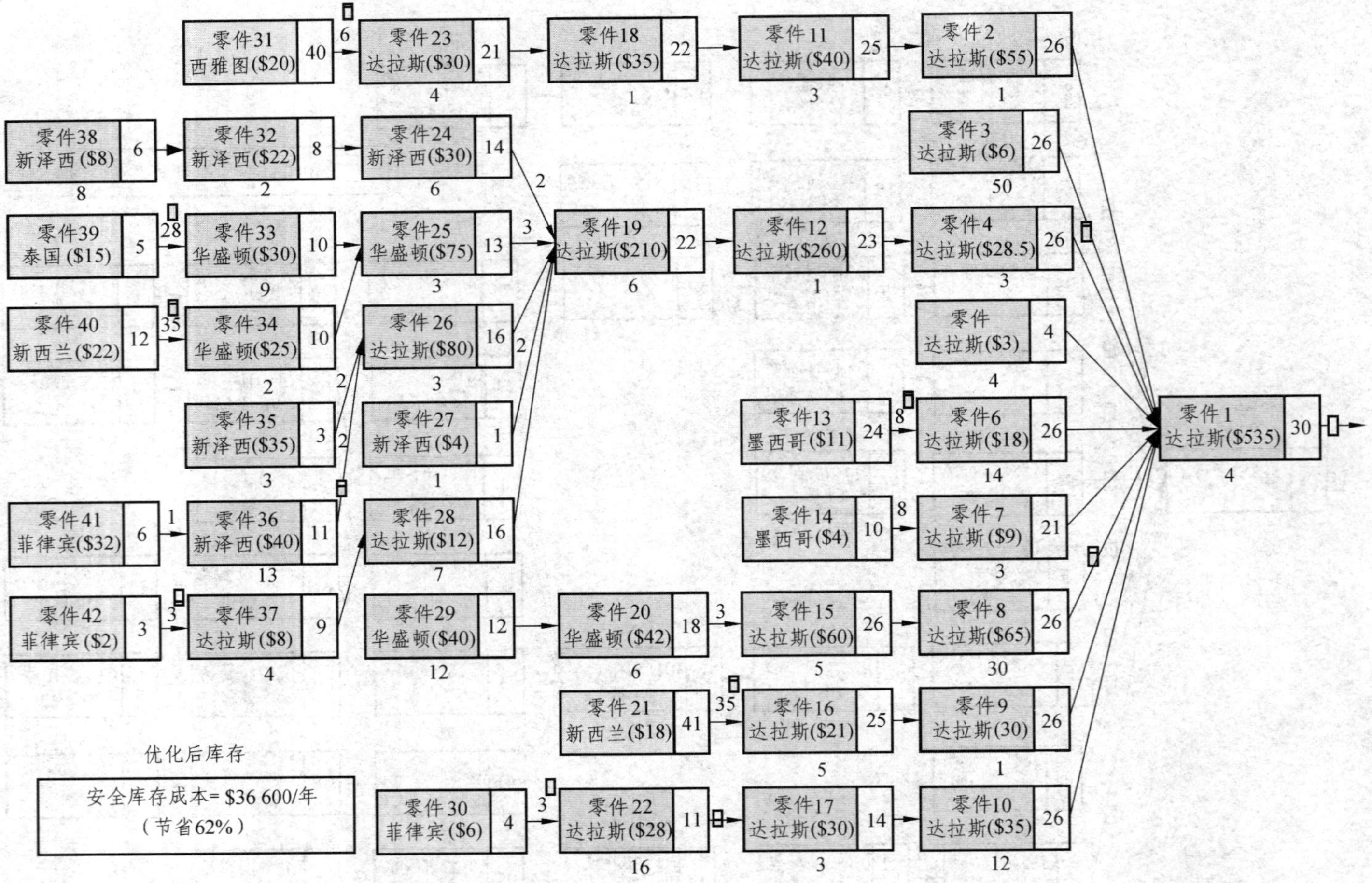

图 8.24 优化后的供应链

（3）将传统的局部供应链优化策略替换为总体的供应链最优策略。在供应链局部最优策略中，供应链上的每个部分都选择使本部分效益最大化的策略，而不去考虑对整个供应链的影响。而在总体最优策略中，从整体的角度出发，为每个部分选择合适的策略，从而使整体效益最大化。

为了更好地理解 ElecComp 公司应用的新的供应链解决方案，请参照图 8-25，图中给出了安全库存成本和承诺提前期之间的关系。黑色的平滑曲线表示传统的安全库存成本和报价提前期之间的关系，这条曲线是各个局部供应链最优化决策的结果。而虚线则是公司通过全局最优化并确定了推拉接线之后的结果。

通过全局最优化确定了推拉界限，使得曲线向下移动。注意以下两点：
（1）对于相同的报价提前期，优化后可以显著降低安全库存成本。
（2）对于相同的成本，优化后可以显著缩短报价提前期。

最后，注意到传统的曲线比较平滑，而优化后的曲线则不是这样，跳跃之处表示推拉界限对成本的显著改变。

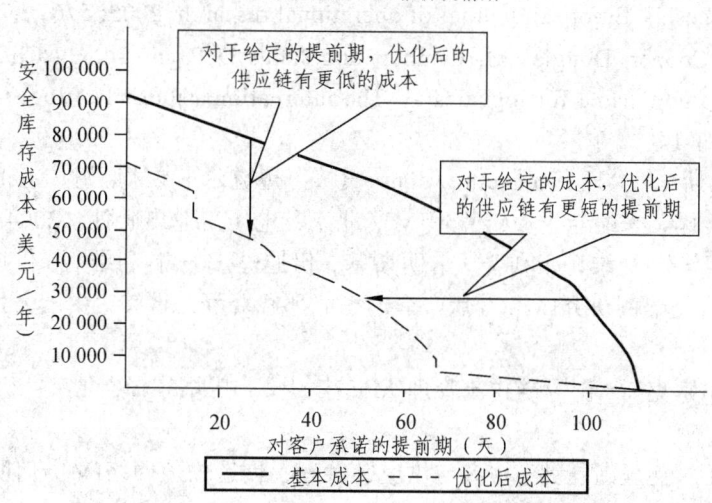

图 8.25　提前期与安全库存之间的权衡

公司如果运用上述的供应链优化策略，一般能够显著缩短提前期，同时降低成本。这种战略使得公司能够提供更短的提前期，并且有更优化的产品成本结构以取得定价优势。

资料来源：http://www.eleccomp.co.uk/1.

大卫·辛奇-利维；菲利普·卡明斯基，伊迪斯·辛奇-利维. 供应链设计与管理概念、战略与案例研究[M]. 李建华，邰晓峰译. 北京：中国人民大学出版社，2010.

思考题

1. 简述效率型供应链与响应型供应链的主要区别。
2. 对应于产品生命周期各阶段的供应链策略主要有哪些？
3. 简述供应链战略匹配的思路。

参考文献

[1] Cox, James F, Blackstone John H. Editors, APICS Dictionary. Eleventh Edition. APICS, 2004.

[2] Rhonda R Lummus, Robert J, Vokurka. Defining supply chain management: a historical perspective and practical guidelines[J]. Industrial Management & Data Systems, Vol. 99 ,1999, pp.11-17.

[3] Hartmut Stadtler. Supply Chain management and advanced planning——basics, overview and challenges[J]. European journal of operational research. 2005: 576

[4] Martha C. Cooper, Douglas M. Lambert and Janus D Pagh. Supply Chain Management: More than a new name for logistics[J]. The international journal of logistics management. 1997, 8(1): 1-14

[5] （英）肯尼斯·莱桑斯（Kenneth Lysons），（英）迈克尔·吉林厄姆（Michael Gillingham）著；鞠磊等译，采购与供应链管理[M]. 北京：电子工业出版社，2004.

[6] [美]大卫·辛奇-利维，菲利普·卡明斯基，伊迪丝·辛奇-利维著. 供应链设计与管理概念、战略与案例研究[M]. 3 版. 季建华，邵晓峰译. 北京：中国人民大学出版社，2010.

[7] （美）鲍尔索克斯. 供应链物流管理[M]. 李习文，王增东译. 北京：机械工业出版社，2004.

[8] （英）马丁·克里斯托弗. 物流与供应链管理：创造增值网络[M]. 何明珂等译. 北京：电子工业出版社，2006.

[9] Alderson, Wroe. Marketing Efficiency and the principle of postponement [J]. Cost and Profit outlook, 1950, 9, 15-18.

[10] Van Hoek, et al. Postponed manufacturing supplementary to transportation service[J]. Transportation Research Part E, 2000, No. 36, 205-217

[11] Waller M, Dabholkar P, Gentry J J. Postponement Product Customization,and Market-Oriented Supply Chain Management[J]. Journal of Business Logistics, 2000, Vol.21, No.2 pp. 133-159.

[12] Van Hoek R I. The rediscovery of postponement a literature review and directions for research[J], Journal of Operations Management, 2001, Vol. 19 No. 2, pp161-84.

[13] Zinn W, Bowersox D J. Planning Physical Distribution with the Principle of Postponement[J], Journal of Business Logistics. 1988, 9(2), 117-136.

[14] Pagh J D, Cooper M C.Supply Chain Postponement and Speculation Strategies: How to Choose the Right Strategy[J]. Journal of Business Logistics, 1998, 19(2): 13-33.

[15] （美）大卫·辛奇-利维等. 供应链设计与管理：概念、战略与案例研究[M]. 季建华，邵晓峰译. 北京：中国人民大学出版社，2010.

[16] 刘宝红. 采购与供应链管理：一个实践者的角度[M]. 北京：机械工业出版社，2015.

[17] Lambert Douglas M，Knemeyer A Michael，Gardner John T. Supply Chain Partnerships：Model Validation and Implementation[J]. Journal of Business Logistics, 2004, 25(2): 21-42.

[18] Douglas M L, Margaret A E, John T G. Developing and Implementing Supply Partnerships[J]. The International Journal of Logistics Management, 1996, 7(2).

[19] Harrigan, Kathryn R. Strategic Alliances and Partner A symmetries[J]. Management International Review, 1988, 28: 53-72.

[20] （英）艾伦·哈里森，（荷）雷姆科·范赫克. 物流管理（英文版）[M]. 北京：机械工业出版社，2006.

[21] 徐玲玲. 供应链合作伙伴关系研究综述[J]. 重庆理工大学学报:社会科学版，2011，25（9）：51-55.

[22] 李辉，李向阳，孙洁. 供应链伙伴关系管理问题研究现状评述及分析[J]. 管理工程学报，2008，22（2）：148-151.

[23] Reck R F, Long B. Purchasing a competitive weapon[J]. Journal of Purchasing and Material Management, 1988, 24(4): 3-12.

[24] Jeffrey K, Liker, Thomas Y, Choi. Building Deep Supplier Relationships[J]. Harvard Business Review, Dec 1, 2004.

[25] Carr A S, Smeltzer L R. An Empirically based Operational Definition of Strategic Purchasing[J]. European Journal of Purchsing& Supply Management, 1997(4): 199-207.

[26] 米歇尔 R·利恩德斯，P·弗雷泽·约翰逊，哈罗德 E·费伦等著. 采购与供应管理[M]. 张杰等译. 北京：机械工业出版社，2009.

[27] （英）戴编著. 采购管理手册[M]. 3版. 许春燕等译. 电子工业出版社，2004.

[28] 肯尼斯·莱桑斯，布莱恩·法林顿. 采购与供应链管理[M]. 8版. 马宁等译. 电子工业出版社，2014.

[29] 斯坦利·E·福西特，莉萨·M·埃尔拉姆，杰弗里·A·奥格登，蔡临宁，邵立夫. 供应链管理从理论到实践[M]. 北京：清华大学出版社，2009.

[30] Hau L, Lee V. Padmanabhan, Seungjin whang. The bullwhip effect in supply chains Sloan[J]. Management Review, 1997: 93-102.

[31] （瑞典）阿克塞特著. 库存控制[M]. 2版. 北京：清华大学出版社，2007.

[32] 唐纳德·沃尔特斯著. 库存控制与管理[M]. 2版. 李习文，李斌译. 北京：机械工业出版社，2008.

[33] 程晓华. 制造业库存控制技巧[M]. 北京：中国物资出版社，2007.

[34] Hartmut Stadtler. Supply Chain management and advanced planning——basics, overview and challenges[J]. European journal of operational research. 2005: 576

[35] （美）雅各布斯，蔡斯著. 运营管理[M]. 任建标译. 北京：机械工业出版社，2011.

[36] 沃尔曼等著. 制造计划与控制——基于供应链环境[M]. 5版. 韩玉启等译. 北京：中国人民大学出版社，2008.

[37] 吴爱华主编. 生产计划与控制[M]. 北京：机械工业出版社，2013.

[38] 包兴，肖迪编著. 供应链管理：理论与实践[M]. 北京：机械工业出版社，2011.

[39] （美）鲍尔索克斯等著. 供应链物流管理（英文版 原书第3版）[M]. 马士华等译注. 北京：机械工业出版社，2010.

[40] 何明珂. 物流系统论[M]. 北京：高等教育出版社，2004.

[41] （美）福西特，埃尔拉姆，奥格登著. 供应链管理：从理论到实践[M]. 蔡临宁，邵立夫译. 北京：清华大学出版社，2009.

[42] 苏尼尔·乔普拉，彼得·迈因德尔著. 供应链管理[M]. 3版. 陈荣秋等译. 北京：中国人民大学出版社，2008.